머 리 말

저자가 공정거래법과 첫 인연을 맺은 것은 1992년 서울대학교 법과대학원에서 권오승 선생님을 지도교수로 모시고 경제법을 전공하기 시작했을 때이다. 그 후 20년이 넘는 세월이 흘렀지만 학문적으로는 석사과정을 수료한 상태에서 더 이상 전진을 이루지 못했다. 법무관으로서 3년, 검사로서 17년에 가까운 세월을 보내는 동안 기회가 없었던 것은 아니지만 천성이 게으른지라 학문적 과정을 제대로 밟지 못했다.

하지만 개인적으로는 항상 공정거래법에 대한 관심과 애정을 가지고 있었다. 그 때문인지 검사로서 근무하는 동안 공정거래법을 접할 수 있는 기회가 몇 번에 걸쳐 주어졌다. 우선 2001년 미국 펜실베니아 대학교 로스쿨에서 방문학자로서 1년간 미국 독점규제법을 공부할 기회가 있었고, 2005년 법무부 법무심의관실 상사팀(현재 법무부 상사법무과 전신) 소속 경제법령 담당 검사로서 공정거래위원회 등 경제부처 법령에 대한 법무부 의견제시 업무를 담당하였으며, 2011년에는 법무부 국제형사과장으로 공정거래위원회의 전속고발권 문제와 동의의결제 문제를 실무적으로 검토하기도 했다. 그러나 무엇보다 2012년 서울중앙지검의 형사 제6부장으로 근무하게 된 것이 본격적으로 공정거래법과 가까워질 수 있는 계기가 되었다. 서울중앙지검 형사 제6부는 공정거래를 전담하는 부서이기 때문에 그 부서장으로서 비교적 많은 공정거래 관련 형사사건을 다룰 수 있었고 그 중에는 사회의 이목이 집중되었던 중요사건들도 꽤 있었다.

공정거래법 사건은 대부분 쟁점도 많을 뿐만 아니라 사안과 법리도 복잡하여 사건을 수사하고 처리함에 있어 매우 힘들었던 것도 사실이지만 개인적으로 항상 공정거래법에 대해서 관심과 애정을 가지고 있었기 때문에 사건 하나 하나를 다룰 때마다 참 많은 보람을 느꼈다. 그런데 사건을 처리하면서 보람을 느끼면서도 한편에서는 공정거래 관련 형사 실무상 대두되는 문제점에 대한 논의가 참 부족하다는 것이 항상 아쉬웠다.

　　그러던 중 올해 검사직을 사직하고, 법무법인 율촌에서 변호사로서 새로운 법조인생을 시작하면서 서울중앙지검 형사 제6부장 재직시절 가졌던 아쉬움을 단순히 추억하지 말고 그 경험을 토대로 무엇인가를 해 보자는 생각에서 이 책을 집필하게 되었다. 그러나 아무리 '무식(無識)이 호랑이보다 무섭다'고 하더라도 학문과 경험이 일천한 저자가 혼자였다면 책자 발간은 생각하지도 못했을 것이다. 이렇게 용기를 내어 책자를 발간하게 된 것은 그간 공정거래분야에서 높은 명성을 쌓아 온 율촌 전문가분들의 전폭적인 지지와 지원이 있었기 때문이다. 이 책의 저술을 지원해 주시고 격려해 주신 윤세리, 박해식 변호사님과 박상용 고문님, 공정거래 조사에 관해 많은 자료를 공급해 주시고 일부 초안까지 마련해 주신 조희성 변호사님, 수사와 재판 절차의 구성에 관해 귀한 의견들을 제시해 준 한승헌 변호사님, 새내기 변호사로서 엄청난 업무부담에도 불구하고 밤을 낮 삼아 관련 판례와 심결례를 정말 정성껏 정리하고 교정작업까지 함께 해 주신 오형석, 장홍조 변호사님, 그리고 최신 미국과 EU 관련자료를 잘 정리해 주신 이영조, 유진희 미국 변호사님께 이 기회를 빌어 깊이 감사드린다. 그러나, 이 책자를 집필함에 있어 위와 같이 많은 분들이 도와 주셨지만 이 저술의 책임은 온전히 저자에게 있다는 점도 여기서 분명히 하고 싶다.

2014년 10월
법무법인 율촌 사무실에서
저자 씀

목 차

I 개 설

공정거래법 위반행위에 대해 형사적 제재를 가하는 것에 대해 전세계적으로 두 가지의 접근방법이 있다. 미국의 경우와 같이 형사적 제재를 적극적으로 활용하는 방식과 EU 및 그 회원국가들의 경우와 같이 형사적 제재를 최소화하는 방식이다.

미국의 경우 역사적으로 형사집행을 공정거래법(antitrust law) 위반행위에 대한 중요한 제재수단으로 사용하여 왔고, 최근에도 꾸준히 형사처벌을 강화하여 왔다.[1] 미국의 이러한 태도는 강화된 형사집행을 통해 불법행위를 제거하고 잠재적 범죄행위를 억지하며 결과적으로 상품 및 서비스의

---

[1] 미국 연방법무부(Department of Justice, 이하 DOJ라고 한다)의 독점금지국은 2013년에 50개의 형사사건을 기소하였고 형사사건에 대한 벌금으로 10억 USD를 거두어 들였다. 이러한 형사사건에 대해 DOJ는 21개의 기업과 34명의 개인을 기소하였으며 28명에 대해 징역형이 선고되었고 피고 개인 당 평균 형은 2년 이상이었다. DOJ는 불법행위에 가담한 개인을 기소하는 것이 카르텔행위를 억지하고 예방하는 가장 효율적인 방법으로 보고 있으며, 특히 올해 연안해운조사와 관련한 사상 최대의 셔먼법(Sherman Act) 위반행위에 대해 징역 5년의 형을 구형하였고 법원은 이를 받아 들였다. 뿐만 아니라, 최근에는 DOJ가 기소한 개인들은 예전보다 더 많이 벌금보다는 징역형을 선고받고 있으며, 현재 DOJ에 의해 기소된 개인들은 1990년대에 기소된 개인들에 비해 두 배 가까이 되는 피고들이 징역형을 살고 있다. 특히 주목하여야 할 것은 DOJ는 공정거래법을 위반한 외국인에 대한 형벌을 강화하고 있는데, 2013년에는 10명의 외국인이 징역형을 선고받았고, 개인 당 평균 15개월의 징역형을 선고받았다. 또한 미국 연방법무부는 2014년 사상 최초로 입찰 담합에 참여한 이탈리아 국적의 피고인을 범죄인 인도절차(extradition)를 통해 독일 법원으로부터 인도받아 국내에서 기소하는 데 성공하였다. Shearman Sterling, DOJ Scores First Antitrust Extradition: more to Come (April 7, 2014)

경쟁을 활성화함으로써 소비자와 경제에 이로움을 가져온다는 믿음에 기초하고 있다.

반면, EU 및 그 회원국가들의 경우 공정거래법(competition law) 위반행위에 대해 형사적 제재를 거의 사용하지 않았다. EU는 공정거래법 위반행위에 대한 별도의 형사처벌권을 명시하고 있지 않으며 EU 공정거래법 집행당국인 유럽연합 집행위원회(European Commission)의 과징금 부과는 형사처벌의 성격을 지니지 아니한다.[2] 미국과 대조적인 유럽의 공정거래법 집행 방식은 각종 공정거래법 위반행위를 신체적 자유를 구속하는 등의 형사처벌이 필요한 반사회적 범죄라기보다는, 시장질서 저해 등과 관련된 경제적 위반행위라는 인식에 기초하고 있는 것으로 보인다.

EU 회원국은 유럽연합 집행위원회와는 별도로 국가별 제도를 통해 유럽 공정거래법을 위반한 사업자 및 개인에 대한 형사처벌을 시행할 수 있다.[3] 그러나, 대부분의 국가에서 형사처벌은 벌금형으로 국한되어 있으며, 징역형이 명시되어 있는 국가의 경우에도 그 시행은 제한적으로 이루어지는 양상이다.[4]

우리나라의 경우는 미국의 접근방법과 EU 회원국들의 접근방법의 중간적인 모습을 띠어왔다고 할 수 있는데, 왜냐하면 우리나라 '독점규제

---

2) Decisions taken pursuant to paragraphs 1 and 2 [fines imposed for violation of competition law] shall not be of a criminal law nature. Article 25, Paragraph 5, Council Regulation (EC) No 1/2003 of 16 December 2002 on the implementation of the rules on competition laid down in Articles 81 and 82 of the Treaty

3) Article 5, Council Regulation (EC) No 1/2003 of 16 December 2002 on the implementation of the rules on competition laid down in Articles 81 and 82 of the Treaty

4) 에스토니아와 아일랜드는 벌금과 징역형을 모두 시행한다. 영국은 가격담합, 수급조절, 시장분할, 입찰담합에 가담한 개인에 한해 징역 및 벌금 제도를 시행하고 있다. 프랑스, 사이프러스, 슬로바키아에는 개인에 대한 징역 조항이 존재하나 적극적으로 시행되고 있지는 않다. 독일과 오스트리아는 입찰담합에 한해 징역형을 시행하고 있다. Wouter P. J. Wils. Is Criminalization of EU Competition Law the Answer (2005), 19면

및 공정거래에 관한 법률'(이하 '공정거래법'이라 한다)은 대부분의 공정거래
법 위반행위에 대해 형사처벌을 규정하고 있으면서도[5] 현실적으로 공정거
래법 위반행위에 대해 형사처벌이 이루어지는 경우는 매우 드물었고 그
정도도 약했기 때문이다.[6]

공정거래법 위반행위에 대한 형사처벌이 드물었던 이유는 기본적으로
공정거래위원회가 모든 공정거래법 위반행위에 대한 전속고발권을 가지고
있고 그 고발권 행사에 소극적이었기 때문이다. 공정거래위원회가 고발권
행사에 소극적이었던 이유는 공정거래 관련법의 경우 위반행위의 구성요
건인 경쟁제한성, 공정거래저해성 등의 개념이 추상적인 불확정개념으로
서 형벌부과가 적절하지 않을 수 있고, 형벌과잉으로 기업활동이 위축될
수 있다고 보았기 때문이다.

그러나 종래 공정거래위원회의 소극적인 고발권행사로 인해 사안이
중대하고 명백하며 사회적 파장이 큰 공정거래법 위반행위에 대해서도 형
사처벌이 제대로 이루어지지 않고 그로 인해 공정거래법 위반행위가 계속
적으로 재발하고 있다는 비난이 있어 왔고 이러한 비난에 공감대가 형성되
어 급기야 2013년 공정거래위원회의 전속고발권을 제한하는 내용의 공정
거래법 개정[7]이 이루어졌다. 이러한 공정거래법 개정으로 인해 감사원장,

---

5) 우리나라는 오히려 미국보다 더욱 포괄적으로 공정거래법 위반행위에 대해 형사처
   벌을 규정하고 있다. 미국의 경우 셔먼법 제1조는 담합에 대한 형사처벌을 규정하고
   있으나, 클레이튼법(Clayton Act) 제7조가 금지하는 경쟁제한적 기업결합이나 연방
   거래위원회법(Federal Trade Commission Act) 제5조가 금지하는 불공정한 경쟁방
   법 등에 대해서는 원칙적으로 형벌규정이 없고, 클레이튼법 제2(a)조를 수정한 로
   빈슨 패트만 가격차별금지법(Robinson-Patman Act)에서 가격차별행위를 경범죄
   (misdemeanor)로 다룰 수 있도록 규정한 반면, 우리나라의 경우 경쟁제한적 기업결
   합이나 불공정거래행위에 대해서도 모두 형사처벌규정을 두고 있다.
6) 1981년부터 2010년까지의 통계(공정거래위원회 통계연감)를 살펴보면, 공정거래위
   원회 모든 소관 법률과 관련하여 처리된 총 41,413건 중 형사고발은 491건으로 1.1%
   에 그쳤고, 같은 기간 공정거래법 위반으로 처리된 총 11,611건 중 형사고발은 165건
   으로 1.4%에 그쳤으며 그 처벌도 극히 예외적인 경우를 제외하고는 벌금형에 그쳤다.
7) 법률 제11937호 2013. 7. 16. 일부개정

조달청장, 중소기업청장은 공정거래위원장에 대하여 고발요청을 할 수 있으며, 고발요청이 있는 경우 공정거래위원장은 이에 따라 의무적으로 고발하여야 한다.

한편, 2011년부터 공정거래위원회는 과거에 비하여 고발에 적극적인 모습을 보이면서 그 고발건수가 상당히 큰 폭으로 증가하였다.[8] 공정거래위원회는 특히 카르텔에 대한 강한 고발의지를 가지고 있는 것으로 보이는데, 향후 카르텔 가담 기업 자체에 대한 고발은 물론이고, 지위 고하를 막론하고 가담 임직원 개인에 대한 적극적인 고발 등 엄중한 제재가 필요하다는 입장을 밝히기도 했다.[9] 이러한 상황에서 위와 같이 감사원장, 조달청장, 중소기업청장 등에게 고발요청권도 인정되므로 향후 공정거래위원회의 고발은 더욱 증가할 것으로 예상된다.[10]

---

8) 1981년부터 2010년까지 공정거래법 위반과 관련하여 처리된 총 11,611건 중 형사고발은 165건이 이루어져 고발률이 1.4%에 그친 반면, 2011년부터 2013년까지 공정거래법 위반과 관련하여 처리된 총 1,315건 중 형사고발은 48건이 이루어져 고발률이 3.6%에 이르렀고, 2013년 한 해의 경우에는 공정거래법 위반과 관련하여 처리된 총 355건 중 형사고발은 22건이 이루어져 6.1%의 높은 고발률을 보이고 있다. 한편, 공정거래법을 포함한 공정거래위원회의 모든 소관 법률과 관련하여서는 1981년부터 2010년까지의 경우 총 처리된 41,413건 중 형사고발은 491건이 이루어져 1.1%의 고발률을 보인 반면, 2011년부터 2013년까지의 경우 총 처리된 5,359건 중 형사고발은 143건이 이루어져 2.6%의 고발률을 보였고, 2013년 한 해의 경우 총 처리된 2,171건 중 형사고발은 61건이 이루어져 2.8%의 고발률을 보였다. 이와 같은 통계에 의할 때, 공정거래위원회는 기타 법률보다 공정거래법 위반사건 고발에 더욱 적극적인 것으로 보인다. (공정거래위원회 통계연감)
9) 공정거래위원회, 공정거래백서(2013), 199면
10) 2014년에 들어와서도 공정거래위원회는 매우 활발히 고발권을 행사하여 왔다. 총 11건의 검찰고발이 이루어졌는데 이는 매우 높은 고발률(6.1%, 총 22건)을 보였던 2013년도의 경우와 비슷한 비율의 수치이다. 공정거래위원회 보도자료를 근거로 이를 소개하면 다음과 같다.
 • 2014. 1. 2. 인천도시철도 2호선 건설공사 입찰담합사건과 관련하여, 15개 공구 입찰과정에서 낙찰자, 들러리 합의를 한 21개 건설사에게 시정명령 및 과징금 총 1,322억원을 부과하고, 이 중 낙찰받은 15개 건설사는 검찰에 고발함
 • 2014. 1. 10. 조달청 발주 수중 및 입축펌프 구매입찰담합사건과 관련하여, 21개 사업자들에게 시정명령 및 총 54억원의 과징금을 부과하고, 20개 사업자는 검찰에

　　종래 공정거래법 위반행위에 대해 형사적 제재가 거의 이루어지지 않았기 때문에 공정거래법 위반행위에 대한 형사적 제재와 관련된 논의 또한 미비했던 것이 사실이다. 그러나, 위에서 언급한 바와 같이 현재 공정거래위원회의 고발이 증가하고 있고 향후 더욱 증가할 것으로 예상되고 있다. 즉, 다수의 공정거래법 위반행위에 대해 형사적 제재가 이루어질 상황이다.

고발함
- 2014. 3. 10. 농협중앙회 발주 은행용 스캐너 구매입찰담합사건과 관련하여, 이를 실행한 2개의 사업자에게 시정명령 및 1억 9,400만원의 과징금을 부과하고, 2개 사업자는 검찰에 고발함
- 2014. 3. 24. 대구도시철도 3호선 턴키대안공사 입찰담합사건과 관련하여, 공구분할 합의를 한 4개 건설사 및 공구분할과 함께 개별공구에서 낙찰자·들러리 합의까지 한 4개 건설사와 개별공구에서 들러리 합의에 참여한 4개 건설사(총 12개 건설사)에게 시정명령 및 과징금 총 401억원을 부과하고, 이 중 공구분할에 참여한 8개 건설사는 검찰에 고발함
- 2014. 4. 3. 경인운하사업 등 입찰담합사건과 관련하여, 공구를 분할하거나 들러리를 담합한 13개 건설사에 대해 시정명령을, 11개 건설사에 대해 총 991억원의 과징금을 부과하는 한편, 9개 건설사와 5개 건설사의 전현직 임원 5명을 검찰에 고발함
- 2014. 4. 10. 부산지하철 1호선 연장(다대구간) 턴키공사 입찰담합사건과 관련하여, 사전에 낙찰자를 결정하고, 들러리 설계 및 투찰가격 등을 합의·실행한 6개 건설사에게 시정명령과 함께 과징금 총 122억원을 부과하고, 들러리를 세워 낙찰받은 3개 건설사는 검찰에 고발함
- 2014. 4. 29. 운북하수처리장 증설공사 입찰담합사건과 관련하여, 낙찰자 및 투찰가격 등을 사전에 합의한 2개의 건설사에게 시정명령 및 과징금 총 32억 3,100만원을 부과하고, 검찰에 고발함
- 2014. 5. 2. 대구 서부·현풍 하수처리장공사 입찰담합사건과 관련하여, 2개의 건설사에게 시정명령 및 과징금 총 62억 4,200만원을 부과하고, 검찰에 고발함
- 2014. 5. 8. 가맹본부의 거래강제 등 사건과 관련하여, 거래강제를 한 사업자에게 시정명령 및 과징금 43억 4,100만원을 부과하고, 검찰에 고발함
- 2014. 6. 23. 김포한강신도시 및 남양주 별내 크린센터 입찰담합사건과 관련하여, 낙찰자 및 들러리를 합의한 6개 건설사에게 시정명령 및 과징금 총 105억 9,300만원을 부과하고, 검찰에 고발함
- 2014. 7. 24. 호남고속철도 건설공사 입찰담합사건과 관련하여, 13개 공구에서 공구분할 및 들러리 합의를 한 21개 건설사와 들러리 합의에 참여한 7개 건설사에게 시정명령 및 과징금 총 3,479억원을 부과하고, 15개 건설사와 7개사의 담당임원 7명을 검찰에 고발함

이러한 시점에서 향후 공정거래법 위반행위에 대한 형사적 제재와 관련해서 어떠한 쟁점이나 문제점이 중요하게 부각될 것인지 예측하고 이에 관한 논의를 적극적으로 전개하는 것이 매우 중요하다고 생각한다. 이러한 쟁점이나 문제점들에 대한 합리적인 논의를 바탕으로 할 때 공정거래 위반행위에 대한 형사집행이 바람직한 방향으로 이루어질 수 있기 때문이다.

공정거래법 위반행위에 대한 형사집행이 상당히 증가할 것으로 예상되는 상황에서는 공정거래위원회의 고발에 관한 논의도 새로운 시각에서 접근할 필요가 있다. 종래, 공정거래위원회의 고발과 관련된 논의는 공정거래위원회가 그 전속고발권을 소극적으로만 행사해 왔기 때문에 그 전속고발권을 어떻게 제한, 통제[11]하는 것이 바람직한가에 집중되었다고 할 수 있다. 그러나 현재의 상황에서는 종래와는 다른 시각에서 과연 공정거래위원회의 고발은 어느 위반행위를 중심으로 이루어질 것인지를 예측하고, 어떤 조건에서 이루어지는 것이 바람직한가에 대한 논의가 필요하다고 본다. 무조건적인 고발이나 면책성 고발 등으로 고발이 남용된다면 경제활동 위축 등 많은 부작용을 발생시킬 수 있기 때문이다. 공정거래정책 및 형사정책상 공정거래위원회 고발 대상의 합리적인 범위를 획정하기 위한 노력이 반드시 필요한 이유가 여기에 있다.

이 책에서는 먼저 공정거래범죄[12]의 처리 절차를 조사, 수사, 재판의 단계로 나누어 기술하면서 공정거래범죄와 관련된 절차법적 쟁점을 다루

---

11) 전속고발제도에 대한 제한, 통제와 관련하여 고발권자의 범위확대, 전속고발권 적용대상의 범위확정, 새로운 고발기준 마련 등을 주장하는 견해[이건묵·이정념, 형사정책 제22권 제2호(2010. 12), 28면 이하], 일본 공정거래위원회(公正取引委員會)의 공정거래법(私的獨占の禁止及び公正取引の確保に關する法律) 위반행위에 대한 형사고발에 관한 방침(平成 2년 6월 20일)을 참고하여 명확하고 구속력이 있는 고발기준이 마련되어야 한다는 견해[박미숙, 형사정책연구소식 제74호(2002. 11/12월호), 9면] 등이 제기되어 왔다.

12) '공정거래범죄'라는 용어는 아직 정립된 용어가 아니지만 이하에서는 공정거래법 및 관련법 위반행위 중 형사처벌대상이 되는 행위를 일컫는 용어로 사용하고자 한다.

고자 한다. 기존 공정거래법 관련 책자의 경우, 실체법적 쟁점에 초점이
맞추어져 있고, 절차법적 쟁점에 대한 내용은 다소 소홀히 다루어졌던 것이
사실이다. 하지만 공정거래법 위반행위를 형사법적 관점에서 바라보면 실
체법적 쟁점 못지않게 절차법적 쟁점도 중요하게 대두되고 그 동안 소홀히
다루어졌던 것에 비하면 본문에서 보는 바와 같이 그 내용이 제법 많다.
그 예로서, 공정거래위원회 조사의 성격과 영장주의와의 관계, 조사방법의
한계, 실무상 많이 활용되고 있는 검사에 의한 공정거래위원회 압수 및
수색의 적법성 및 적정성, 공정거래위원회의 고발 이전 수사개시 및 진행의
한계, 고발된 적용법조의 변경, 공정거래범죄 관련 증거의 증거능력 문제
등을 들 수 있다.

　　절차와 관련하여 한가지 특별한 것은 비록 이론적 쟁점에 관한 것은
아니지만 공정거래위원회 직원에 대한 조사방해와 관련하여 그 요건을 세
밀히 분석·정리하였고 실제 사례를 대폭 실어 실무에 참고가 되게 하였다
는 점이다.

　　그 다음으로는 공정거래범죄를 6가지 유형, 즉 시장지배적지위 남용행
위, 기업결합행위, 경제력집중행위, 부당한 공동행위, 불공정거래행위 및
기타 공정거래관련법률 위반범죄로 나누어 필요한 범위 내에서 그 개념
및 요건 등을 설명하면서 관련된 실체법적 쟁점을 다루고자 한다.[13] 특히
추정규정(시장지배적지위의 추정, 경쟁제한성의 추정, 합의의 추정)의 형사절차에
서의 적용여부, 양벌규정의 해석문제, 시장지배적지위 남용행위, 부당한
공동행위 및 불공정거래행위에 있어서 '부당성'의 내용과 차이, 부당한 공
동행위에 있어서 당연위법의 법리(*per se* illegal rule)와 합리의 법리(rule

[13) 물론 공정거래법에는 시정조치금지명령 위반죄 및 허위보고나 보고의무 위반 등
각종 행정법적 의무 위반죄에 대해 규정하고 있다. 그러나 이러한 행정법적 일탈행
위를 처벌하는 규정은 공정거래범죄와 관련된 행위에 대한 공정거래위원회의 통제
를 실효성 있게 뒷받침하기 위한 것으로 공정거래범죄와 비교하면 부수적인 것이고,
특별한 설명이 필요하지도 않다고 판단된다.

of reason) 등 형사처벌과 밀접한 관련이 있는 쟁점에 중점을 두었다.

또한 이러한 개념·요건 설명 및 쟁점에 관한 논의 이외에도 최신 공정거래위원회의 중요 심결례 및 판례를 소개하는데 주력하였다.

공정거래범죄에 대한 기술형식과 관련하여 처음에는 형법각론 형식과 같이 구성요건과 그 처벌규정에 초점을 맞추어 기술하는 형식도 고려하였으나, 공정거래범죄는 곧 형사처벌이 규정된 공정거래법 및 관련법 위반행위이기 때문에 기존 공정거래법 설명 책자가 다루는 주제와 대부분 겹치고, 각 범죄에 대한 구성요건적 설명 이전에 배경설명 등이 필요한 경우가 많으며, 형사처벌 외에 다른 제재수단에 대해서도 간단히 기술할 필요가 있다고 판단되어 그 기술형식을 기존 공정거래법 설명 책자의 기술형식으로 하였다.

셋째로 공정거래법 위반행위와 형사적 제재와의 관계를 다루면서 전속고발권의 타당성 및 범위 문제와 향후 공정거래위원회 고발대상의 합리적인 범위에 관한 문제를 논하고자 한다. 전자의 경우는 이미 많이 논의되었지만 후자의 경우는 아직까지 이에 관한 본격적인 논의가 이루어지고 있지 않다. 그러나 위에서 언급한 바와 같이 지나친 고발이나 고발의 남용은 소극적인 고발보다 사회에 미칠 부정적 영향이 더 클 수 있기 때문에 고발의 대폭적인 증가가 예상되는 현시점에서는 매우 시급한 논의주제이다.

그 다음 본 책자를 마무리 하면서 공정거래위원회의 조사과정에서 취득된 자료가 검찰의 수사 및 법원의 재판 과정에서 효과적으로 활용될 수 있는 방안에 대해 나름대로의 의견을 제시하고자 한다.

그리고 부록으로 미국의 공정거래범죄 처리 절차에 대한 자료를 첨부한다.

II 공정거래범죄 처리 절차

1. 공정거래위원회의 조사

가. 공정거래위원회 조사의 의의 및 법적 성격

(1) 공정거래위원회 조사의 의의

공정거래위원회가 공정거래법 위반사건을 처리하는 절차는 크게 조사 (調査), 심사(審査), 심의(審議) 및 의결(議決)의 단계로 구성되어 있는데, 그 중 위반행위의 조사는 원칙적으로 직권주의를 채택하고 있으나(공정거래법 제49조 제1항), 경쟁사업자나 거래상대방을 포함하여 누구든지 공정거래법 위반사실을 신고할 수 있고(공정거래법 제49조 제2항), 실제 시민단체 등 제3 자에 의한 신고가 활발하게 이루어지고 있다.

공정거래위원회의 공정거래법 위반혐의 조사에 관하여는 공정거래법 제49조 내지 제50조에서 정하고 있다. 구체적으로 공정거래위원회는 공정 거래법의 규정에 위반한 혐의가 있다고 인정할 때에는 직권으로 필요한 조사를 할 수 있고(공정거래법 제49조 제1항), 공정거래위원회는 공정거래법 의 시행을 위하여 필요하다고 인정할 때에는 대통령령이 정하는 바에 의하 여 ① 당사자, 이해관계인 또는 참고인의 출석 및 의견의 청취, ② 감정인의 지정 및 감정의 위촉, ③ 사업자, 사업자단체 또는 이들의 임직원에 대하여 원가 및 경영상황에 관한 보고, 기타 필요한 자료나 물건의 제출을 명하거나 제출된 자료나 물건의 영치의 처분을 할 수 있다(공정거래법 제50조 제1항). 또한 소속공무원으로 하여금 사업자 또는 사업자단체의 사무소나 사업장에 출입하여 업무 및 경영상황, 장부 서류, 전산자료·음성녹음자료·화상자료 등이나 물건을 조사하게 할 수 있고, 지정된 장소에서 당사자, 이해관계인 또는 참고인의 진술을 듣게 할 수 있다(같은 조 제2항).

한편 심사란 직권 또는 신고에 의하여 구체적 공정거래법 위반사실의 단서를 접한 공정거래위원회가 해당 사건의 심의 및 의결절차에 나아갈 필요가 있는지 여부를 판단하기까지의 조사 및 검토과정을 말한다.[14] 따라서 공정거래법상의 조사란, 공정거래법 위반사실의 단서를 접한 공정거래위원회가 심사절차를 개시할 것인지를 결정하거나, 심사절차 개시 이후 계속하여 심의 및 의결에 필요한 자료를 수집할 목적으로 행하는 일체의 행정작용을 의미한다고 정의할 수 있을 것이다.

(2) 공정거래위원회 조사의 법적 성격

헌법재판소는, 공정거래위원회는 기본적으로 사법경찰권을 가지고 있지 아니하여 수사기관이 가진 이른바 강제수사권이 없으므로 참고인 조사 등을 함에는 많은 제약이 따른다고 보았다.[15] 이는 공정거래위원회 조사권을 형사소송법상 임의조사권으로 한정한 것으로 볼 수 있고, 통설 또한 공정거래법상 조사를 임의조사라고 해석하고 있다.[16]

임의조사에 있어서 임의성은 엄격히 해석되어야 하고 그 한계를 벗어

---

14) 이기수·유진희, 경제법, 제8판, 세창출판사, 357면
15) 헌법재판소 2005. 10. 27. 선고 2004헌마800 결정
16) 이호영, 독점규제법, 홍문사(2013), 442면; 신동권, 독점규제법, 박영사(2011), 936면; 홍대식, 공정거래법위반사건 처리절차상 문제점과 개선방안, 전국경제인연합회 경쟁법 연구 시리즈 6, 25면; 사법연수원, 공정거래법(2011), 285면; 황태희, 독점규제법상 집행시스템의 개선방안, 저스티스 통권 123호(2011. 4), 190면

나는 행위는 강제조사로서의 법적 성격을 가지는 것으로 판단하여야 할 것이다. 형식상 임의조사라고 하더라도 그 실질에 있어 조사대상자의 진의에 기초한 임의성이 인정되지 않는다면 이는 강제조사라고 보아야 할 것이다.

공정거래법상 조사가 주로 공정거래법 위반혐의를 확인하기 위한 목적으로 이루어지고 그 과정에서 실력행사가 수반될 가능성이 높으며 조사결과는 조사대상자에 대한 침익적 행정처분이나 형사처벌로 이어질 가능성이 높은 점 등을 고려하여, 그 법적 성격을 행정상 즉시강제와 유사한 것으로 이해하거나, 임의조사와 강제조사의 중간단계 또는 강제조사의 일종으로 보는 견해가 있지만 이는 타당하지 않다. 강제조사는 법률에 명문의 수권규정이 존재하거나 법원이 발부한 영장에 의해서만 가능한 것인데 공정거래위원회의 조사에는 그러한 규정이나 절차가 없기 때문이다. 오히려 위와 같은 견해에 따르면 자칫 임의조사의 형식을 가지고 형사절차보다 더 강력한 강제조사권, 즉 영장주의나 강제처분법정주의의 적용을 받지 않는 강제조사권을 행사할 여지를 남겨주게 되어 기본권 보장에 큰 위협이 될 수 있기 때문이다.

물론 공정거래위원회의 조사가 임의조사라고 하여도 이는 권력적 행정조사에 해당하므로, 공정거래위원회 조사는 반드시 공정거래법 및 관계 법령의 근거가 있어야 하며, 공정거래법 위반혐의를 인지한 때 조사가 개시되는 것이 원칙이다. 따라서 비록 형사절차상의 수사개시요건으로서의 혐의 정도는 아니더라도 최소한 조사의 필요성이 객관적으로 인정될 필요가 있고, 이를 공정거래위원회가 소명할 수 있어야 한다.

그리고 공정거래법상 조사 역시 행정조사의 실체법적 한계로서 목적부합의 원칙, 비례의 원칙, 평등의 원칙 등을 준수하여야 하고, 절차법적 한계로서 적법절차의 원칙하에 공정거래법에 규정되어 있는 절차적 한계를 일반적으로 준수하여야 한다(공정거래법 제50조의2, 행정조사기본법 제4조 제1항). 또한 공정거래위원회 조사를 거부・방해하는 경우 물리력으로 제압할 수 있는 직접적인 강제력은 없고, 법적인 불이익 또는 형벌·과태료를 부과할 수 있는 간접적 강제력이 있을 뿐이다(공정거래법 제66조 제1항 제11호, 제69조의2 제1항 제5호 내지 제7호).

한편 행정조사는 원칙적으로 행정청의 행정조사작용에 관한 일반법인 행정조사기본법의 적용을 받게 되는데, 공정거래위원회의 조사는 행정조사기본법 제3조 제2항 제7호에 의해 행정조사의 기본원칙, 행정조사의 근거 등에 관한 행정조사기본법 제4조, 제5조, 제28조의 규정을 제외한 나머지 행정조사기본법의 적용은 받지 아니한다. 따라서 행정조사기본법 제4조(행정조사의 기본원칙), 제5호(행정조사의 근거), 제28조(정보통신 수단을 통한 행정조사)를 제외하고는 원칙적으로 공정거래법상의 위반행위 조사에 관한 규정의 적용을 받게 된다.

나. 공정거래위원회의 사건 처리 절차 개관

동의의결 절차를 거치지 않을 경우, 공정거래위원회 사건 처리 절차는 아래 그림과 같이 [인지 → 조사 → 심사 → 심의 및 의결 → 결과 조치]의 절차로 이루어진다. 이하에서는 각 절차에 관하여 간략하게 언급하겠다.

■■ 공정거래위원회 사건 처리 절차 ■■

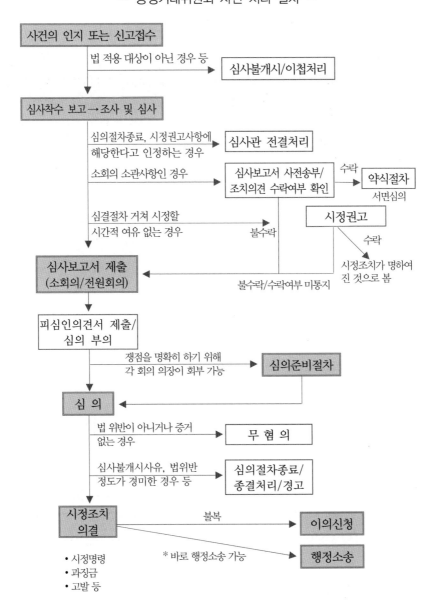

(1) 인지 단계

공정거래위원회는 공정거래법 위반혐의에 대하여 원칙적으로 직권으로 조사에 착수할 수 있고, 경쟁자와 거래상대방을 포함한 누구든지 공정거래법 위반사실을 신고할 수 있는데, 경쟁사업자 등의 신고에 의한 조사의 개시가 상당 부분을 차지하고 있다. 2013년도에는 공정거래위원회가 인지한 3,732건 중 신고에 의한 인지가 2,679건으로 71.8%에 달하고 있다.[17]

공정거래위원회가 소관 법령 위반 혐의사실을 직권 또는 신고에 의해 인지한 경우에는 사무처장이 심사관으로 하여금 심사절차 개시에 앞서 사실에 대한 조사와 사전심사를 하게 할 수 있고(공정거래위원회 회의운영 및 사건절차 등에 관한 규칙[이하 절차규칙] 제10조 제1항), 심사관은 사실조사 및 사전심사를 통하여 절차규칙 제12조에 따른 심사절차를 개시하지 아니할 수 있는 사유에 해당하지 않는지를 판단하여 심사개시 여부를 결정하게 된다(절차규칙 제11조 제1항 및 제12조 제1항).

이 때 심사절차를 개시하지 아니할 수 있는 사유에 해당하면 심사관은 심사불개시결정을 할 수 있다(절차규칙 제12조 제1항). 또한 공정경쟁규약의 적용대상이 되는 신고사건에 대하여는 관련 법령이나 규칙·고시 등에 그 처리근거가 명시되어 있는 경우에 해당 사업자단체에 이첩하여 우선적으로 처리하도록 할 수 있다(절차규칙 제11조의4).

(2) 조사 단계

공정거래법에 위반되는 혐의가 있다는 신고가 있거나 직권으로 인지하는 경우 공정거래위원회 사무처장은 심사관을 지정하여 조사 및 사전심사에 착수하게 하는데, 심사관이 사전심사 결과 당해 사실이 심사절차 불개

---

17) 공정거래위원회 통계연감(2013), 10~19면

시사유에 해당하지 않는다고 인정되는 경우 서면 또는 전산망으로 보고(사건심사착수보고)함으로써 인지된 사실이 사건화되어 심사절차가 개시된다(절차규칙 제11조).

공정거래위원회 회의운영 및 사건절차 등에 관한 규칙 제11조

① 심사관은 제10조(사전심사) 제1항의 규정에 의한 조사 및 사전심사의 결과 제12조(심사절차를 개시하지 아니할 수 있는 경우) 각호의 어느 하나에 해당하지 않는다고 인정되는 경우에는 위원장에게 다음 각호의 사항을 서면 또는 전산망을 이용하여 보고(이하 "사건심사착수보고"라 한다)하여야 한다. 이 경우, 신고사건(약관법 위반사건은 제외한다)은 신고접수일로부터 15일(사건심사착수보고 기한을 계산함에 있어서는 자료 보완 기간은 제외한다. 이하 이 항에서 같다) 이내에 사건심사착수보고를 하되, 사실관계가 복잡한 사건인 경우에는 1회에 한하여 15일 연장할 수 있으며, 인지사건은 현장조사 완료일 또는 현장조사를 실시하지 않은 경우 요구자료 제출완료일로부터 30일 이내에 사건심사착수보고를 하되 불가피한 사유가 있는 경우 사전에 사무처장 전결로 연장 사유와 연장기한을 명시하여 사건심사착수보고 기한을 연장할 수 있다.

  1. 사건명
  2. 사건의 단서
  3. 사건의 개요
  4. 관계법조

심사관은 공정거래위원회 직제규정에 의하여 당해 사건이 속하는 업무를 관장하는 국장, 심판관리관, 시장분석정책관 또는 지방사무소장 중에서 지정되며(절차규칙 제10조 제6항), 심사관은 공정거래법 위반사실에 대한 조사 및 사전심사를 조사공무원으로 하여금 행하게 할 수 있다(절차규칙 제10조 제4항).

한편 심사절차가 개시된 이후에는 심사관이 당해 사건에 대한 조사에 착수하게 되고, 조사결과에 따라 위원회 상정 여부를 결정한다. 위원회의 회의(전원회의 또는 소회의[18])에 상정하는 경우에는 사건의 개요, 시장구조 및 실태, 제도개선사항의 유무, 사실의 인정, 위법성 판단 및 법령의 적용, 자율준수 프로그램 또는 소비자불만 자율관리 프로그램 운용상황의 조사여부, 심사관의 조치의견 등을 기재한 심사보고서를 작성하여 위원회의 회의에 제출함과 동시에 피심인에게 심사보고서와 첨부자료의 목록 및 첨부자료를 송부하고 이에 대한 의견을 기한 내에 문서로 제출할 것을 통지하여야 한다. 이 때 의견서 제출기한은 전원회의의 경우 3주, 소회의의 경우 2주의 기한을 부여한다(절차규칙 제29조 제1항 및 제10항).

심사관은 조사결과 무혐의, 경고, 심의절차종료, 시정권고 등의 일부 사유에 해당한다고 인정되는 경우 전결로 사건을 처리할 수 있다(절차규칙 제53조).

(3) 심의 및 의결 단계

각 회의의 의장은 심사보고서에 대한 피심인의 의견서가 제출된 날이나 심의준비절차가 종료한 날 또는 의견서가 제출되지 아니한 경우에는 의견서 제출기한이 경과된 날부터 30일 이내에 당해 사건을 심의에 부의하여 심의·의결한다(절차규칙 제31조 제1항).

---

18) 위원회의 회의는 전원회의와 위원 3인으로 구성되는 소회의로 구분된다. 사건심리의 신속과 효율을 기하기 위하여 소회의중심주의를 채택하고 있어서 전원회의에서 의결해야 할 사항을 제외하고 그밖에 모든 사항은 소회의에서 심의·의결하도록 하고 있다. 전원회의에서 의결해야 하는 사항은 1) 법령이나 규칙, 고시 등의 해석적용에 관한 사항, 2) 이의신청사건, 3) 소회의에서 의결되지 아니하거나 소회의가 전원회의에서 처리하도록 결정한 사항, 4) 규칙 또는 고시의 제정 또는 변경, 5) 경제적 파급효과가 중대한 사항 기타 전원회의에서 스스로 처리하는 것이 필요하다고 인정하는 사항 등이다.

위원회의 각 회의의 심의기일에는 당해 사건의 심사관 및 피심인이 출석하여 인정신문, 심사관의 모두진술, 피심인의 의견진술, 위원의 피심인 및 심사관에 대한 질문, 증거조사, 참고인신문, 심사관의 조치의견 진술 및 피심인의 최후진술 등의 절차가 진행된다(절차규칙 제34조 내지 제43조).

위원회의 각 회의는 심의를 거쳐 공정거래법 위반사실을 인정하고, 시정명령 등 시정조치, 과징금 또는 과태료 납부명령, 고발,[19] 입찰참가자 격제한요청 또는 영업정지요청을 의결할 수 있다(절차규칙 제52조, 제53조). 그리고 위원회의 심결을 거쳐 시정하기에는 시간적 여유가 없거나 시간이 경과되어 위반행위로 인한 피해가 크게 될 우려가 있는 경우나 위반행위자가 위반사실을 인정하고 당해 위반행위를 즉시 시정할 의사를 명백히 밝힌 경우 등에는 시정방안을 정하여 이에 따를 것을 권고하는 시정권고를 할 수 있다(절차규칙 제51조 제1항).

각 회의는 위와 같은 조치 이외에도, 사실의 오인이 있는 경우, 법령의 해석 또는 적용에 착오가 있는 경우 또는 심사관의 심사종결이 있은 후 그 사유와 관련이 있는 새로운 사실 또는 증거가 발견된 경우 등의 경우에는 재심사명령(절차규칙 제45조), 심사불개시 사유 등에 해당하는 경우에는 심의절차종료 선언(절차규칙 제46조), 공정거래법 위반행위로 인정되지 아니하거나 증거가 없는 경우에는 무혐의 결정(절차규칙 제47조 제1항), 위반의 정도가 경미하거나 피심인이 사건의 심사 또는 심의과정에서 당해 위반행위를 스스로 시정하여 시정조치의 실익이 없는 등의 경우에는 경고(절차규칙 제50조) 등을 의결할 수 있다.

(4) 결과 조치 단계

각 회의는 의결 또는 결정 등의 합의가 있은 날부터 35일(추가적인

---

19) 검찰고발에 관하여는 항을 바꾸어서 자세히 설명한다.

사실확인이나 과징금 부과금액의 확정 등을 위해 필요한 자료의 제출을 명하는 경우 70일) 이내에 그 의결서 또는 결정서를 작성하여야 하고(절차규칙 제54조 제1항), 심판관리관은 의결 등의 합의가 있은 날로부터 40일(추가적인 사실확인이나 과징금 부과금액의 확정 등을 위해 필요한 자료의 제출을 명하는 경우 75일) 이내에 피심인 또는 권한 있는 기관의 장에게 의결서 또는 결정서 등의 정본을 송부하고 해당 심사관에게 그 사본을 송부하여야 한다. 단, 절차규칙 제61조에 의한 약식의결서의 경우에는 심사관이 피심인 등에게 송부하여야 한다(절차규칙 제56조 제1항).

이에 따라 해당 심사관은 신고인 등에게 의결 등의 요지를 통지하는 등의 조치를 하여야 하고, 필요하다고 인정하는 경우에는 이해관계인 등에게도 의결서 등의 요지를 통지할 수 있다(같은 조 제2항). 이에 따라, 각 회의가 검찰 고발을 결정하게 될 경우에도, 심판관리관은 의결 등의 합의가 있은 날로부터 40일(추가적인 사실확인 등을 위해 필요한 자료의 제출을 명하는 경우 75일) 이내에 검찰총장에게 고발 결정서를 송부하게 된다.

피심인은 공정거래위원회의 처분에 대하여 불복이 있는 경우 처분의 통지를 받은 날부터 30일 이내에 그 사유를 갖추어 공정거래위원회에 이의신청을 할 수 있다(공정거래법 제53조 제1항).[20] 또한 공정거래위원회의 과징금 납부명령에 대하여는 과징금 전액을 일시에 납부하기 어려운 사유가 있는 경우 과징금 납부를 통지 받은 날부터 30일 이내에 그 납부기한의 연장이나 분할납부의 신청을 할 수 있다(공정거래법 제55조의4 제1항 및 제2항).

---

20) 종전에는 구 행정소송법상 재결전치주의에 따라 위원회의 처분에 대하여 소를 제기하는 경우에도 반드시 이의신청에 대한 재결의 고지를 받은 날부터 30일 이내에 제기하도록 규정하였으나, 당사자의 선택에 따라 신속한 사법적 권리구제를 받을 수 있도록 행정소송법이 1994년 개정되자(1994. 7. 27. 법률 제4770호로 개정), 공정거래법 역시 1999년 7차 개정을 통하여 불복의 소를 제기할 수 있는 기간을 처분 또는 이의신청에 대한 재결서의 정본을 송달받은 날부터 30일 이내에 제기하도록 규정하였다.

(5) 공정거래위원회의 검찰 고발

공정거래법 제71조 제1항은 "제66조 및 제67조의 죄는 공정거래위원회의 고발이 있어야 공소를 제기할 수 있다"고 규정함으로써 공정거래위원회에 대하여 공정거래법 위반행위에 관한 전속고발 권한을 부여하고 있다.[21)

이에 따라 공정거래위원회는 소관 법령(공정거래법, 표시·광고의 공정화에 관한 법률, 가맹사업거래의 공정화에 관한 법률 등) 위반사건으로서 고발의 대상이 되는 사건의 유형과 기준을 구체화한 독점규제 및 공정거래에 관한 법률 등의 위반행위의 고발에 관한 공정거래위원회의 지침(2012. 8. 21. 공정거래위원회 예규 제140호, 이하 고발지침)을 운영 중이다.[22) 고발지침의 주요 내용은 아래와 같다.

① 공정거래법, 표시·광고의 공정화에 관한 법률 또는 가맹사업거래의 공정화에 관한 법률 위반행위에 참여한 사업자 또는 사업자단체와 사업자 또는 사업자단체의 대표자, 대리인, 사용인, 그 밖의 종업원에 대해 산출한 법위반 점수가 일정 기준점수 이상일 경우, 특별한 사유 없이 공정거래위원회의 시정조치나 금지명령에 응하지 않은 경우, 탈법행위(공정거래법 제15조)를 한 업체로서 법위반 정도가 중대하거나 법위반 동기가 고의적인 경우에는 고발함을 원칙으로 한다(고발지침 제2조 제1항).

② 위반사업자가 위 ①에 해당하지 않더라도, 과징금고시 II. 13. 벌점

---

21) 공정거래법 제71조 제1항 이외에 하도급거래 공정화에 관한 법률 제32조, 표시·광고의 공정화에 관한 법률 제16조 제3항, 가맹사업거래의 공정화에 관한 법률 제4조, 대규모 유통업에서의 거래 공정화에 관한 법률 제42조에서도 공정거래위원회의 전속고발 권한을 규정하고 있다.

22) 하도급거래 공정화에 관한 법률 위반사건의 경우에는 하도급거래 공정화지침 III. 21. 마.에서 고발 기준을 구체화하고 있다.

에 따라 과거 3년간 공정거래법, 표시·광고의 공정화에 관한 법률, 가맹사업거래의 공정화에 관한 법률 위반으로 각각 경고이상 조치를 3회 이상 받고 누적 벌점이 6점 이상인 경우, 4회 법위반 혐의가 있는 행위에 대한 조치부터 고발함을 원칙으로 한다(고발지침 제2조 제3항).

③ 공정거래위원회는 위 기준과 달리, 법위반 혐의가 있는 행위의 증거 확보를 위한 수사권 발동의 필요 여부, 공정거래법 제71조 제3항에 의한 검찰총장의 고발요청 여부, 당해 행위의 경미성, 위반행위의 자진시정 여부, 과거 법위반전력, 생명·건강 등 안전에 미치는 영향, 재산상 피해의 정도, 사회적 파급효과, 행위의 고의성, 조사 방해 행위 여부 등 여러 사항을 종합적으로 고려하여 고발여부를 달리 결정할 수 있다(고발지침 제2조 제5항).

위와 같은 공정거래위원회의 전속고발권은 2014. 7. 16.자 공정거래법 개정으로 제한되게 되었다. 공정거래법 개정 결과 감사원장, 조달청장, 중소기업청장은 사회적 파급효과, 국가재정에 끼친 영향, 중소기업에 미친 피해정도 등을 이유로 공정거래위원회에 고발을 요청할 수 있고, 이러한 고발요청이 있는 때에는 공정거래위원회 위원장은 의무적으로 검찰총장에게 고발하여야 한다.[23]

고발의 법적 성격과 관련하여, 대법원은 (사)대한약사회의 사업자단체 금지행위 사건에서 "공정거래위원회의 고발 조치는 사직당국에 대하여 형벌권의 행사를 요구하는 행정기관 상호간의 행위에 불과하므로 항고소송의 대상이 되는 행정처분이라 할 수 없다"고 하였다.[24]

또한 공정거래위원회의 고발은 일반 고발의 경우와 달리 공소가 제기

---

23) 공정거래법 제71조 제3항, 제4항
24) 대법원 1995. 5. 12. 선고 94누13794 판결

된 후에는 취소하지 못한다(공정거래법 제71조 제6항).

제71조 (고발) ① 제66조(벌칙) 및 제67조(벌칙)의 죄는 공정거래위원회의
고발이 있어야 공소를 제기할 수 있다.
② 공정거래위원회는 제66조 및 제67조의 죄중 그 위반의 정도가 객관적으
로 명백하고 중대하여 경쟁질서를 현저히 저해한다고 인정하는 경우에
는 검찰총장에게 고발하여야 한다.
③ 검찰총장은 제2항의 규정에 의한 고발요건에 해당하는 사실이 있음을
공정거래위원회에 통보하여 고발을 요청할 수 있다.
④ 공정거래위원회가 제2항에 따른 고발요건에 해당하지 아니한다고 결정
하더라도 감사원장, 조달청장, 중소기업청장은 사회적 파급효과, 국가
재정에 끼친 영향, 중소기업에 미친 피해 정도 등 다른 사정을 이유로
공정거래위원회에 고발을 요청할 수 있다.
⑤ 제3항 또는 제4항에 따른 고발요청이 있는 때에는 공정거래위원회 위원
장은 검찰총장에게 고발하여야 한다.
⑥ 공정거래위원회는 공소가 제기된 후에는 고발을 취소하지 못한다.

다. 공정거래위원회의 조사권한

(1) 당사자 등에 대한 출석요구권(공정거래법 제50조 제1항 제1호)

공정거래위원회는 공정거래법 위반행위의 조사를 위하여 필요하다고
인정할 때에는 당사자, 이해관계인, 참고인의 출석을 요구하고 의견을 청취
할 수 있다.

이 때 공정거래위원회는 ① 사건명, ② 상대방의 성명, ③ 출석일시
및 장소, ④ 불응하는 경우의 법률상의 제재내용을 기재한 출석요구서를
발부하여야 한다(공정거래법 시행령 제55조 제1항, 절차규칙 제14조).

출석요구를 받은 당사자 등이 출석하여 진술한 경우, 공정거래위원회 심사관 또는 조사공무원은 필요한 경우 진술조서를 작성하여야 한다. 진술조서에는 진술자의 성명, 전화번호, 진술일시, 진술장소 및 진술내용을 기재하여야 하고, 이를 진술자에게 읽어주거나 열람하게 하여 기재내용의 정확여부를 묻고 진술자가 증감·변경의 청구를 하였을 때에는 그 진술을 조서에 기재하여야 하며, 오기가 없음을 진술한 때에는 진술자로 하여금 그 조서에 간인한 후 서명·날인하게 하고 조사공무원이 서명·날인한다 (절차규칙 제15조).

행정조사의 일종인 출석요구에 대하여는, 그 대상자를 '당사자, 이해관계인 또는 참고인'이라고 규정함으로써 그 범위를 전혀 제한하지 않고 법원의 영장 없이 사업자·사업자단체 이외의 사람을 대상으로 하는 현행 출석요구 제도는 위헌의 소지가 있다는 지적이 있다.[25] 그러나 출석요구 자체에 법원의 영장이 요구된다고 하기 어렵고, 직접적인 강제력 행사는 허용되지 않으며, 정당한 이유를 내세워 거부할 수 있는 점에 비추어 이를 위헌으로 보기는 어렵다고 할 것이다.

공정거래위원회 조사는 수사절차가 아니므로, 공정거래위원회 조사 과정에서 진술거부권의 사전고지나 변호인의 참여 등은 법률상 요구되는 요건이 아니라 할 것이고, 공정거래위원회 조사공무원에 의하여 작성된 진술조서는 형사소송법 제313조 제1항에 따라 형사재판 절차에서 증거능력이 인정된다.[26] 다만 실무상으로는 공판과정에서 피고인 측이 공정거래위원회에서 작성된 진술조서의 증거능력에 동의하지 않는 경우, 법원은 검찰에서 작성된 피의자신문조서 및 진술조서만 증거로 채택하려는 경향이 있다.

---

25) 박정훈, 공정거래와 법치, 법문사(2004), 1013면
26) 강수진, 공정거래위원회 조사권 행사와 형사절차상 원칙과의 관계, 형사법의 신동향 제37호(2012), 31면 이하

출석요구를 받은 당사자 등이 정당한 사유 없이 이에 불응하는 경우에는 사업자의 경우 1억원 이하, 임원·종업원 및 기타 이해관계인은 1,000만원 이하의 과태료 처분을 받을 수 있다(공정거래법 제69조의2 제1항 제5호).

(2) 자료제출요구 및 영치권(공정거래법 제50조 제1항 제3호)

공정거래위원회는 사업자, 사업자단체 또는 이들의 임직원에 대하여 원가 및 경영상황에 관한 보고, 기타 필요한 자료나 물건의 제출을 명하거나 제출된 자료나 물건을 영치할 수 있다.

필요한 자료의 제출명령은 ① 사건명, ② 보고 또는 제출할 일시와 장소, ③ 보고 또는 제출할 자료 및 물건, ④ 명령에 응하지 아니하는 경우의 법률상의 제재내용을 기재한 서면(보고·제출명령서)으로 하여야 하는데, 공정거래위원회 회의에 출석한 사업자 등에 대하여는 구두로 이를 갈음할 수 있다(공정거래법 시행령 제55조 제3항, 절차규칙 제16조).

심사관 또는 조사공무원이 제출된 자료나 물건을 영치하고자 할 때에는 사건명, 영치물의 내역, 영치일자, 소유자 또는 제출자의 성명과 주소를 기재한 영치조서를 작성·교부하여야 한다(절차규칙 제17조 제1항, 제2항). 영치한 자료나 물건이 더 이상 영치할 필요가 없게 된 때에는 이를 즉시 소유자 또는 제출자에게 반환하여야 하고(절차규칙 제17조 제3항), 영치물은 소유자 또는 제출자의 청구에 따라 가환부할 수 있다(절차규칙 제17조 제4항).

공정거래위원회 조사과정에서 특히 디지털자료에 대한 포렌식(forensic) 조사로 수집한 증거자료의 증거능력이 문제되는데, 컴퓨터용 디스크 등 정보저장매체에 저장된 문자정보, 도면, 사진 등이 증거가치가 있는 경우 이를 출력하여 인증한 등본을 형사소송의 증거로 제출할 수 있으므로, 작성자가 확인되는 중요 디지털자료는 설사 작성자의 서명 또는 날인이 없더라도 증거로 활용될 수 있을 것이다.[27]

---

27) 대법원 2007. 12. 13. 선고 2007도7257 판결(압수된 디지털 저장매체로부터 출력한

이와 관련하여, 하급심 결정례 중에는 공정거래위원회의 조사공무원이 중요한 전산자료가 전산망에 보관되고 있다는 의심을 갖게 된 경우 그 전산자료의 제출을 요구함은 몰라도, 스스로 그 전산자료를 찾기 위하여 내부전산망에 대한 접근권한을 얻어 무제한적으로 내부전산망을 열람하는 것은 헌법상 영장주의에 위반된다고 판단한 사례가 있다.[28] 이에 따르면, 공정거래위원회 조사공무원이 직접 사업자의 전산망에 접근하여 확보한 증거는 형사절차에서 위법수집증거로 증거능력이 배제될 수 있다.

자료제출요구를 받은 사업자 등이 이에 불응하거나 허위의 보고 또는 자료나 물건을 제출한 경우에는 사업자의 경우 1억원 이하, 임원·종업원 및 기타 이해관계인은 1,000만원 이하의 과태료 처분을 받을 수 있다(공정거래법 제69조의2 제1항 제6호).

공정거래법상 과태료에 의하여 출석, 보고 및 자료제출의무를 강제하는 것이 헌법에 위반한 규정이라는 견해가 있다. 즉, 공정거래위원회 조사에 관해 과태료로 벌하고 있는 것은 조사의 대상행위가 '형사처벌 대상인 공정거래법 위반행위'로 특정되어 있고, 조사의 결과물은 그대로 형사절차상 증거로 활용될 것이 예정되어 있는 점 등에 비추어 실질적 형사절차라고 할 수 있으므로 조사불응 등에 과태료로 벌하는 것은 진술거부권을 침해한다고 보는 견해이다.[29] 그리고 '법위반사실의 조사'에 해당되는 영역에서 대부분의 개별 행정법규들은 형사벌 규정을 가지고 있다는 점을 고려하면, 진술증거의 수집에 관한 한 진술거부권에 위반한 행정편의 중심의 입법이

문건을 진술증거로 사용하는 경우, 그 기재내용의 진실성에 관하여는 전문법칙이 적용되므로 형사소송법 제313조 제1항에 따라 그 작성자 또는 진술자의 진술에 의하여 그 성립의 진정함이 증명된 때에 한하여 이를 증거로 할 수 있다고 판시)
28) 수원지방법원 2010. 8. 3.자 2008라609 결정. 현재 대법원 2010마1362호로 소송 계속 중이다.
29) 박지현, 행정상 진술거부권과 그 제한, 민주법학 vol. 33(2007), 303면

라고 하는 견해도 있다.[30]

한편 헌법재판소는 교통사고 발생시 운전자의 신고의무를 규정한 구 도로교통법 제50조 제2항에 대하여 "만일 법률이 범법자에게 자기의 범죄 사실을 반드시 신고하도록 명시하고 그 미신고를 이유로 처벌하는 벌칙을 규정하는 것은 헌법상 보장된 국민의 기본권인 진술거부권을 침해하는 것이 된다 …(중략)… 교통사고의 본질적 양면성을 엄격히 구분하여 도로 교통법 제50조 제2항, 제111조 제3호는 피해자의 구호 및 교통질서의 회복을 위한 조치가 필요한 상황에서만 적용되는 것이고 형사책임과 관련 되는 사항의 신고에는 적용되지 않는 것으로 해석하는 한 헌법에 위반되 지 아니 한다고 할 것이다"고 결정함으로써 형사책임을 부담할 가능성이 있는 사실에 관한 신고의무를 부담하는 것은 진술거부권을 침해하는 것임 을 선언한 바 있다.[31]

생각건대, 행정처분을 위한 조사의 실효성을 거두기 위해 과태료로 출석·보고·자료제출의무 등을 강제하는 것 자체를 위헌이라고 볼 수는 없다고 하겠지만 그 진술이나 자료가 추후 수사와 형사재판의 증거가 되 는 경우에는 분명히 문제의 소지가 있다. 과태료 부과를 면하기 위해 어쩔 수 없이 진술하거나 자료를 제출한 것이라고 주장하면서 진술이나 자료제 출의 임의성을 다툴 경우 그 진술이나 자료의 증거능력이 문제될 수 있기 때문이다. 그 진술이나 자료가 헌법상 보장된 진술거부권이나 자기부죄거 부특권(自己負罪拒否特權)을 침해하여 취득한 위법한 증거로서 증거능력이 부정될 가능성이 있다.

나아가 공정거래위원회에게 진술거부권의 고지의무가 있는가 여부가 문제될 수 있다. 이에 관하여, 공정거래법은 명문으로 진술거부권의 고지

---

30) 이근우, 사실상 수사로서 행정조사의 형사절차적 한계, 고려대학교 대학원 법학과 석사학위 논문(2003), 89면
31) 헌법재판소 1990. 8. 27. 선고 89헌가118 결정

의무를 규정하고 있지 않고, 조사공문의 붙임 문서로 '조사공문을 확인하고 공문에 적시된 내용의 조사가 아닌 경우 이를 거부할 권리가 있습니다'는 문구와 조사방해의 위험성을 함께 고지하고 있을 뿐이기 때문에 비록 실질적인 형사절차로 공정거래법상 조사가 진행된다고 하더라도 법원이나 수사기관이 아닌 공정거래위원회가 진술거부권의 고지의무를 가진다거나, 이를 이행하지 않고 취득한 진술이나 그 진술에 기초하여 취득한 증거의 증거능력을 부인하기는 어려울 것이라는 견해가 있다.[32] 공정거래위원회는 수사기관이 아니기 때문에 공정거래위원회가 모든 조사를 함에 있어 진술거부권을 고지할 의무가 있다고 보기는 어려울 것이고 공정거래위원회의 진술거부권 불고지가 바로 당해 진술 등의 증거능력 부인으로 연결되지는 않을 것이다. 그렇지만 임의성 결여 등의 증거능력이 문제되는 사안에 있어 공정거래위원회가 아무리 진술거부권 고지의 법적 의무는 없다고 하더라도 진술거부권을 고지하지 않은 사정은 당해 진술 등의 증거능력 인정에 있어 상당히 부정적으로 작용할 여지는 있다.

공정거래법상 조사가 형사절차로 전환되는 경우 조사초기 단계에서 공정거래위원회가 작성한 조사대상자에 대한 진술조서는 수사기관 작성의 피의자신문조서는 그 실질상 다르지 않기 때문에 진술거부권의 사전고지 관련규정을 입법화할 필요가 있다.

(3) 현장조사권(공정거래법 제50조 제2항)

공정거래위원회는 공정거래법 위반행위의 조사를 위하여 필요한 경우 소속공무원으로 하여금 사업자 또는 사업자단체의 사무소 또는 사업장에 출입하여 업무 및 경영상황, 장부·서류, 전산자료·음성녹음자료·화상자료 등 자료나 물건을 조사하게 할 수 있으며, 지정된 장소[33]에서 당사자,

---

32) 강수진, 전게논문, 28면 이하
33) 사업자 또는 사업자단체의 사무소나 사업장과 공정거래위원회 출석요구서에 지정된

이해관계인 또는 참고인의 진술을 듣게 할 수 있다.

조사공무원은 현장조사에 임하는 경우 그 권한을 표시하는 증표를 관계인에게 제시하여야 하는데(공정거래법 제50조 제4항), 증표에는 ① 조사기간, ② 조사대상업체, ③ 조사근거, ④ 조사를 거부방해 또는 기피하는 경우 등의 법률상의 제재내용에 대하여 명시하여야 한다(절차규칙 제19조).

현장조사가 다른 조사유형과 구별되는 중요한 차이점은 조사방법 및 조사대상, 조사내용 등 조사범위의 포괄성, 불확정성에서 찾을 수 있다. 다른 조사유형의 경우, 공정거래위원회가 공정거래법 위반혐의를 포착하면 사실확인을 위하여 특정한 대상을 상대로 곧바로 법에 규정된 유형의 조사를 하는 것이어서 조사범위는 상당 정도 특정되어 있을 것이나, 현장조사는 그 목적이 특정한 자료나 특정인을 조사하기 위한 전제가 되는 조사인 경우가 많고, 현장조사를 하는 과정에서 그 범위가 확대될 가능성이 높기 때문에 조사범위가 다른 조사유형보다 불확정적이고 포괄적일 가능성이 크다. 따라서 현장조사에 수반되는 사업장 출입, 사업장 내 특정 장소의 점유, 조사과정에서 수반되는 조사를 위한 탐색 등의 행위가 형사상 압수·수색에 해당하여 헌법상 영장주의에 위반되는지 문제가 된다(헌법 제12조 제3항).

이와 관련하여서는 ① 공정거래위원회 조사공무원의 증표 제시의무를 규정한 공정거래법 제50조 제4항을 헌법상 영장주의의 취지를 행정법상 존중하기 위한 대체규정으로 보아 증표제시의무를 이행하는 경우 영장주의의 문제가 발생하지 않는다는 견해,[34] ② 위의 행위들은 증표제시의무라는 영장주의의 대체수단 내지 예외를 통하여 허용되는 것이 아니라 당사자의 동의를 전제로 하는 임의조사로서 허용되는 행위로, 영장주의의 적용이 배제되는 행위라고 해석하여야 한다는 견해[35]가 있다.

장소(공정거래법 시행령 제56조 제1항)
34) 신동권, 전게서, 938면
35) 강수진, 전게논문, 15면 이하

행정조사기본법 제11조가 일반적인 행정조사의 유형으로 현장조사를 정하고 그 구체적인 절차를 규정하고 있는 점에 비추어, 입법자는 현장조사를 영장주의의 예외라기보다는 이를 임의조사로 보고 있는 것으로 해석함이 타당해 보인다. 물론 현장조사 과정에서 수사상 압수·수색에 이를 정도의 비자발적인 조사가 이루어질 경우에는 헌법상 영장주의 위반이 문제될 가능성이 높을 것임은 자명하다.[36]

따라서 현장조사를 위한 출입이 영장주의가 배제되는 임의조사로서 가능하기 위해서는 조사대상인 사업자 또는 사업자단체의 진정한 동의가 있는지 여부, 즉 동의의 임의성이 엄격하고 신중하게 판단될 필요가 있다. 동의는 그 의미를 이해할 수 있는 자에 의해 완전한 자유의사에 따라 행해져야 하며, 명시적인 표시가 있어야 하고, 부동의할 권리를 보장한 상태에서 행해져야 한다.[37]

공정거래법 제50조의2는 조사공무원의 조사권 남용금지를 명시하고 있고, 공정거래위원회 실무는 조사공무원이 현장조사에 앞서 배포하는 조사안내문을 통하여 '조사 개시 전 조사기간, 조사목적 등을 알리고, 조사는 그 범위 내에서 하겠다'고 명시하고 있다. 그러나 공정거래법 제50조의2와 조사안내문만으로는 공정거래위원회 조사공무원이 조사방해에 해당될 수 있음을 이유로 사실상 강제적인 동의를 구한 다음 현장조사를 진행하는 경우를 배제할 수 없다.

영장주의와의 관계에서 볼 때, 공정거래위원회의 현장조사는 임의조사의 범위와 한계 내에서 이루어져야 하므로 위 조사안내문의 내용만으로는 임의성을 담보하기에 부족하다고 판단되고, 공정거래위원회 현장조사의 범위와 한계를 명확하게 하기 위한 입법의 정비가 필요하다고 생각한다.

---

36) 수원지방법원 2010. 8. 3.자 2008라609 결정. 현재 대법원 2010마1362호로 소송 계속 중이다.
37) 이근우, 전게논문, 83~85면

이와 관련하여, 공정거래위원회 조사공무원이 사용하는 조사공문은 압수·수색영장(형사소송법 제114조)과 달리 현장조사의 장소가 개별적·구체적으로 기재되어 있지 않기 때문에 공정거래위원회 조사공무원의 조사 장소변경 요청에 대한 대응이 문제될 수 있다.

그런데 공정거래위원회 조사공무원의 현장조사 출입 장소의 무제한적인 변경은 크게 두 가지 측면에서 문제될 수 있다. 첫째, 조사의 일반적인 요건상 비례의 원칙과 최소침해성의 원칙에 위반할 소지가 크다. 둘째, 출입 장소의 무제한적인 변경은 통상 사전에 현장조사의 목적과 대상 및 범위를 특정하지 못하고 일단 현장조사를 개시한 후 찾아낸 단서를 근거로 계속 연결하여 새로운 단서를 찾아내고, 또 여기에 근거하여 변경된 장소에 출입할 필요가 있는 경우 발생하는데, 이는 행정기관의 행정조사라기보다 형사소송법상 수색에 유사하다고 볼 수 있다. 그렇지만 수색은 원칙적으로 법원의 영장을 받아야 가능한 강제수사이고(형사소송법 제113조), 예외적으로 당사자의 동의에 의한 수색은 임의수사로서 영장 없이 가능하지만, 이 경우에도 동의의 임의성은 엄격하게 해석하여 수사기관이 영장주의를 회피하기 위한 수단이 되지 않도록 해야 한다고 보고 있다.[38]

그러므로 공정거래위원회 조사공무원의 현장조사에 있어서 출입 장소의 무제한적인 변경은 허용되지 않고, 다만 비례의 원칙과 최소침해성의 원칙에 반하지 않는 범위 내에서, 피조사자인 사업자 또는 사업자단체의 임의성 있는 동의하에서만 제한된 범위 내의 변경만 가능하다고 보아야 할 것이다.

---

38) 배종대·이상돈·정승환·이주원, 신형사소송법(제4판), 홍문사, 105~106면.

(4) 현장자료제출요구 및 영치권(공정거래법 제50조 제3항)

현장조사에 임하는 조사공무원은 사업자, 사업자단체 또는 이들의 임직원에 대하여 조사에 필요한 자료나 물건의 제출을 명하거나 제출된 자료나 물건의 영치를 할 수 있다. 다만 이 경우 자료나 물건의 제출명령 또는 제출된 자료나 물건의 영치는 증거인멸의 우려가 있는 경우에 한한다(공정거래법 시행령 제56조 제2항).

공정거래위원회 조사공무원은 조사현장에서 업무 및 경영상황, 장부·서류, 전산자료·음성녹음자료·화상자료 그 밖에 대통령령이 정하는 자료나 물건을 조사할 수 있으므로(공정거래법 제50조 제2항), 현장에서의 자료나 물건의 조사는 반드시 조사대상자가 제출한 자료에 제한되는 것은 아니고, 조사공무원이 직접 자료나 물건의 존부 및 내용을 확인할 수 있다고 보아야 한다. 다만 이 경우에도 조사목적과 대상을 가능한 한 구체적으로 특정한 상태에서 조사대상자의 동의를 받아야 하며, 필요최소한의 범위 내에서 비례의 원칙을 위반하여서는 안 될 것이다.

조사대상의 보충이나 변경은 현장조사를 위한 출입의 경우와 마찬가지로 그 필요성을 소명하고 당사자에게 이유 등을 통지한 후 동의를 받은 경우 가능하지만, 현장출입의 경우와 마찬가지로 무제한적으로 연결된 자료의 제출요구는 영장주의에 위반된 것으로서 허용되지 않을 것이다. 어떠한 경우든 조사대상자가 조사공무원의 확인이나 제출요구 등을 거부하면 실력행사를 통한 강제적인 확인 및 제출요구는 불가능하다고 보아야 할 것이다. 물론 이 경우 조사방해 요건을 판단하여 조사방해에 대한 과태료처분이나 검찰고발이 가능할 수 있음은 별개의 문제이므로(공정거래법 제66조 제1항 제11호, 제69조의2 제1항 제7호), 피조사자 입장에서는 공정거래위원회 조사가 필요최소한의 범위 내에서 이루어지고 있는지를 지속적으로 확인하여 그 범위에 벗어날 경우 정당한 부동의를 통해 불필요한 정보가 유출되는 것을 지양하여야 할 것이다.

공정거래위원회 조사공무원의 현장조사에서의 자료나 물건 조사에 있어서 구체적으로 다음과 같은 실무상 문제가 발생할 수 있다.

(가) 조사방해와 관련된 자료

현장에서 조사할 수 있는 자료나 물건의 범위에 당해 사건, 즉 원래의 조사목적이 된 공정거래법 위반혐의와 관련된 자료가 아니라 자료의 은닉, 폐기, 임의이동 등 조사를 부당하게 거부하거나 방해한 사실을 확인하기 위한 자료나 물건도 포함된다고 볼 것인지가 문제될 수 있다.

공정거래위원회는 조사방해 내지 허위자료 제출행위 등에 대해서도 조사권을 발동할 수 있다고 보고 있다.[39] 조사방해에 관한 과태료 처분이나 검찰고발이 가능하기 때문이다. 그러나 이를 허용하는 경우 원래 피조사자에게 고지된 조사의 범위가 무제한적으로 확대될 우려가 있어 비례의 원칙에 위반되고, 행정조사가 아니라 형사절차상의 압수·수색에 가깝게 되어 영장주의에 위반될 여지가 있다고 할 것이다.

(나) 자료나 물건의 확인 방법

현장에서의 자료나 물건의 확인 방법과 관련하여 자료나 물건을 특정하지 아니하고 포괄적인 조사나 확인이 가능한지의 문제가 있다. 예를 들어 사무실에 소재하는 특정한 직원에 대하여 공정거래법위반 사실과 관련된 특정한 종류의 자료에 대한 확인을 요청하는 방식의 조사가 아니라, 사무실에 있는 직원들 전원의 책상서랍, 캐비닛(cabinet), 컴퓨터 저장장치에 담긴 파일을 포괄적으로 다 개봉하게 하고 그 중 필요한 자료를 특정하여 제출받거나, 건물 전체를 옮겨 다니면서 그 때 그 때 필요하다고 생각하는 장소

---

39) 공정거래위원회 2012. 3. 12. 의결 제2012-036호, 2012. 7. 30. 의결 제2102-147호

에서 포괄적으로 자료들을 조사하고 그 중 일부 자료를 제출 받는 방법으로 조사하는 것이 가능한지, 자료의 개별 소유자, 소지자 혹은 보관자가 아닌 일부 직원의 동의만을 가지고 포괄적인 동의를 받은 것이라고 볼 수 있을지 등이 문제될 수 있다.

최근에는 대부분의 자료가 컴퓨터 저장장치에 보관되어 있으므로, 컴퓨터 저장장치 전체를 제출받거나 이미지 스캔 등 형태로 영치한 후 현장이 아닌 공정거래위원회 사무실 등 외부 장소에서 현장조사 기간이 종료한 후 이를 검토하여 그 중 필요한 자료를 특정, 다시 조사대상자로 하여금 이를 출력하여 제출하도록 하는 방식의 조사가 이루어지고 있는데, 이와 같은 방식의 조사가 적법한지가 문제될 수 있다.

비록 형사사건에 관한 판결이기는 하지만, 대법원은 전자정보에 대한 압수·수색영장을 집행할 때 저장매체 자체를 수사기관 사무실 등 외부로 반출할 수 있는 예외적인 경우 및 위 영장 집행이 적법성을 갖추기 위한 요건과 관련하여, 전자정보에 대한 압수·수색영장을 집행할 때에는 원칙적으로 영장 발부의 사유인 혐의사실과 관련된 부분만을 문서 출력물로 수집하거나 수사기관이 휴대한 저장매체에 해당파일을 복사하는 방식으로 이루어져야 하고, 집행현장 사정상 위와 같은 방식에 의한 집행이 불가능하거나 현저히 곤란한 부득이한 사정이 존재하더라도 저장매체 자체를 직접 혹은 하드카피나 이미징(imaging) 등 형태로 수사기관 사무실 등 외부로 반출하여 해당 파일을 압수·수색할 수 있도록 영장에 기재되어 있고 실제 그와 같은 사정이 발생한 때에 한하여 위 방법이 예외적으로 허용될 수 있을 뿐이다. 나아가 이처럼 저장매체 자체를 수사기관 사무실 등으로 옮긴 후 영장에 기재된 범죄 혐의 관련 전자정보를 탐색하여 해당 전자정보를 문서로 출력하거나 파일을 복사하는 과정 역시 전체적으로 압수·수색영장 집행의 일환에 포함된다고 보아야 한다. 따라서 그러한 경우 문서출력 또는 파일복사 대상 역시 혐의사실과 관련된 부분으로 한정되어야 한다는

것은 헌법 제12조 제1항, 제3항 및 형사소송법 제114조, 제215조의 적법절
차와 영장주의 원칙상 당연하다. 그러므로 수사기관 사무실 등으로 옮긴
저장매체에서 범죄 혐의 관련성에 대한 구분 없이 저장된 전자정보 중
임의로 문서출력 혹은 파일복사를 하는 행위는 특별한 사정이 없는 한
영장주의 등 원칙에 반하는 위법한 집행이다. 한편 검사나 사법경찰관이
압수·수색영장을 집행할 때에는 자물쇠를 열거나 개봉 등 기타 필요한
처분을 할 수 있지만 그와 아울러 압수물의 상실 또는 파손 등의 방지를
위하여 상당한 조치를 하여야 하므로, 혐의사실과 관련된 정보는 물론 그와
무관한 다양하고 방대한 내용의 사생활 정보가 들어 있는 저장매체에 대한
압수·수색영장을 집행할 때 영장이 명시적으로 규정한 위 예외적인 사정
이 인정되어 전자정보가 담긴 저장매체 자체를 수사기관 사무실 등으로
옮겨 이를 열람 혹은 복사하게 되는 경우에도, 전체 과정을 통하여 피압
수·수색 당사자나 변호인의 계속적인 참여권 보장, 피압수·수색 당사자
가 배제된 상태의 저장매체 내 전자정보의 왜곡이나 훼손과 오·남용 및
임의적인 복제나 복사 등을 막기 위한 적절한 조치가 이루어져야만 집행절
차가 적법하게 된다.[40]

　즉, ① 원칙적으로 혐의사실 관련 여부와 무관한 일괄 압수는 허용되지
않고, ② 예외적으로 집행불능 또는 현저히 곤란한 부득이한 사정이 인정
되는 경우 압수·수색영장에 그와 같은 취지가 기재된 경우에 한하여 허용
되는데, ③ 이 경우에도 집행절차에 있어서 적법절차 원칙 준수를 위하여
출력 대상은 혐의사실 관련 부분으로 한정하고, 당사자나 변호인의 계속적
인 참여권이 보장되어야 하며, 그 과정에서 정보가 왜곡, 훼손되거나 오·
남용되지 않도록 적절한 조치가 이루어져야 한다는 것이다.

　공정거래법상 현장조사에서 위와 같은 포괄적·일괄적 자료의 조사가

---

[40] 대법원 2011. 5. 26.자 2009모1190 결정

이루어지는 경우에는 동의의 임의성 입증이 쉽지 않고, 동의의 주체나 대상, 범위를 명확히 구분하기 어려우므로, 임의조사의 성격과 강제조사의 성격이 혼재될 가능성이 크다. 따라서 자료나 물건의 종류를 전혀 특정하지 아니한 채 사무실 내 전체 자료나 물건, 특히 컴퓨터 저장장치 전체를 확인하거나 영치하는 방식의 포괄적·일괄적 조사는 비례의 원칙, 최소침해성의 원칙 등 적법절차의 원칙에 위반될 뿐만 아니라 영장주의에도 반할 가능성이 높다.

다만 긴급한 필요가 있거나, 조사인력이나 기간의 부족에 비해 지나치게 방대한 조사자료 등 현실적 어려움이 있는 경우 등 예외적인 경우에는 불가피하게 포괄적·일괄적 자료 조사가 필요할 수 있을 것인데, 이러한 경우에도 영장주의의 예외를 인정하여야 하는 만큼 위 대법원 판례의 취지에 따라 최대한 조사범위(예를 들어 일정한 기간이나 작성자, 작성 목적 등의 특정)를 특정하고, 그와 같은 내용을 적절한 방법으로 조사대상자에게 고지하며, 반드시 해당 자료의 적법한 소지자 또는 보관자로부터 동의를 받은 상태 하에서 본인의 입회 하에 자료를 확인하고 제출 받는 등 적법절차의 원칙을 준수하여야 할 것이다.[41]

(다) 변호사 의견서에 대한 자료제출요구

현행법상 명문의 규정은 없으나 헌법 제12조 제4항에 의하여 인정되는 변호인의 조력을 받을 권리 중 하나로서 변호인과 의뢰인 사이에서 법률자문을 목적으로 비밀리에 이루어진 의사교환에 대하여 의뢰인이 그 공개를 거부할 수 있는 특권을 가지는지, 이에 따라 공정거래위원회의 조사요구에 대하여 거절할 수 있는지가 문제될 수 있다.

EU의 경우 변호사와 당사자간의 법률적 조언을 위한 문서 혹은 전자

---

41) 강수진 전게논문, 21~22면

우편은 당사자의 의사에 반하여 법 위반사항에 관한 증거로 사용하지 못하는 변호사의 신뢰보호특권이 인정되고 있다. 그러나 보호받을 수 있는 문서는 당해 사건에 관하여 당사자와 변호사간의 법률적 질문에 대한 조언이나 대답에 국한되고, 사업상 혹은 기업 경영상의 일반적 법률적 질문에 관한 문서는 보호범위에서 제외된다. 또한 유럽 법원은 사내변호사와 외부변호사를 구별하여, 사내변호사와 당사자간의 문서는 신뢰보호특권의 보호범위에 속하지 않고, 독립된 외부변호사와의 문서의 내용만 보호받을 수 있다는 태도를 취하고 있다.

이와 관련하여 최근 대법원은 변호인의 조력을 받을 권리, 변호사와 의뢰인 사이의 비밀보호 범위 등에 관한 헌법과 형사소송법 규정의 내용과 취지 등에 비추어 볼 때, 아직 수사나 공판 등 형사절차가 개시되지 아니하여 피의자 또는 피고인에 해당한다고 볼 수 없는 사람이 일상적 생활관계에서 변호사와 상담한 법률자문에 대하여도 변호인의 조력을 받을 권리의 내용으로서 그 비밀의 공개를 거부할 수 있는 의뢰인의 특권을 도출할 수 있다거나, 위 특권에 의하여 의뢰인의 동의가 없는 관련 압수물은 압수절차의 위법 여부와 관계없이 형사재판의 증거로 사용할 수 없다는 견해는 받아들일 수 없다고 판시하여,[42] 아직까지는 변호사와 의뢰인간의 비공개특권을 인정하지 않는 태도를 보이고 있다.

(5) 감정인의 지정 및 감정의 위촉(공정거래법 제50조 제1항 제2호)

공정거래위원회는 공정거래법 위반행위의 조사를 위하여 필요한 경우 감정인의 지정 및 감정의 위촉을 할 수 있다. 이 때 감정인의 지정은 사건명, 감정인의 성명, 감정기간, 감정의 목적 및 내용, 허위감정시의 법률상의 제재내용 등의 사항을 기재한 서면으로 하여야 한다(공정거래법 시행령 제55

---

42) 대법원 2012. 5. 17. 선고 2009도6788 판결

조 제2항, 절차규칙 제18조 제1항). 심사관은 공정거래법 제44조에서 정한 위원의 제척·기피·회피 사유 중 어느 하나에 해당하는 자를 감정인으로 지정하여서는 아니 되며, 이미 지정된 경우에는 이를 취소하여야 한다(절차규칙 제18조 제2항).

감정인의 지정 및 감정의 위촉은 행정조사기본법상 일반적인 행정조사의 유형으로 규정되지 않은 조사유형으로서, 공정거래위원회의 조사가 공정거래법 위반사실 확인으로서의 성격을 주로 가지고 있고, 특히 형사소송절차와 유사하게 준사법기관에 의한 객관적이고 공정한 사실인정이 필요한 절차임을 잘 나타내주는 대목이라고 볼 수 있다.

공정거래법상 감정인의 지정 및 감정의 위촉은 공정거래법 위반사실을 확인함에 있어 전문가에게 의존할 필요가 있는 경우 활용되고 있는 바, 감정의 성격상 공정거래위원회는 감정 결과의 정확성을 담보하기 위한 조치를 취하여야 할 것이다. 이에 공정거래법은 허위의 감정을 한 자에 대하여 1억원 이하의 벌금에 처할 수 있도록 정하고 있다(공정거래법 제68조 제5호).

라. 공정거래위원회 조사 관련 규정

제49조 (위반행위의 인지·신고등) ① 공정거래위원회는 이 법의 규정에 위반한 혐의가 있다고 인정할 때에는 직권으로 필요한 조사를 할 수 있다.
② 누구든지 이 법의 규정에 위반되는 사실이 있다고 인정할 때에는 그 사실을 공정거래위원회에 신고할 수 있다.
③ 공정거래위원회는 제1항 또는 제2항의 규정에 의하여 조사를 한 경우에는 그 결과(조사결과 시정조치명령등의 처분을 하고자 하는 경우에는 그 처분의 내용을 포함한다)를 서면으로 당해사건의 당사자에게 통지하여야 한다.
④ 공정거래위원회는 다음 각 호의 기간이 경과한 경우에는 이 법 위반행위

에 대하여 이 법에 따른 시정조치를 명하지 아니하거나 과징금을 부과하지 아니한다. 다만, 법원의 판결에 따라 시정조치 또는 과징금부과처분이 취소된 경우로서 그 판결이유에 따라 새로운 처분을 하는 경우에는 그러하지 아니하다.

1. 공정거래위원회가 이 법 위반행위에 대하여 조사를 개시한 경우 조사개시일부터 5년
2. 공정거래위원회가 이 법 위반행위에 대하여 조사를 개시하지 아니한 경우 해당 위반행위의 종료일부터 7년

제50조 (위반행위의 조사 등) ① 공정거래위원회는 이 법의 시행을 위하여 필요하다고 인정할 때에는 대통령령이 정하는 바에 의하여 다음 각호의 처분을 할 수 있다.

1. 당사자, 이해관계인 또는 참고인의 출석 및 의견의 청취
2. 감정인의 지정 및 감정의 위촉
3. 사업자, 사업자단체 또는 이들의 임직원에 대하여 원가 및 경영상황에 관한 보고, 기타 필요한 자료나 물건의 제출을 명하거나 제출된 자료나 물건의 영치

② 공정거래위원회는 이 법의 시행을 위하여 필요하다고 인정할 때에는 그 소속공무원[제65조(권한의 위임·위탁)의 규정에 의한 위임을 받은 기관의 소속공무원을 포함한다]으로 하여금 사업자 또는 사업자단체의 사무소 또는 사업장에 출입하여 업무 및 경영상황, 장부·서류, 전산자료·음성녹음자료·화상자료 그 밖에 대통령령이 정하는 자료나 물건을 조사하게 할 수 있으며, 대통령령이 정하는 바에 의하여 지정된 장소에서 당사자, 이해관계인 또는 참고인의 진술을 듣게 할 수 있다.

③ 제2항의 규정에 의하여 조사를 하는 공무원은 대통령령이 정하는 바에 따라 사업자, 사업자단체 또는 이들의 임직원에 대하여 조사에 필요한 자료나 물건의 제출을 명하거나 제출된 자료나 물건의 영치를 할 수 있다.

④ 제2항의 규정에 의하여 조사를 하는 공무원은 그 권한을 표시하는 증표를 관계인에게 제시하여야 한다.

⑤ 공정거래위원회는 제15조(탈법행위의 금지)를 위반하여 제9조(상호출자의 금지등) 제1항의 적용을 면탈하는 행위를 한 상당한 혐의가 있는 자의

조사와 관련하여 금융거래 관련 정보 또는 자료(이하 금융거래정보라 한다)에 의하지 아니하고는 그 탈법행위 여부를 확인할 수 없다고 인정되는 경우 또는 제23조(불공정거래행위의 금지) 제1항 제7호를 위반한 상당한 혐의가 있는 내부거래공시대상회사의 조사와 관련하여 금융거래정보에 의하지 아니하고는 자금 등의 지원 여부를 확인할 수 없다고 인정되는 경우에는 「금융실명거래 및 비밀보장에 관한 법률」 제4조의 규정에 불구하고 제37조의3(전원회의 및 소회의 관장사항)에 규정된 회의의 의결을 거쳐 다음 각호의 사항을 기재한 문서에 의하여 금융기관의 특정점포의 장에게 금융거래정보의 제출을 요구할 수 있으며, 그 특정점포의 장은 이를 거부하지 못한다.

1. 거래자의 인적 사항
2. 요구대상 거래기간
3. 요구의 법적 근거
4. 사용목적
5. 요구하는 금융거래정보의 내용(제9조의 적용을 면탈하려는 행위 또는 부당지원행위와 관련된 혐의가 있다고 인정되는 자의 금융기관과의 제9조의 적용을 면탈하려는 행위 또는 부당지원행위와 관련된 금융거래정보에 한한다)
6. 요구하는 기관의 담당자 및 책임자의 성명과 직책 등 인적 사항

⑥ 제5항의 규정에 의한 금융거래정보의 제출요구는 조사를 위하여 필요한 최소한도에 그쳐야 한다.

⑦ 제5항의 규정에 따라 금융기관이 공정거래위원회에 금융거래정보를 제공하는 경우에는 당해 금융기관은 금융거래정보를 제공한 날부터 10일 이내에 제공한 금융거래정보의 주요내용·사용목적·제공받은 자 및 제공일자 등을 거래자에게 서면으로 통지하여야 한다. 이 경우 통지에 소요되는 비용에 관하여는 「금융실명거래 및 비밀보장에 관한 법률」 제4조의2(거래정보등의 제공사실의 통보) 제4항의 규정을 준용한다.

⑧ 공정거래위원회는 제5항의 규정에 따라 금융기관에 대하여 금융거래정보를 요구하는 경우에는 그 사실을 기록하여야 하며, 금융거래정보를 요구한 날부터 3년간 동 기록을 보관하여야 한다.

⑨ 제5항의 규정에 따라 금융거래정보를 제공받은 자는 그 자료를 타인에게 제공 또는 누설하거나 그 목적 외의 용도로 이를 이용하여서는 아니된다.

마. 조사방해

(1) 조사방해의 의의

공정거래위원회의 조사는 임의조사에 해당하고, 적법한 공무집행의 경우에는 형사상 공무집행방해를 통하여도 보호할 수 있기 때문에(형법 제136조 제1항), 과거에는 공정거래위원회 조사공무원이 조사를 방해하는 행위에 대하여 과태료 부과를 통해 조사의 실효성을 담보할 수 있었다. 그러나 임의조사에 해당하는 공정거래위원회 조사의 태생적 한계와 피조사자들의 적극적인 조사대응으로 인하여 공정거래위원회 조사를 방해하는 행위에 대한 별도의 형벌 부과 필요성이 논의되었고, 결국 2012. 3. 21. 공정거래법 개정으로 폭언·폭행, 현장진입 지연·저지 등의 조사방해 행위에 대해서 형벌을 부과할 수 있는 근거가 마련되었다(공정거래법 제66조 제1항 제11호).

조사방해와 관련하여서는 조사공무원의 현장조사 시 폭언·폭행, 고의적인 현장진입 저지·지연 등을 통하여 조사를 거부·방해 또는 기피한 자는 3년 이하의 징역 또는 2억원 이하의 벌금에 해당하는 형사처벌을 받을 수 있고(공정거래법 제66조 제1항 제11호), 자료의 은닉·폐기, 접근거부 또는 위조·변조 등을 통하여 조사를 거부·방해 또는 기피한 자는 사업자의 경우 2억원 이하, 임원·종업원 및 기타 이해관계인은 5,000만원 이하의 과태료 처분을 받을 수 있다(공정거래법 제69조의2 제1항 제7호).

최근 공정거래위원회는 임의조사의 성격을 가진 공정거래위원회 조사권의 실효성을 확보하기 위하여 조사방해를 적극적으로 활용하고 있는 추세이다. 또한 2012. 3. 28. 과징금부과 세부기준 등에 관한 고시(이하 과징금고시)를 개정하여, 임원·종업원의 조사거부·방해·기피에 대하여 과징금을 가중할 수 있도록 근거 규정을 도입하였다(과징금고시 IV. 3. 나.). 공정거래위원회는 과태료 부과보다 상대적으로 넓은 재량권 행사가 인정되고, 피조사자에게도 경제적으로 부담 큰 과징금 부과를 통해 조사의 실효성 확보를 도모하고 있다.

제50조의2 (조사권의 남용금지) 조사공무원은 이 법의 시행을 위하여 필요한 최소한의 범위 안에서 조사를 행하여야 하며, 다른 목적 등을 위하여 조사권을 남용하여서는 아니된다.

제55조의2 (사건처리절차등) 이 법의 규정에 위반하는 사건의 처리절차등에 관하여 필요한 사항은 공정거래위원회가 정하여 고시한다.

제66조 (벌칙) ① 다음 각 호의 어느 하나에 해당하는 자는 3년 이하의 징역 또는 2억원 이하의 벌금에 처한다.

  11. 제50조 제2항에 따른 조사 시 폭언·폭행, 고의적인 현장진입 저지·지연 등을 통하여 조사를 거부·방해 또는 기피한 자

제62조 (비밀엄수의 의무) 이 법에 의한 직무에 종사하거나 종사하였던 위원, 공무원 또는 협의회에서 분쟁조정업무를 담당하거나 담당하였던 자는 그 직무상 알게 된 사업자 또는 사업자단체의 비밀을 누설하거나 이 법의 시행을 위한 목적 외에 이를 이용하여서는 아니된다.

제68조 (벌칙) 다음 각 호의 어느 하나에 해당하는 자는 1억원 이하의 벌금에 처한다.

  5. 제50조(위반행위의 조사등) 제1항 제2호의 규정에 위반하여 허위의 감정을 한 자

제69조 (벌칙) ① 제50조(위반행위의 조사등) 제5항의 요건에 해당하지 아니함에도 불구하고 그 직권을 남용하여 금융기관의 특정점포의 장에게 금융

거래정보의 제출을 요구한 자 또는 동조 제9항의 규정을 위반한 자는 5년 이하의 징역 또는 3천만원 이하의 벌금에 처한다.

② 제62조(비밀엄수의 의무)의 규정에 위반한 자는 2년 이하의 징역 또는 200만원 이하의 벌금에 처한다.

제69조의2 (과태료) ① 사업자 또는 사업자단체가 제1호 내지 제6호 및 제8호에 해당하는 경우에는 1억원 이하, 제7호에 해당하는 경우에는 2억원 이하, 회사 또는 사업자단체의 임원 또는 종업원 및 기타 이해관계인이 제1호 내지 제6호 및 제8호에 해당하는 경우에는 1천만원 이하, 제7호에 해당하는 경우에는 5천만원 이하의 과태료에 처한다.

　　5. 제50조(위반행위의 조사등) 제1항 제1호의 규정에 위반하여 정당한 사유없이 출석을 하지 아니한 자

　　6. 제50조(위반행위의 조사등) 제1항 제3호 또는 제3항의 규정에 의한 보고 또는 필요한 자료나 물건의 제출을 하지 아니하거나, 허위의 보고 또는 자료나 물건을 제출한 자

　　7. 제50조 제2항에 따른 조사 시 자료의 은닉·폐기, 접근거부 또는 위조·변조 등을 통하여 조사를 거부·방해 또는 기피한 자

　　8. 제50조(위반행위의 조사등) 제5항의 규정에 의한 금융거래정보의 제출을 거부한 자

제70조 (양벌규정) 법인(법인격이 없는 단체를 포함한다. 이하 이 조에서 같다)의 대표자나 법인 또는 개인의 대리인, 사용인, 그 밖의 종업원이 그 법인 또는 개인의 업무에 관하여 제66조부터 제68조까지의 어느 하나에 해당하는 위반행위를 하면 그 행위자를 벌하는 외에 그 법인 또는 개인에게도 해당 조문의 벌금형을 과(科)한다. 다만, 법인 또는 개인이 그 위반행위를 방지하기 위하여 해당 업무에 관하여 상당한 주의와 감독을 게을리하지 아니한 경우에는 그러하지 아니하다.

(2) 과태료 대상 조사방해의 가능한 행위태양

정당한 사유 없이 출석하지 않는 행위, 자료의 제출을 거부하거나 허위의 자료를 제출하는 행위 이외에 이른바 '조사방해'로 일컬어지는 행위에

대해서는, 법문상으로 조사를 거부·방해 또는 기피라고만 규정되어 있어 그 개념 및 범주에 대해 논란이 있다.

이와 같이 아직까지 학설이나 판례가 집적되지 못한 상황에서, 공정거래위원회는 아래와 같이 조사방해행위의 개념 및 범주를 매우 포괄적으로 보고 있고, 조사방해행위의 직접 행위자뿐만 아니라 교사자, 기능적 실행분담자도 조사방해자에 해당하는 것으로 보고 있다.

① 공정거래위원회 조사공무원이 사업자 또는 사업자단체의 사무소 또는 사업장에 출입하여 업무 및 경영상황, 장부·서류, 전산자료·음성녹음자료·화상자료 그 밖에 대통령령이 정하는 자료나 물건을 조사하는 과정에서 피조사인이 해당 조사활동의 원활한 수행에 장애가 될 수 있는 행위를 할 경우 조사방해가 성립한다.

② 조사공무원에 대한 물리적·정신적 위해는 물론이고 조사대상 자료나 물건에 대한 위·변조, 은닉, 훼손 등 관련 조사의 원활한 수행을 어렵게 하는 모든 형태나 방식이 조사방해행위에 포함된다.

③ 특정된 행정조사 목적 내에서 사업자의 협조 아래 전산자료가 저장·보존되어 있는 전산시스템에 대한 접근이 인정되어야 할 것이므로, 조사를 위한 전산시스템의 자료 열람이 거부되어 조사활동 자체가 어렵게 된 경우에는 조사거부·방해에 해당한다.

④ 공정거래위원회의 현장조사 개시 전이라도 향후에 있을 현장조사를 대비하여 조사활동을 방해하려는 의도와 목적으로 관련 자료나 물건을 위·변조, 은닉, 훼손하는 등의 행위를 통해 실제 조사의 순조로운 진행을 어렵게 하는 데까지 이르렀다면 조사방해행위의 범주에 포함된다.

(3) 조사방해 관련 기존 과태료 부과 사례

위에서 언급한 조사방해가 가능한 행위태양은 실제 공정거래위원회 조사과정에서 종종 문제되었는데, 공정거래위원회는 이에 관하여 과태료 부과를 통해 공정거래위원회 조사권의 실효성을 담보하고자 하였다. 이하에서는 공정거래위원회의 조사방해 사건 중 주요 사건과 기존에 문제된 행위유형을 살펴보도록 한다.

① M사 사건에서는, (i) 회사가 조사가능성을 인지하고 본사에서 사업부에 이를 통보하고, 조사 개시 전 자료 삭제, 업무용 개인 컴퓨터 · 문서 · 서랍장 정리, 내부 업무망 자료 정리, 전산자료에 대한 영구삭제 프로그램을 실행한 행위, 조사 당일 조사관의 출입을 지연시키거나 거부하면서 조직적으로 자료폐기 및 주요 임직원의 컴퓨터 교체, '사전 시나리오'에 따라 자신의 위치를 조사관에게 허위로 밝히고 조사를 기피, 조사방해 혐의 확인을 위한 출입기록 제출 요구에 대하여 허위로 조작 내지 가공한 자료를 제출한 행위, (ii) 소속 직원이 현장조사 당시 관련 소속 직원들에게 업무용 개인 컴퓨터 교체 및 자료 폐기를 지시하고, 현장조사 후 영구 삭제 프로그램을 실행하여 개인 컴퓨터 중 주요 파일을 삭제한 행위에 대하여 각 조사방해가 인정되었다. 공정거래위원회는 이에 대하여 M사에게 총 3억원(조사방해: 2억원, 허위자료제출: 1억원), 임원 2명에게 각 5,000만원의 과태료를 부과하였고, 관련사건에서 M사의 과징금을 약 24억원 가중하였다.

② L사 사건에서는 (i) 소속 직원이 공정거래위원회 현장조사 직후 외장하드디스크의 자료 등을 조직적으로 은닉하거나 삭제(파일 중 170개를 삭제 후 제출) 및 제출 거부한 행위, 증거자료의 소재에 대하여 허위 진술한 행위 및 (ii) 회사가 소속 직원들로 하여금 조사

목적 관련 자료를 조직적으로 은닉하거나 삭제, 제출 자료에 일부
파일을 누락시키거나 공정거래위원회의 제출 요청을 거부하도록
한 행위에 대하여 각 조사방해가 인정되었다. 공정거래위원회는
이에 대하여 L사에게 1억 6,000만원, 임원 1명에게 4,000만원, 직
원 4명에게 총 1억 4,000만원의 과태료를 부과하였다.

▪▪ 조사방해 과태료 부과사례 ▪▪

사건	행위 사실	과태료 금액
A사 및 소속 직원들의 조사방해 (1998. 11. 6.)	A사는 자료제출 거부, 소속 직원은 조사관으로부터 강제로 증거자료를 빼앗아 파쇄	행위자 2명 각 1,000만원
B사 소속 임직원들의 조사방해 (2001. 1. 31.)	조사관의 사무실 진입을 저지하고, 수차례의 출석요구에 불응	행위자 2명 각 1,000만원
C사 소속 직원의 조사거부 (2003. 12. 16.)	공문을 제시하고 조사취지를 설명해도 조사거부, 조사관을 회의실에 가두고 밀쳐 단추를 떨어뜨림, 조사관에 대한 폭언과 욕설	행위자 1,000만원
D사 소속 직원들의 조사방해 (2005. 6. 3.)	조사관이 확보한 증거자료를 낚아채 다른 직원에게 전달, 조사관이 옷자락을 붙잡는데도 뿌리치고 도주하여 파쇄, 몸으로 출입구를 막아 조사관이 뒤쫓지 못하게 방해, 조사관이 찢어진 자료라도 가지고 오라고 하였음에도 불응	행위자 1명 5,000만원, 행위자 4명 각 4,500만원

사건	행위 사실	과태료 금액
E사 소속 직원들의 조사방해 (2005. 7. 27.)	조사관이 모아 놓은 증거자료를 몰래 빼돌려 부하 직원에게 치우라고 지시, 외부로 반출하여 은닉, 조사관이 다시 제출 요청하자 은닉한 자료 일부만을 제출하도록 지시, 서류 중요 부분을 찢어 쓰레기통에 버림	행위자 2명 각 1,000만원
F사 소속 직원의 조사방해 (2005. 10. 18.)	6시간 동안 조사거부, 결제를 가장하는 등의 방법으로 자신의 사무실에 있던 서류를 빼냄, 업무수첩 제출 거부	행위자 5,000만원
G사 및 소속 직원들의 조사방해 (2005. 12. 2.)	조사관 조사 중 내부전산망 30분간 SHUT DOWN, 하도급업체에 지시하여 하도급 관련 자료조작, 하도급업체에 '공정거래위원회 조사대비요령'이라는 지침 제공	회사, 행위자 2명 각 2,000만원
H사 소속 직원의 조사방해(2006. 3. 17.)	조사 전 관련장부 문언 삭제, 수정	행위자 1,000만원
I사 소속 직원의 조사방해 (2008. 4. 3.)[43]	제출 자료와 원본을 상호 대조할 수 있도록 전산자료를 열람시켜 줄 것을 요구하였으나, 회사의 기밀 유출 및 개인정보보호 등의 이유로 열람을 거부하고, 혐의 관련 2개 또는 3개 정도의 샘플만이라도 확인하여 제출 자료의 신뢰성을 확인	행위자 2명 각 2,000만원

사건	행위 사실	과태료 금액
	하자는 조사공무원의 요구에 대하여도 거부	
J사 및 소속 직원의 조사방해 (2008. 7. 31.)	현장조사 개시 전에 컴퓨터 하드디스크 교체, 문서 폐기, 수첩 정리 및 수정·폐기, 이메일 삭제 등을 직원들에게 공지하고, 실제 관련 직원의 컴퓨터 하드디스크를 교체하거나 외장 하드디스크를 지급하였으며, 현장조사 개시 이후 관련 자료를 삭제하여 컴퓨터 하드디스크를 제출	회사 1억원, 행위자 2,500만원
K사 및 소속 직원의 조사방해 (2010. 10. 22.)[44]	현장조사 중 전산자료인 컴퓨터 파일 삭제, 조사관이 사업장 출입을 요구하였으나, 출입을 불허하고 대외협력실 법무팀, 총무팀 등이 모두 전화를 받지 않고 약 48분간 출입을 저지	회사 2억원, 행위자 5,000만원
L사 및 소속 임직원들의 조사방해 (2011. 8. 1.)	외장하드디스크의 자료 등을 조직적으로 은닉하거나 삭제 (파일 중 170개를 삭제 후 제출), 증거자료의 소재에 대하여 허위 진술	회사 1억 6,000만원, 행위자 4명 각 4,000만원, 행위자1명 2,000만원
M사 및 소속 임직원들의 조사방해 (2012. 3. 12.)	조사가능성을 인지하고 본사에서 사업부에 통보, 조사 개시 전 자료 삭제, 업무용 개인 컴퓨터·문서·서랍장 정리, 내	회사 3억원, 행위자 2명 각 5,000만원

사건	행위 사실	과태료 금액
	부 업무망 자료 정리, 전산자료에 대한 영구삭제 프로그램 실행, 조사 당일 조사관의 출입을 지연시키거나 거부하면서 조직적으로 자료폐기 및 주요 임직원의 컴퓨터 교체, '사전 시나리오'에 따라 자신의 위치를 조사관에게 허위로 밝히고 조사를 기피, 조사방해 혐의 확인을 위한 출입기록 제출 요구에 대하여 허위로 조작 내지 가공한 자료 제출	
N사 및 소속 임직원들의 조사방해 (2012. 8. 20.)	공정거래위원회 조사를 방해하려는 의도로 법인차원에서 조직적으로 이루어진 소속 임직원들이 공정거래위원회 조사공무원의 컴퓨터 외부저장장치 제출 및 삭제금지 요청에 대하여 집에서 가져 오겠다고 한 다음, 삭제 프로그램(any eraser)을 사용하여 그 외부저장장치에 저장되어 있던 일부 파일을 삭제한 다음 제출하고, 공정거래위원회 조사공무원의 현장조사 사실을 접한 다음 당해 사업장 직원들의 컴퓨터 외부저장장치를 수거하여 은닉할 것을 지시하였으며,	회사 5,000만원, 행위자 2명 1,500만원, 1명 500만원

사건	행위 사실	과태료 금액
	조사공무원들 몰래 임원 집무실에 있던 자료를 수거하여 다른 장소로 옮기려다 발각되었음	

위와 같이, 종래 조사방해 규제 사례를 몇 가지 유형으로 세분화하면 다음과 같다.

① 조사공무원의 출입을 저지하거나 지연시키는 행위[45]

② 조사대상인 자료 또는 조사 중인 자료를 취거 · 은닉 내지 손괴하는 행위[46]

③ 사전에 조사대응지침을 작성 · 하달하는 행위(단순히 절차적인 대응지

---

43) 법원은 "조사관이 부당한 단가결정의 중요한 단서가 되는 서류가 싱글을 통하여 전달, 보관되고 있다는 의심을 갖게 된 경우 그 서류 내지 전산자료에 대한 제출을 요구하여 이를 조사함은 몰라도 스스로 그 서류 등을 찾기 위하여 내부전산망에 대한 접근권한을 얻어 무제한적으로 이를 열람할 권한까지는 부여되어 있지 아니하다고 해석함이 상당하다. 그리고 위와 같은 소외 회사의 내부전산망에 대한 무제한적인 열람권의 부여로 인하여 소외 회사의 영업비밀이나 관련 직원의 개인정보가 외부로 노출될 우려도 있다고 할 것이어서 이를 공정거래법 제50조의2에서 말하는 필요한 최소한의 범위 내의 조사라고 보기 어렵고, 공정거래법이 조사공무원에게 비밀엄수의무를 부과하고 있다고 하여 달리 볼 것도 아니다"고 보아(수원지방법원 2010. 8. 3.자 2008라609 결정), 과태료 처분을 취소하였고, 현재 대법원 2010마1362 호로 계속 중이다.

44) 법원은 회사에 대한 과태료 부과처분을 취소하고, 개인에 대한 과태료는 감액하였다(서울중앙지방법원 2011. 1. 4.자 2010과9084 결정). 회사의 경우 조사공무원의 사업장 출입 지연을 지시하는 등의 조사방해 행위를 하였다는 증거가 없다는 것이 이유였고, 소속 직원의 경우 현장조사 당시 경쟁사에 관한 파일을 삭제한 사실은 인정되지만 5,000만원의 과태료는 과도하다는 이유로 이를 200만원으로 감액하였다.

45) 공정거래위원회 2010. 10. 22. 의결 제2010-0121호

46) 공정거래위원회 2005. 6. 3. 의결 제2005-078호, 2005. 10. 18. 의결 제2005-152호

침을 작성하여 배포하는 행위와 자료의 수정·폐기·삭제를 구체적으로 지
시하는 행위를 모두 포함)[47]

④ 사전에 또는 조사 중에 저장매체(그 속에 저장된 전자파일을 포함)를
삭제하거나 교체·은닉하는 행위[48]

⑤ 내부전산망에 대한 접근 내지 열람을 거부하는 행위[49]

(4) 조사방해에 따른 형사처벌

(가) 조사방해의 구성요건

1) 행위 객체

조사방해죄 객체는 공정거래법 제50조 제2항에 따른 조사를 하는 공무
원이다. 공정거래위원회는 공정거래법 제50조 제2항에 의하여 그 소속공
무원으로 하여금 사업자 또는 사업자단체의 사무소 또는 사업장에 출입하
여 업무 및 경영상황, 장부·서류 등을 조사하게 할 수 있고, 당사자, 이해
관계인 또는 참고인의 진술을 듣게 하는 등 현장조사를 할 수 있으므로,
결국 조사방해 행위의 객체는 제50조 제2항에 따른 현장조사를 하는 공정
거래위원회 소속공무원이라고 할 수 있다.

물론 공정거래위원회 소속공무원의 조사는 적법한 조사임을 전제로
한다. 폭언·폭행 등을 통하여 조사를 거부·방해 또는 기피하여야 성립하
는 범죄인데, 적법한 조사가 아니면 조사의 거부나 방해, 기피에 해당된다
고 볼 수 없기 때문이다. 게다가 본 죄는 형법상 공무원의 직무에 관한
죄의 한 유형으로 볼 수 있는데, 공무집행방해죄의 경우에도 개인의 권리와
자유를 부당하게 침해되지 않는 범위 안의 공무집행만을 보호하고 있다.

그러므로 공정거래위원회 조사공무원이 증표제시의무를 이행하지 않

---

47) 공정거래위원회 2005. 12. 2. 의결 제2005-243호
48) 공정거래위원회 2008. 7. 31. 의결 제2008-226호, 2011. 8. 1. 의결 제2011-130호
49) 공정거래위원회 2008. 4. 3. 의결 제2008-114호

았거나, 임의조사의 범위를 벗어나 실력행사를 통한 강제조사를 시도하는 등 적법한 조사의 한계를 일탈한 행위를 하는 경우에는 본 죄의 구성요건 해당성이 없다고 보아야 할 것이다.

2) 행 위

조사방해의 행위는 폭언·폭행, 고의적인 현장진입 저지·지연 등을 통하여 조사를 거부·방해 또는 기피하는 행위이다.

폭언이나 폭행은 형법상의 폭행의 개념 중 광의의 폭행에 해당하는 것으로, 공무원에 대한 유형력의 행사가 있으면 충분하다고 볼 것이다.

고의적인 현장진입 저지·지연은 현장조사에 있어서 가장 중요한 요소인 현장출입에 대하여 폭언이나 폭행에 이르지는 않지만 조사를 방해할 의도를 가지고 현장에 진입하는 것을 막거나 지연시키는 행위를 말한다. 여기에서 고의적인이 무엇을 의미하는지 분명하지는 않다. 또한 객관적인 구성요건요소로서 행위를 정의하는데 고의적인이라는 주관적 요소를 결합시킨 것은 입법 형식면에서도 바람직하지는 않다.

한편 폭언·폭행, 고의적인 현장진입 저지·지연 외에 기타의 조사방해 행위도 형사상 조사방해의 행위가 될 수 있을지 문제된다. 이와 관련하여서는 조사방해를 형사처벌할 수 있도록 공정거래법이 개정되면서 과태료 규정이 단순히 조사를 거부·방해 또는 기피한 자에서, 제50조 제2항에 따른 조사 시 자료의 은닉·폐기, 접근거부 또는 위조·변조 등을 통하여 조사를 거부·방해 또는 기피한 자로 변경되었는데, 이는 현장진입 저지·지연은 형사처벌 대상으로, 그 외의 자료 은닉 등 행위는 과태료 처분의 대상으로 구별하는 것이 입법자의 의도라고 볼 수도 있을 것이다. 이러한 견해에 의하면 형사처벌이 대상이 되는 조사방해 행위는 폭언, 폭행, 고의적인 현장진입 저지·지연을 통한 조사방해 행위 및 현장진입의 저지·지연과 동일하게 평가할 수 있는 현장진입 관련 조사방해 행위에만 한정된다고 해석하여야 한다.

(나) 공무집행방해죄와의 관계

형법 제136조 제1항 소정의 공무집행방해죄는 국가의 기능작용을 보호법익으로 하는 기본적인 범죄로서, 조사방해죄와 보호법익 및 행위태양에 있어서 중복되는 면이 있으므로 양 죄의 관계가 문제된다.

우선 고의적인 현장진입 저지·지연 등에 의한 조사방해행위로서 형법상 공무집행방해죄의 폭행의 정도에 이르지 않은 경우에는 공정거래법상 조사방해만 성립한다.

다음으로, 폭언·폭행 등에 의한 조사방해행위가 동시에 형법상 공무집행방해죄의 구성요건을 충족하는 폭행에 해당하는 경우가 문제되는데, 양 죄는 국가의 기능작용을 보호법익으로 한다는 점에서 유사한 점이 있으나, 조사방해는 국가의 기능작용 중 공정하고 자유로운 경쟁을 촉진하고 국민경제의 균형 있는 발전을 도모하고자 하는 경제적 행정 작용의 원활한 수행을 보호법익으로 하는 반면, 공무집행방해죄는 국가의 기능작용 중 소추작용을 포함한 전체로서의 공무의 온전한 집행을 보호법익으로 한다는 점에서 차이가 있고, 행위 태양이나 행위 객체의 면에서도 구성요건의 내용이 서로 다르며, 법정형에 있어서도 징역형의 상한은 공무집행방해죄가 더 높은 반면, 벌금형의 상한은 조사방해죄가 더 높게 규정되어 있는 점 등을 종합하여 보면 양 죄는 각기 독립된 별개의 구성요건에 해당된다고 보아야 할 것이다.

따라서 폭행에 의한 조사방해행위가 발생하면, 조사방해와 공무집행방해죄는 하나의 행위가 수개의 죄에 해당되는 상상적 경합관계에 있다고 봄이 타당하고, 조사방해죄를 적용한 형사처벌이 이루어지지 않거나 공정거래위원회의 고발이 없어 형사처벌이 불가능한 경우에는 공무집행방해죄를 적용하여 처벌이 가능할 것으로 보인다.

2. 검찰의 수사

가. 개 요

수사란 범죄의 혐의 유무를 명백히 하여 공소의 제기와 유지 여부를 결정하기 위하여 범인을 발견, 확보하고 증거를 수집, 보전하는 수사기관[50] 의 활동을 말한다.

공정거래법 위반과 관련한 형사절차의 경우에는 일반적으로 공정거래 위원회에서 전원회의를 통하여 고발을 결정하여 검찰총장에게 고발을 하면 공정거래위원회의 조사절차는 종료되고, 대검찰청이 공정거래위원회의 고발을 접수하면서 본격적으로 수사 절차가 진행된다.

공정거래법 위반 사건의 경우 일반적인 형사사건과 달리 공정거래위원회의 전속고발권으로 인하여 공정거래위원회의 고발이 소송조건[51]이 되는 절차상 특이점이 있으나, 공정거래위원회의 고발이 있은 후에는 일반적인 형사사건과 같이 통상적인 수사절차와 방법에 따라 공정거래법 위반 사범에 대한 수사가 진행된다.

공정거래위원회의 고발과 검찰수사와 관련하여 공정거래위원회 고발 이전에 수사가 가능한지 여부, 가능하다면 어느 정도까지 가능한지에 대해서 견해의 대립이 있을 수 있다. 왜냐하면 일반적인 친고죄에 있어 고소, 고발 이전에 수사가 가능한지에 대해서 견해의 대립이 있기 때문이다. 친고

---

50) 수사기관에는 검사와 사법경찰관이 있으나, 종래 공정거래법위반과 관련된 수사는 모두 검사에 의해 직접 이루어졌고, 사안의 성격상 앞으로도 검사의 지휘를 통한 사법경찰관의 수사보다는 검사의 직접수사가 이루어질 것으로 예상된다.
51) 소송조건이란 피고사건의 실체적 심판을 하기 위한 조건 또는 전체로서 형사소송이 발생, 유지, 존속하기 위한 기본조건을 의미하는 것으로 공정거래위원회의 전속고발권의 대상이 되는 범죄가 공정거래위원회의 고발 없이 기소가 된 경우 소송조건의 흠결을 이유로 법원은 형사소송법 제327조에 의하여 공소기각 판결을 하게 된다.

죄에 있어서의 논의를 바탕으로 유추해 보면 고발이 없는 경우 임의수사는
물론 강제수사도 제한 없이 가능하다는 입장(전면적 허용설), 임의수사만이
가능하다는 입장(임의수사 허용설), 고발의 가능성이 있는 경우에 한하여 수
사가 가능하다는 입장(제한적 허용설), 긴급한 경우에만 수사가 가능하다는
입장(예외적 허용설) 등이 있을 수 있다.

　　형사소송법 제195조는 '검사는 범죄의 혐의가 있다고 사료하는 때에
는 범인, 범죄사실과 증거를 수사하여야 한다'고 규정하고 있고 현실적으
로도 고발이 없는 상태에서 임의수사는 물론 강제수사를 진행하여야 할
필요가 있는 경우가 있으므로 고발 이전이라고 하여 검찰의 수사를 획일적
으로 제한할 법 논리적 근거는 없다고 본다. 또한 공정거래법 제71조 제2항
은 공정거래위반행위에 대해 그 위반의 정도가 객관적으로 명백하고 중대
하여 경쟁질서를 현저히 저해한다고 인정되는 경우 검찰총장에게 고발요
청권을 인정하고 있는바, 이는 고발 전이라도 수사가 가능한 것을 전제로
한 규정이라고 보아야 할 것이다. 따라서 수사기관은 공정거래위원회의
고발을 요하는 공정거래법 위반사건에 대하여도 공정거래위원회의 고발을
기다리지 않고도 범죄에 대한 수사기관의 주관적인 혐의로 언제든지 구체
적인 공정거래법위반 사건에 대한 수사를 진행할 수 있다. 실제에 있어서도
공정거래위원회가 사업자만을 고발한 경우에도 검찰수사에서 실제 행위자
를 밝혀낸 후 공정거래위원회를 상대로 고발요청을 하여 고발을 받아 기소
하는 경우[52]라던가 애당초 공정거래위원회의 고발이 없음에도 검찰이 직
권으로 수사한 후 공정거래위원회에 고발을 요청하여 고발을 받아 기소한
사례 등이 있다.[53]

　　다만 공정거래위원회의 고발이 없는 경우, 획일적이고 일률적인 제한
이 따르는 것은 아니지만 수사를 진행함에 있어 공정거래위원회의 고발

---

52) 시멘트제조업체들의 부당한 공동행위사건
53) 용인 죽전지구 및 동백지구 아파트 분양가 담합사건

가능성 여부 및 그 정도는 충분히 고려되어야 할 사항이라고 판단된다. 공정거래위원회의 고발 가능성이 희박한 사안에 대해 수사가 이루어진다면, 수사대상자 및 경제에 미치는 피해는 물론 막대한 수사인력, 비용, 시간의 낭비를 초래할 수 있기 때문이다. 공정거래위원회의 고발 가능성 여부 및 그 정도를 판단함에 있어 당해 사안과 동일하거나 유사한 사안에 대한 공정거래위원회의 처분관행, 당해 사안이 중대하고 명백하게 경쟁질서를 현저히 저해하는지 여부, 당해 사안과 관련하여 형사처벌을 부과하는 것이 비례의 원칙에 부합하는지 여부, 증거확보의 방법과 가능성 등을 종합적으로 고려해야 할 것이다.[54]

위에서 이미 언급한 바와 같이 공정거래범죄의 수사 절차와 방법도 일반적인 범죄의 수사 절차와 방법과 대부분 동일하기 때문에 이하에서는 일반적인 수사 절차와 방법에 대해 필요한 범위 내에서 간단히 기술하면서, 공정거래범죄 수사에 특유한 부분 또는 공정거래범죄 수사와 관련하여 쟁점이 되는 사항을 중점적으로 다루려 한다.

나. 수사의 절차

(1) 사건의 수리절차 및 배당

일반적인 형사사건의 사건 처리는 일반적으로 사건의 수리 및 배당, 검사의 수사 및 결정, 검사의 결정에 따른 관련조치 등의 순서로 진행된다.

---

54) 공정거래위원회의 고발 가능성과 관련된 논의는 '공정거래법 위반행위와 형사적 제재의 관계'의 장에서 기술하는 내용과 밀접한 관련이 있다.

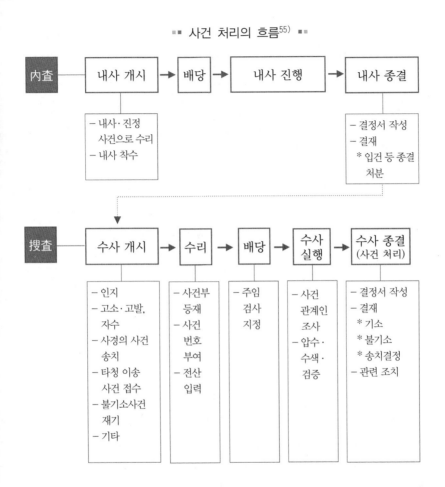

■■ 사건 처리의 흐름[55] ■■

일반적인 형사사건의 경우 지방검찰청 및 그 지청에서 자체적으로 사건수리(고소, 고발 및 인지, 송치사건 접수 등)를 하고 있으나 공정거래법 위반사건의 경우 통상적으로 대검찰청이 공정거래위원회에서 자체적으로 의결하여 고발하는 사건을 접수하고, 대검찰청에서는 관할, 사안의 경중, 각 청의

---

55) 법무연수원, 법학전문대학원 교재, 검찰실무(I), 113면

수사상황 및 인력 등을 종합적으로 고려하여 공정거래위원회 고발사건을 각 지방검찰청에 배당하고, 대검찰청으로부터 사건을 배당 받은 지방검찰청은 사건번호를 부여한 후 공정거래법 전담검사 등에게 사건을 배당하고 있다.

(2) 공정거래사건 전문검사 제도

(가) 전문검사 제도의 의의

공정거래범죄는 대표적으로 전문성이 요구되는 분야이기 때문에 '전문사건 등의 처리에 관한 지침'[56])에 의하여 공정거래법 전문검사에게 사건이 배당되거나 전문검사가 있는 지방검찰청으로 사건이 이송되어 처리될 가능성이 높다. 검찰은 급속한 경제 사회 발전에 따라 고도로 전문화, 다양화 되고 있는 범죄양상에 대해 효율적으로 대처하고, 국민들에게 수준 높은 수사 및 공판 서비스를 제공하기 위하여 2013년 중순부터 전문사건 제도를 기획하였고, 전국의 검사들을 상대로 3회에 걸쳐 검사 전문분야를 지망받아 전문분야를 분류하고, 전문분야별 전문검사를 지정하였다.

전문분야란 사건 처리에 전문지식, 실무경험이 필요하다고 인정하여 대검찰청에서 지정한 분야를 의미하고, 전문사건이란 대검찰청이 분류한 전문분야에 해당하는 사건을 말하여, 전문검사란 특정 전문분야를 지망 배정받은 검사를 의미한다(위 지침 제2조). 또한 전문검사 중에서도 '공인 전문검사'를 지정하고 있는데 공인 전문검사란 공인 전문검사 인증 심사위원회의 심사를 통해 그 전문성을 인정받아 검찰총장으로부터 지정받은 검사를 의미하고, 그 전문성 수준에 따라 '공인 전문검사(1급)', '공인 전문검사(2급)'으로 구분하고 있다(위 지침 제2조).

---

56) 대검찰청 지침, 2013. 11. 1.부터 시행하였다.

(나) 전문사건 등의 배당 및 처리

1) 전문사건 배당의 기본 원칙

각급 검찰청(지방검찰청 지청을 포함한다)의 장은 가급적 전문사건을 해당 전문분야의 전문검사에게 배당하여야 한다. 다만, 검사별 전문분야와 전담이 다르거나 효율적인 사건 처리를 위하여 필요한 경우 등 사정이 있는 때에는 해당 전문분야의 전문검사 이외의 검사에게 전문사건을 배당할 수 있다.

2) 전문사건의 이송

지방검찰청 및 지방검찰청 지청 소속 검사는 다음과 같은 사유가 있는 경우에는 해당 전문분야의 공인 전문검사에 의한 수사 및 처리 등을 위하여 그 공인 전문검사가 속한 다른 지방검찰청 및 지청으로 전문사건을 송치할 수 있다. 즉, (1) 사건 처리에 고도의 전문성이 요구되나 소속 청에 해당 분야 공인 전문검사가 없는 경우, (2) 사건의 내용 및 특성 등을 고려할 때 다른 지방검찰청 및 지청 소속 공인 전문검사에 의한 사건 처리가 상당하다고 인정되는 경우이다. 위와 같은 조건 하에 이송하고자 하는 전문사건이 이송받을 공인 전문검사 소속 지방검찰청 및 지청의 관할에 속하지 아니할 때에는 고소인·고발인 및 피고소인·피고발인(또는 피해자 및 피의자)이 모두 동의할 경우에 한하여 그 전문사건을 이송할 수 있다.

3) 공인 전문검사의 직무대리

공인 전문검사는 전문사건이 그 소속 지방검찰청 및 지청의 관할에 속하지 아니하는 경우에 관할 지방검찰청 및 지청 검사 직무 대리로 발령받아 그 전문사건에 대하여 공소를 제기할 수 있다.

(3) 검사의 수사 및 결정

(가) 검사의 수사 및 주문의 결정

검사는 배당 받은 사건에 대하여 범인, 범죄사실과 증거를 수사하여야한다(형사소송법 제195조). 검사는 이 과정에서 피의자와 사건 관련자에 대한조사 등 임의수사, 피의자에 대한 체포·구속, 압수·수색·검증 등의 강제수사를 행할 수 있다.[57] 검사의 수사는 검사의 직접 수사는 물론 사법경찰관에게 지휘하여 수사할 수도 있다(형사소송법 제196조 제1항). 검사는 수사를 마친 후 공소제기, 불기소, 타관송치 등 주문의 결정을 하고 그에 따라공소장, 불기소장, 송치결정서 등의 결정서를 작성하고, 위임전결규정에따라 내부결재를 거쳐 사건을 처리하게 된다.

(나) 결재 및 사건 처리 결과 정리

검사는 결정서를 작성하여 검찰청 내부의 위임 전결 규정에 따라 상급자의 결재를 받아 사건의 처리를 종료한다. 상사의 결재권은 검찰청법 제7조 제1항에 따른 상급자의 지휘 감독권에 근거하고 있다.

(다) 사전승인 및 보고

사건의 처리는 주임검사의 권한과 책임 하에 행하여지나, 일정한 경우에는 검사가 수사를 종료하고 주문을 결정하거나 결정서를 작성한 후 사건의 처리에 관한 결재를 받기 전에 사전승인을 받아야 하고, 일정한 사건의경우 사건의 처리 후 보고를 하여야 한다.

공정거래법 위반사건의 경우 대부분 공정거래위원회의 고발에 의하여수사가 개시되며, 사건을 배당 받은 검사는 '유관기관 고발 등 사건 접수및 처리지침(대검예규 제565호, 2011. 6. 2.)'에 규정한 '접수보고' 양식에 따라공문으로 대검에 보고를 하는 것은 물론 수사가 종료된 경우에도 위 지침에

---

57) 이에 대한 자세한 내용은 '수사의 방법' 참조

■■ **사건 처리의 유형**[58] ■■

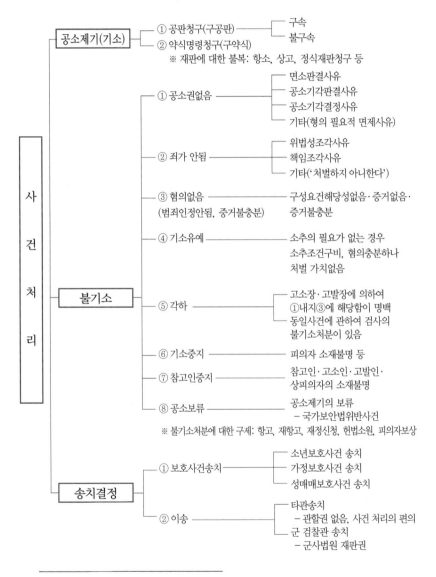

58) 법무연수원, 전게서, 120면

규정한 '수사결과' 양식에 따라 공정거래위원회 및 대검에 수사결과를 통보 및 보고하여야 한다. 수사결과에 따라 기소한 경우에는 공소장 사본을, 내사종결 또는 불기소시에는 내사결정문 또는 불기소 이유서 사본을 각 첨부하여야 한다.

(라) 혐의유무에 대한 검사결정과 공정거래위원회 결정의 불일치

검사의 결정과 공정거래위원회의 결정이 항상 일치하는 것은 아니다. 공정거래위원회에서 공정거래법 위반 혐의가 인정된다고 판단하여 검찰에 고발하였어도 검사는 수사결과 혐의를 인정하기 어렵다고 판단하면 혐의없음 결정을 할 수 있고, 혐의가 인정되는 경우에도 사안의 중대하지 아니고 정상참작의 여지가 있다고 판단하면 기소유예 처분을 할 수 있다. 실제에 있어서도 공정거래위원회의 결정과 달리 혐의없음 결정을 하거나 혐의를 인정하더라도 기소유예 결정을 한 사례가 다수 있다.[59]

고발된 사건의 혐의없음 결정이 이루어지는 이유에 대해 살펴보면, 물론 검사가 공정거래위원회와 다른 법률적 판단을 하여 혐의없음 결정을 하는 경우도 있겠지만 실무에 있어 이러한 경우는 드물고 대부분 사실관계에 관한 판단이 달라 혐의없음 결정이 이루어지고 있는데, 그 주된 원인은 형사소송에서는 합리적 의심 없는 증명(proof beyond a reasonable doubt)이라는 매우 강도 높은 입증이 요구되고 그 입증책임이 전적으로 검사에게 있기 때문이라고 생각한다.

형사소송에서는 합리적 의심을 배제할 정도의 증명이 요구되기 때문에 증거가치 판단에 있어 행정소송이나 민사소송에 비해 보다 엄격하다.

---

59) 1981년부터 2013년까지 고발된 634건 중 혐의없음 결정된 사건은 43건(6.8%), 기소유예 결정된 사건은 40건(6.3%)이다(공정거래위원회 통계연감(2013)). 그러나 이 수치는 고발된 사건 전체에 대해 혐의없음 결정되거나 기소유예 결정된 사건의 수치로 보이는 바, 고발된 대상자의 일부에 대해 혐의없음 또는 기소유예 결정이 이루어진 경우나 고발된 범죄사실 일부에 대해 혐의없음 결정된 경우의 수치를 합하면 혐의없음이나 기소유예된 사건의 수치는 위 수치를 상당히 상회할 것으로 판단된다.

판례는 '원래 민사재판에 있어서는 형사재판의 사실인정에 구속을 받는 것이 아니라고 하더라도 동일한 사실관계에 관하여 이미 확정된 형사판결이 유죄로 인정한 사실은 유력한 증거자료가 되므로 민사재판에서 제출된 다른 증거들에 비추어 형사재판의 사실판단을 채용하기 어렵다고 인정되는 특별한 사정이 없는 한 이와 반대되는 사실을 인정할 수 없다'[60]고 하면서 형사재판에서 이루어진 사실의 확정에 보다 높은 신뢰가치를 부여하고 있는바, 이는 거꾸로 보면 형사재판에 있어서는 행정소송이나 민사소송에 비해 보다 엄격한 증거가치 판단이 요구되는 것이라고 할 수 있다. 따라서 행정기관인 공정거래위원회에서는 사실관계를 인정하기 위한 증거가 충분하다고 판단한 경우에도 검사의 시각에서는 증거가 부족하다고 판단할 수 있다. 또한 공정거래위원회의 행정처분을 위한 사실관계 인정을 위해서 공정거래법상 추정규정이 유용하게 활용되지만, 후술하는 공정거래범죄일반의 장에서 살펴보는 바와 같이 형사소송에 있어서는 위 추정규정에서 규정하는 법률상 추정이 인정되지 않는다. 따라서 검사는 추정대상이 되는 사실관계를 직접·간접으로 입증할 충분한 증거를 확보하여야만 한다.

비교적 최근, 사실관계에 관한 견해 차이로 혐의없음 결정이 이루어진 대표적인 사례를 소개하면 다음과 같다.

♂ P 철강회사 등의 아연할증료 담합사건

1. 고발내용

P 철강회사 등 5개 철강회사 임직원들은 2006. 1. 31경부터 2월 초순경 사이에 모임을 갖고 국제아연가격 급등에 따른 아연가격 상승분을 아연도강판 가격에 반영하기로 하고 일단 일괄적으로 아연가격 상승분을 반영한

---

60) 대법원 1995. 1. 12. 선고 94다39215 판결

후 추후 도금량에 비례하여 제품별 아연할증료를 차등 적용하는 가격테이블을 마련한 후 이를 적용하기로 합의하였다. 위 합의에 따라 P철강회사는 2006. 4. 27. 아연도강판 판매가격을 35,000원 인상하고, 나머지 제철회사들도 같은해 5. 1. 아연도강판 판매가격을 35,000원 내지 40,000원 인상하였다. 그리고 P철강회사는 제품별 도금량을 반영한 아연할증료 가격테이블을 작성한 후 이를 대리점 등을 통해 다른 업체들에게 배포한 후 2006. 7. 13.부터 2008. 4. 16.까지, 나머지 제철회사들은 각 2006. 8. 1.부터 2008. 4. 30.까지 아연할증료 가격테이블에 따라 아연도 강판에 아연할증료를 부과하였다. 이로써 P철강회사 등 5개 철강회사는 공동으로 상품의 가격을 결정하는 방법으로 부당하게 경쟁을 제한하는 행위를 할 것을 합의한 후 이를 실행하였다.

2. 불기소 이유

국제 아연가격 상승에 따른 해외 철강업체들의 가격인상 동향, 국내 철강가격 결정 구조, 원재료 수급 비탄력에 의한 시장침탈 가능성 희박 등으로 P철강회사의 담합 유인 내지 동기를 인정하기 어렵고, 2006. 2. 초경 모임이나 기본합의의 존재 여부도 불명확하며 2006. 2. 7.자 이메일 첨부문건도 선뜻 믿기 어려울 뿐만 아니라, 설사 그와 같은 만남이 있었다고 하더라도 P철강회사 직원이 국제 아연가격이 상승하는 상황에서 아연도강판 가격 인상의 필요성에 공감하였다는 것만으로는 동기, 태양 등에 비추어 구체적인 담합의 합의가 있었다고 보기 어렵다.

♂ K생명보험회사 등 3개 생명보험들의 변액보험 담합행위 사건

1. 고발내용

가. K생명보험사: 1) 변액종신보험상품 및 변액유니버셜종신보험상품에 부과되는 최저사망보험금 보증수수료율 수준, 2) 변액연금보험상품에 부과되는 최저사망보험보증수수료율 수준, 3) 변액연금보험상품에 부과되는 최저연금적립보증수수료율 수준, 4) 변액보험상품에 부과되는 특별계정운용수수료율의 상한을 다른 생명보험사업자들과 공동으로 합의하여 결정

나. 나머지 2개 생명보험사: 위 2), 3)항을 다른 생명보험사업자들과 공동으로
합의하여 결정

2. 불기소 이유

피고발인들은 변액보험을 도입하는 과정에서 금융감독원의 행정지도에 따
라 변액 보험출시를 위한 준비작업에 참여하였고, 금융감독원이 제시한 기준
에 맞추어 상품 인가를 받아 출시하였던 것으로 경쟁업체들간 담합은 없었다
고 주장

공정거래위원회는 리니언시 업체 직원들의 진술과 회의자료 등을 토대로
담합혐의를 인정하였으나 검찰조사결과 리니언시 업체 직원들의 진술자체가
담합 혐의를 부인하거나, 신빙성을 인정하기 곤란하며, 금융감독원 및 보험개
발원 담당자의 진술도 피고발인들의 진술에 부합하여 결국 고발사실을 인정
할 증거불충분

(마) 적용법조의 변경문제

검사의 결정과 관련하여, 공정거래위원회에서 고발장에 기재한 적용
법조에 검사가 기속되는지 여부, 기속된다면 어느 정도 기속되는지 여부가
문제된다. 예를 들어 공정거래위원회가 시장지배적지위 남용행위 중 공정
거래법 제3조의2 제1항 제3호 "다른 사업자의 사업활동을 부당하게 방해
하는 행위"로 고발하였을 때, 검사는 같은 항 제5호 "부당하게 경쟁사업자
를 배제하기 위하여 거래하거나 소비자의 이익을 현저히 저해할 우려가
있는 행위"로 판단하여 이를 적용법조로 기소할 수 있는가? 공정거래위원
회는 부당한 공동행위 중 공정거래법 제19조 제1항 제8호 "입찰 또는 경매
에 있어 낙찰자, 경락자, 투찰가격, 낙찰가격 또는 경락가격 등 결정행위"
로 고발하였을 때 검사는 같은 항 제3호 "상품의 생산, 출고, 수송 또는
거래의 제한이나 용역의 거래를 제한하는 행위"로 판단하여 이를 적용법조
로 기소할 수 있는가?

공정거래위원회의 고발의 전속성을 고려할 때 일반적 고발에 있어서와 달리, 검사에게 법령적용에 있어 무제한적인 자유재량을 인정하기는 어려울 것이다. 그렇다고 하여 법률전문가인 검사의 법률적 판단을 행정기관인 공정거래위원회의 판단에 전적으로 귀속시키는 것도 문제이다.

아직 이에 관한 본격적 논의는 이루어지지 않았지만 형사소송법상 공소장변경의 한계에 관한 논의를 참고할 만하다고 생각한다. 공소장변경의 한계의 기준으로 통설, 판례는 기본적 사실의 동일설을 취하고 있다.[61] 이에 따르면 공소사실을 그 기초가 되는 사회적 사실로 환원하여 그러한 사실 사이에 다소의 차이가 있더라도 기본적인 점에서 동일하면 동일성을 인정해야 한다. 다만 기본적 사실관계가 동일한가의 여부는 그 규범적 요소를 전적으로 배제한 채 순수하게 사회적, 전법률적인 관점에서만 파악할 수는 없고 그 자연적, 사회적 사실관계나 피고인의 행위가 동일한 것인가 외에 그 규범적 요소도 기본적 사실관계의 동일성의 실질적 내용의 일부를 이루는 것이라고 보는 것이 상당하다.[62]

공정거래범죄의 적용법조에 대한 검사의 재량과 관련하여 위 기본적 사실동일설을 유추적용해 보면, 공정거래위원회가 고발한 범죄사실과 기본적 사실의 동일성이 인정되는 범위에서는 검사가 적용법조를 변경할 수 있다는 결론에 이르게 된다. 즉, 고발된 범죄사실을 그 기초가 되는 사회적 사실로 환원하여 그러한 사실 사이에 다소의 차이가 있더라도 기본적인 점에서 동일하면 그 범위 내에서는 검사가 법조적용의 재량을 가진다고 본다.

따라서, 예를 들어, 공정거래위원회는 부당한 공동행위 중 공정거래법

---

61) 공소장변경의 한계와 관련하여서는 기본적 사실의 동일설 외에 죄질동일설, 구성요건공통설, 소인공통설(형벌관심공동설, 사회적 혐의공동설, 총합평가설) 등의 학설이 있으나 이에 관한 자세한 설명은 본서의 집필목적을 고려할 때 적절하지 않다고 생각되어 여기서는 통설, 판례인 기본적 사실의 동일설만을 기초로 기술하고자 한다.
62) 대법원 1994. 3. 22. 선고 93도2080 전원합의체 판결

제19조 제1항 제8호 '입찰 또는 경매에 있어 낙찰자, 경락자, 투찰가격, 낙찰가격 또는 경락가격 등 결정행위'로 고발하였지만, 검사가 수사결과 당해 사안의 입찰은 상품의 생산, 출고 등을 제한하는 기본적 합의의 후속 조치에 불과한 점을 발견하였다면 당해 범죄사실에 대해 같은 항 제3호 '상품의 생산, 출고, 수송 또는 거래의 제한이나 용역의 거래를 제한하는 행위'로 적용법조를 변경하여 기소할 수 있다고 판단된다.

  그러나, 사실관계에 있어서 기본적 동일성이 유지된다고 하여 무제한 적으로 적용법조 변경이 가능하다고는 할 수 없다. 예를 들어 공정거래위원회가 공정거래법 제3조의2 제1항 제3호를 적용하여 시장지배적 사업자로서 '다른 사업자의 사업활동을 부당하게 방해'하였다고 고발한 사안에 대해 검사가 일반적인 불공정거래행위로서 '부당하게 거래를 거절'한 행위로 공정거래법 제23조 제1항 제1호를 적용할 수 있는지에 대해서는 위 대법원 1994. 3. 22. 선고 93도2080 전원합의체 판결(공소사실의 동일성을 판단함에 있어 사실적요소 외에 규범적 요소도 고려되어야 한다는 취지의 판결)을 고려할 때 부정적 입장이다. 현행 공정거래법의 규정체제와 관련하여 시장지배적지위의 남용금지 조항과 법 제23조의 불공정거래행위의 금지조항과의 관계가 불명확하다는 지적이 제기되어 왔고 실제로 제23조가 금지하고 있는 상당수의 불공정거래행위 유형은 제3조의2가 열거하고 있는 남용행위에 해당될 수 있고 사실관계도 중복의 여지가 많다. 그러나 대법원은 ㈜포스코의 시장지배적지위 남용행위 사건[63]에서 "공정거래법 제3조의2 제1항 제3호의 시장지배적 사업자의 거래거절행위와 공정거래법 제23조 제1항 제1호의 불공정거래행위로서의 거래거절행위는 그 규제목적 및 범위를 달리하고 있으므로 공정거래법 제3조의2 제1항 제3호가 규제하는 시장지배적 사업자의 거래거절행위의 부당성의 의미는 공정거래법 제23조 제1항

---

63) 대법원 2007. 11. 22. 선고 2002두8626 판결

제1호의 불공정거래행위로서의 거래거절행위의 부당성과는 별도로 독자적으로 평가, 해석되어야 한다"고 판결하였다.[64] 이 사안에 있어서는 비교가 되는 양 행위의 규제목적과 범위가 다르고 부당성의 의미도 다르기 때문에 이에 대한 공정거래위원회의 판단이 존중되어야 하고 따라서 위와 같은 적용법조 변경은 허용되지 않는다고 하여야 할 것이다.

내용을 정리해 보면, 기본적 사실관계의 동일성이 인정되는 범위에서 검사는 공정거래위원회가 의율한 적용법조를 변경할 수 있지만, 사실관계가 상당부분 중복되더라도 그 조항의 입법목적 및 범위가 다른 경우에는 공정거래위원회의 고발변경(적용법조 변경)이 없는 한 검사가 적용법조를 변경할 수는 없다고 할 것이다.

(4) 검사의 결정에 따른 관련 조치

(가) 공소장의 송부 및 불기소장의 보존

공소제기의 결정시에는 법원에 공소장이 송부되어야 하고, 증거기록과 증거물은 공판검사에게 인계된다. 불기소 결정시에는 불기소결정서 및 수사기록은 검찰보존사무규칙에 의하여 이를 보존한다.

(나) 각종 통지, 고지 및 통보

일반적으로 고소 고발 사건에 관하여는 사건 처리 후 7일 이내에 고소인 고발인에게 사건 처리의 취지를 통지하여야 한다(형사소송법 제258조 제1항, 검찰사건사무규칙 제60조 제1항). 공정거래법 위반사건의 경우에는 '유관기관 고발 등 사건 접수 및 처리지침'에 의하여 검사의 사건 처리와 동시에 그 결정서를 사본하여 공정거래위원회에 통보하도록 되어 있다. 고소 고발

---

64) 위 판결은 공정거래법 제3조의2 제1항 제3호와 같은 법 제23조 제1항 제1호에 관한 것이지만 시장지배적지위 남용행위와 불공정거래행위 일반으로 확대해석이 가능하다고 본다.

사건에 관하여 불기소 또는 이송 처분을 한 때에는 피의자에게 즉시 그 취지를 통지하여야 한다(형사소송법 제258조 제2항).

(5) 검사의 불기소 처분에 대한 불복

검사의 불기소 처분에 대한 고소인 또는 고발인의 불복수단으로는 재정신청과 검찰청법에 의한 항고, 재항고가 있지만 고발의 경우에는 형법 제123조부터 제125조까지의 죄를 제외하고는 재정신청이 허용되지 않기 때문에, 항고와 재항고만이 가능한바, 공정거래위원회 고발의 경우에 있어서도 마찬가지이다.

(가) 항 고

검사의 불기소처분에 불복이 있는 경우 공정거래위원회는 그 검사가 속하는 지방검찰청 또는 지청을 거쳐 서면으로 관할 고등검찰청의 검사장에게 항고할 수 있다(검찰청법 제10조 제1항). 항고는 불기소처분의 통지를 받은 날로부터 30일 이내에 하여야 한다(검찰청법 제10조 제4항). 이 경우 지방검찰청 또는 지청의 검사는 항고가 이유 있다고 인정하는 때에는 그 처분을 변경하여야 한다. 고등검찰청검사장은 항고가 이유 있다고 인정하는 경우, 재기수사명령을 통하여 지방검찰청 또는 지청검사로 하여금 불기소 처분된 사건을 재기하여 수사하도록 하거나 고등검찰청 소속 검사로 하여금 지방검찰청 또는 지청 검사의 불기소처분을 직접 경정하게 할 수 있다(검찰청법 제10조 제2항).

(나) 재항고

항고를 한 자는 항고를 기각하는 처분에 불복하거나 항고를 한 날로부터 항고에 대한 처분이 행하여지지 아니하고 3개월이 경과한 때에는 항고기각 결정을 통지받은 날 또는 항고 후 항고에 대한 처분이 이루어지지

아니하고 3개월이 지난날부터 30일 이내에 그 검사가 속하는 고등검찰청
을 거쳐 서면으로 검찰총장에게 재항고할 수 있다(검찰청법 제10조 제5항).
다만, 항고를 한 자에게 책임없는 사유로 인하여 그 기간 내에 항고 또는
재항고를 하지 못한 것을 소명한 때에는 그 사유가 해소된 때부터 기산한다
(검찰청법 제10조 제6항).

(6) 수사기간

일반적으로 고발 사건은 접수한 날로부터 3개월 이내에 처리하여야
하며, 정당한 사유가 있을 경우에는 60일 단위로 2차까지 연장이 가능하다.
수사기간을 연장할 경우 '수사기간 연장사유 통보' 양식에 따라 기한 만료
5일 전까지 해당 유관기관과 대검에 통보 및 보고하도록 되어 있다.

다. 수사의 방법

(1) 개 요

수사기관은 수사의 목적을 달성하기 위하여 필요한 조사를 할 수 있다
(형사소송법 제199조 제1항 본문). 따라서 수사기관은 어떤 수단에 의하여 어떤
방법으로 수사를 진행할 것인지에 대한 판단과 재량이 인정된다고 할 수
있다.

수사의 방법에는 임의수사와 강제수사가 있다. 임의수사란 임의적인
조사에 의한 수사, 즉 강제력을 동원하지 않고 상대방의 동의나 승낙을
받아서 행하는 수사를 말함에 대하여, 강제처분에 의한 수사를 강제수사라고
한다. 강제처분이란 실질적으로 대상자의 법익을 침해하는 처분을 말한다.

형사소송법 제199조는 '수사에 관하여는 그 목적을 달성하기 위하여
필요한 조사를 할 수 있다. 다만 강제처분은 법률에 특별한 규정이 없으면

하지 못한다'고 규정하고 있는바, 이는 원칙적으로 임의수사에 의하고 강제수사는 법률에 규정된 경우에 한하여 허용된다는 원칙으로서 임의수사의 원칙이라고 한다.

강제처분은 법률에 특별한 규정이 없으면 하지 못한다. 이를 강제처분 법정주의 또는 강제수사법정주의라고 한다. 강제처분의 적법성의 한계를 법률에 명백히 규정하여 법관에 의한 구체적 판단을 가능하게 한다는 점에서 영장주의의 전제가 되는 원칙이라고 할 수 있다.

영장주의란 법원 또는 법관이 발부한 적법한 영장에 의하지 않으면 형사법상의 강제처분을 할 수 없다는 원칙을 말한다. 영장주의는 법관이 발부한 영장의 내용이 특정될 것을 요구한다. 따라서 구속영장에 있어서는 범죄사실과 피의자는 물론 인치, 구금할 장소가 특정되어야 하며, 압수·수색영장에 있어서는 압수·수색의 대상이 특정되어야 한다.

형사소송법이 규정하고 있는 임의수사의 방법으로는 피의자신문과 피의자외의 조사 및 사실조회가 있다. 수사가 필요할 때에 피의자의 출석을 요구하여 진술을 듣는 것을 피의자신문이라고 한다. 피의자신문의 경우 반드시 진술거부권이 고지되어야 한다. 피의자는 출석요구에 응할 의무가 없고, 따라서 출석을 거부할 수 있으며, 출석한 때에도 언제나 퇴거할 수 있다. 수사상 필요에 따라 피의자 아닌 자의 출석을 요구하여 진술을 들을 수 있는데 이를 피의자 이외의 자의 조사라고 하며 통상 참고인 조사라고 부른다. 피의자조사와 달리 참고인 조사의 경우에는 진술거부권을 고지할 필요가 없다. 사실조회란 수사에 관하여 공무소나 기타 공사단체에 조회하여 필요한 사항의 보고를 요구하는 것을 말하고, 공무소 등에의 조회라고도 한다.

강제수사는 강제력이 행사되는 객체에 따라 대인적 강제수사와 대물적 강제수사로 나눌 수 있는데, 체포와 구속은 전자에 속하고, 압수·수색, 검증은 후자에 해당한다. 체포란 죄를 범하였다고 의심할 만한 상당한 이유

가 있는 피의자를 단시간 동안 수사기관 등 일정한 장소에 인치하는 제도인
반면, 구속은 피의자 또는 피고인의 신체의 자유를 체포에 비하여 장기간에
걸쳐 제한하는 강제처분이다. 압수란 물건의 점유를 취득하는 강제처분을
말하며 점유취득과정 자체에 강제력이 가하여지는 압류, 유류물과 임의제
출물을 점유하는 영치, 일정한 물건의 제출을 명하는 제출명령 3가지를
내용으로 한다. 수색이란 압수할 물건 또는 체포할 사람을 발견할 목적으로
주거, 물건, 사람의 신체 또는 기타 장소에 대하여 행하는 강제처분을 말한
다. 수색은 실제 압수와 함께 행하여지는 것이 통례이고, 실무상으로도
압수·수색영장이라는 단일영장이 발부되고 있다. 검증이란 사람, 장소,
물건의 성질, 형상을 오관의 작용에 의하여 인식하는 강제처분을 말한다.

위에서 언급한 바와 같이 공정거래범죄에 대한 수사방법은 일반 범죄
의 경우와 대체로 동일하다. 따라서 본서의 집필목적상 위에서 언급한 수사
방법에 대한 자세한 기술은 상당하지 않다고 생각되므로 이하에서는 수사
의 방법과 관련하여, 공정거래범죄 수사에 있어 특이하게 실무상 많이 활용
되지만 비판의 대상이 되고 있는 검사의 공정거래위원회에 대한 압수·수
색에 대해 기술하고자 한다.

(2) 검사의 공정거래위원회에 대한 압수·수색

실무상, 공정거래범죄를 수사하기 위한 증거를 확보하기 위해 검사가
공정거래위원회를 압수·수색하는 경우가 적지 않게 발생하고 있다. 그런
데 과연 이렇게 공정거래위원회가 조사대상자로부터 임의로 제출받아 보
관하고 있는 자료를 공정거래위원회를 상대로 압수·수색하여 취득하는
것이 적법한 것인가라는 문제가 대두된다. 이에 대하여 아래와 같은 이유로
검사의 공정거래위원회에 대한 압수·수색이 부당하다는 견해가 있다.[65]

---

65) 강수진, 전게논문, 28~31면

첫째, 영장주의의 본래 취지에 반한다. 압수·수색은 대표적인 대물적 강제처분으로서 국민의 재산과 주거, 프라이버시에 대한 본질적 침해가 되기 때문에 수사기관의 자의에 의한 강제수사의 남용을 억제할 필요에서 사법적 사전심사로서 영장주의 원칙이 적용되고 있다. 또한 그 당연한 결과로 압수·수색영장의 집행에 있어서 영장을 반드시 제시하여야 하고, 당사자, 특히, 피의자나 피고인 및 그 변호인의 참여권을 보장하고 있다. 그런데 피의자도 아니고 피고인도 아닌 공정거래위원회가 행정상 제재를 위하여 조사대상자로부터 임의제출형식으로 제출받아 보유하고 있는 자료를 수사기관이 당해 피의자나 피고인이 아닌 공정거래위원회를 상대로 한 압수·수색을 통하여 취득하게 되면, 영장에 의한 법원의 사전심사나 당사자의 절차적 방어권 보장 취지가 무색하게 된다. 공정거래위원회의 입장에서 일단 수사기관에 의한 압수·수색이 개시되면 자료의 제출여부에 대한 별다른 이해관계가 없으므로 압수·수색 현장에서 수사기관의 남용을 방지하고자 할 아무런 유인도 없고, 압수·수색 현장에 당해 증거서류와 직접 이해관계를 가진 피의자나 피고인이 참여할 가능성도 매우 낮을 것이기 때문이다.

둘째, 수사기관이 압수·수색하는 증거의 원 취득과정의 적법절차위반으로 인해 형사재판에서 공소유지에 지장을 초래할 수 있다. 수사기관이 공정거래위원회로부터 압수하게 되는 증거물은 원래 공정거래위원회가 압수·수색 절차에 의하지 아니하고 행정절차에 사용할 목적으로 행정상 조사에 의한 자료제출명령 등을 통하여 당사자로부터 임의로 제출받은 것이다. 공정거래법상 조사에 대한 협조의무 및 과태료에 의한 간접적 강제를 부담하고 있는 당사자는 통상적으로 이루어지는 임의조사로서의 행정조사에 응하여 서류 등을 제출하고, 또 진술에 응하였다. 그와 같은 조사가 실질적 형사절차로서의 성격을 포함하고 있다고 하더라도 일반적으로 행정조사에 응하는 당사자로서는 형사절차에서 인정되는 거부권, 영장 제시

요구 등의 절차적 방어권을 인식하지 못한 상태에서 행정청의 조사에 협조
했을 가능성이 크다. 특히 방어권 보장을 위한 각종 입법장치가 마련되어
있지 않은 현행 공정거래법상의 조사에서는 그와 같은 문제가 더욱 심각하
다. 따라서 원취득 단계에서 아무런 절차적 보장이 이루어지지 않은 상태로
취득한 자료는 추후 형사재판에서 그 취득과정의 적법성이 문제되어 증거
능력이 부인될 가능성이 있다.

셋째, 공정거래위원회에 대한 압수·수색이 대물적 강제처분의 요건
에 부합하는지도 의문이다. 압수·수색을 위해서는 강제처분을 할 필요성
과 범죄 혐의가 있어야 한다. 강제처분의 필요성은 범죄의 태양과 경중,
대상물의 증거가치와 중요성 및 인멸의 우려, 처분을 받는 자의 불이익의
정도 등을 고려하여 판단해야 할 것인데, 공정거래위원회가 보유하고 있는
자료에 대하여 그와 같은 필요성을 인정할 수 있는지는 의문이다. 고발이
되었으면 고발장에 첨부된 자료 및 추가자료 요청 등 국가기관의 협조를
통하여 그 목적을 충분히 달성할 수 있을 것이고, 공무상 비밀 등 기타
사정에 의해 공정거래위원회가 제출하지 못하는 자료에 대해서는 원칙적
으로 수사기관이 직접 자료의 보유자를 상대로 강제처분이나 기타 필요한
수사를 진행하여야 할 것이며, 단지 수사의 편의를 위해서 공정거래위원회
가 보유하고 있는 자료를 일괄적으로 압수하는 것은 그 정당성을 인정받기
어렵다는 생각이다.

넷째, 공정거래법 위반죄에 대하여 수사기관이 행정조사 절차에 의해
취득한 자료 일체를 형사절차를 위한 목적으로 취득하기 위하여 압수·수
색이라는 강제처분을 사용하는 수사관행은 장기적으로 공정거래법의 본래
목적을 달성하는데 있어 심각한 지장을 초래할 수 있다. 공정거래법 집행의
주목적은 범죄의 처벌이 아니라 경제질서의 확립이므로 이는 경제질서를
담당하는 행정기관으로 하여금 전문적인 판단에 따라 적법한 절차를 주도
적으로 집행하도록 하는 것이 바람직하다. 행정절차를 통한 효율적 공정거

래법 집행을 하는 과정에서 수사기관이 개입하여 강제처분을 통해 자료를 일괄 취득하는 수사관행이 누적되면 기업들의 자발적인 위반상태 시정이나 조사에의 협조를 기대하기 어렵고, 형사처벌에 의존하게 되면서 지나친 범죄화와 기업활동의 마비를 초래할 위험이 있다.

생각건대, 위 주장이 공정거래범죄 수사를 위한 증거의 확보는 가급적 수사대상자 및 그 관련자들을 상대로 이루어져야지, 행정절차를 위해 공정거래위원회가 확보한 자료를 위주로 이루어져서는 안 된다는 취지라면 공감하지만 검사의 공정거래위원회에 대한 압수·수색을 전면적으로 부정하는 취지라면 아래와 같은 이유로 공감하기 어렵다.

첫째, 영장주의 및 피의자의 방어권 보장과 관련하여, 압수·수색이 항상 피의자가 소지, 보관하고 있는 물건에 대해 이루어지는 것은 아니라는 점, 압수·수색 영장을 집행함에 있어서는 원칙적으로 미리 집행의 일시와 장소를 참여권자에게 통지하여 참여권자에게 방어권 행사의 기회를 부여하고 있는 바, 그 경우 공정거래위원회의 일방적인 조사자료 제출보다 피의자 등 참여권자에게 유리할 수 있는 점, 예외적으로 사전 통지없이 이루어지는 압수·수색영장 집행의 경우 급속을 요하는 사정이 인정되어야 하는 바, 이는 법원의 영장심사에서 판단될 수 있는 점 등을 고려할 때 검사의 공정거래위원회에 대한 압수·수색이 영장주의에 정면으로 반하는 것이라고는 할 수 없을 것이다.

둘째, 수사기관이 압수·수색하는 증거의 원 취득과정의 적법절차위반으로 인해 형사재판에서 공소유지에 지장을 초래할 수 있다는 점에 관해서는, 원 취득과정에 적법절차위반이 인정되는 자료에 대해서는 형사소송에서 증거능력이 부인될 가능성이 높은 것은 사실이지만, 이는 원 취득과정에서 적법절차위반이 문제이지 압수·수색자체가 문제인 것은 아니다. 아무리 검사의 적법한 압수·수색을 거쳐 확보된 자료라고 하더라도 이미 원 취득과정에서 적법절차를 위배한 사정이 인정된다면 증거능력이 치유

되지 않기 때문이다. 따라서 이 문제는 취득된 자료의 증거능력의 관점에서 다루어져야지 압수·수색 자체의 당부 관점에서 다루어질 문제는 아니라고 본다.

셋째, 공정거래위원회에 대한 압수·수색이 대물적 강제처분의 요건에 부합하는지도 의문이라는 점, 즉 고발이 되었으면 자료의 확보는 국가기관의 협조를 통하여 그 목적을 충분히 달성할 수 있을 것이고, 공정거래위원회가 제출하지 못하는 자료에 대해서는 원칙적으로 수사기관이 직접 자료의 보유자를 상대로 강제처분이나 기타 필요한 수사를 진행하여야 할 것이라는 점에 대하여는 우선, 실무상 공정거래위원회의 조사과정에서 취득한 자료 중에는 수사단계에서 수사대상자 및 그 관련자를 상대로는 취득할 수 없는 자료가 많다는 점을 말하고 싶다. 이러한 자료가 발생하는 경위는 여러 가지가 있을 수 있지만 자료가 1개의 자료로서 공정거래위원회가 보유하고 있는 경우(공정거래위원회가 추후 수사대상자에게 반환한다고 하더라도 수사단계에 이르는 과정에서 수사대상자에 의해 폐기될 가능성이 높음), 공정거래위원회 조사가 매우 장기간에 걸쳐 이루어지는 과정에서 수사대상자 및 그 관련자가 보유한 자료가 멸실된 경우 등을 들 수 있을 것이다. 다음, 국가기관의 협조를 통한 자료확보의 점에 대해서는 공정거래위원회가 조사과정에서 확보한 자료를 당사자의 반대에도 불구하고 공정거래위원회가 임의로 형사절차의 증거로서 제출하는 것이 타당한지 오히려 의문이다. 이러한 점을 고려할 때 검사의 공정거래위원회에 대한 압수·수색이 그 필요성을 결여한다고 보기는 어려울 것이다.

넷째, 위 견해는 수사기관이 개입하여 강제처분을 통해 자료를 일괄 취득하는 수사관행이 누적되면 기업들의 자발적인 위반상태 시정이나 조사에의 협조를 기대하기 어렵고, 형사처벌에 의존하게 되면서 지나친 범죄화와 기업활동의 마비를 초래할 위험이 있다고 하지만, 이는 공정거래법위반 행위에 대해 어느 범위에서 형사적 제재를 가하는 것이 바람직한가의 정책적 문제에 관한 것이지 수사방법으로서 검사의 공정거래위원회에 대한 압수·수색의 당부에 관한 것은 아니라고 본다.

하지만 이렇게 검사의 공정거래위원회에 대한 압수·수색이 영장주의에 반하는 것도 아니고 실무상 그 필요성이 없는 것도 아니지만, 수사를 위한 자료확보 과정에서 국가기관인 검사가 국가기관인 공정거래위원회를 수시로 압수·수색한다는 것은 아무래도 이상해 보이는 것은 사실이다. 따라서 향후 공정거래범죄에 대한 수사가 증가될 것으로 예상되는 상황에서, 수사를 위해 보다 효율적이고도 정당하게 공정거래위원회 조사자료를 확보할 수 있는 방안이 강구되어야 할 것으로 본다.[66]

3. 법원의 공판

가. 개 요

공판 또는 공판절차란 공소가 제기되어 사건이 법원에 계속된 이후 그 소송절차가 종결될 때까지의 전 절차, 즉 법원이 형사사건에 대하여 심리, 재판하고 또 검사가 공소사실을 유지하기 위하여 활동을 하고, 피고인이 변론을 행하는 절차단계를 말한다.

공판절차에서는 법률관계의 공정을 유지하기 위하여 여러 가지 기본원칙이 필요한 데 그 기본원칙으로는 공개주의, 구두변론주의, 직접주의, 집중심리주의가 있다. 공개주의란 일반 국민에게 심리의 방청을 허용하는 주의를 말하고, 구두변론주의란 법원이 당사자의 구두에 의한 공격·방어를 근거로 하여 심리·재판하는 주의를 말하며, 직접주의란 공판정에서

---

66) 이와 관련하여서 본서의 마무리 단계에서 나름대로의 의견을 제시하고자 한다.

직접 조사한 증거만을 재판의 기초로 삼을 수 있다는 주의를 말하고, 집중심리주의란 심리에 2일 이상을 요하는 사건은 연일 계속하여 심리해야한다는 원칙을 말한다.

공판절차의 종류에는 정식 공판절차와 약식 공판절차가 있는데, 통상전자를 공판절차, 후자를 약식절차라고 부른다.

공판절차의 경우에는 공판기일이 지정되고, 증거조사, 피고인 신문, 최종변론 등을 걸쳐 판결이 선고된다. 이에 반하여 약식절차의 경우에는법원이 공판절차를 거치지 않은 채 검사가 제출한 수사기록을 기초로 벌금형을 정하여 약식명령이 발령되고, 피고인이 약식명령에 불복하지 아니하여 약식명령이 확정될 경우 그 효력은 판결의 효력과 같다. 피고인은 약식명령에 불복하여 정식재판을 청구할 수 있는 바, 이 경우 불이익변경금지의원칙에 따라 약식명령의 형보다 중한 형은 선고될 수 없다. 법원은 검사의약식명령청구가 부당하다고 판단하는 경우 공판절차에 회부할 수 있는데이와 같은 경우에는 일반 공판절차와 동일하게 진행된다.

공정거래법범죄와 관련하여 특이한 점은, 일반적인 사건의 경우에는검사가 벌금형이 적절하다고 판단한 경우 약식절차에 의하지만 공정거래범죄의 경우에는 법정형이 벌금형뿐이어서 벌금형만이 선고될 수 있는 경우(예를 들어, 공정거래위원회가 행위자는 고발하지 않고 사업자인 법인만을 고발하여 법인만 기소하는 경우)에도 대부분 공판절차에 의하고 있다는 점이다.

공정거래범죄의 공판절차도 위에서 살펴본 수사절차와 같이 일반 범죄의 경우와 특별히 다르지 않다. 따라서 이하에서는 일반 공판절차에 대해간략히 살펴 본 후 공정거래범죄에 대한 공판과 관련하여 특별히 문제가되는 공정거래위원회 조사자료의 증거능력에 대해 다루기로 한다.

나. 공판절차

(1) 공소장부본의 송달

법원은 공소의 제기가 있는 때에는 지체 없이 공소장의 부분을 피고인 또는 변호인에게 송달하여야 한다. 단 늦어도 제1회 공판기일 전 5일까지 송달하여야 한다(형사소송법 제266조). 피고인에 대한 충분한 방어기회를 보장하기 위한 것이다.

(2) 공판기일의 지정

재판장은 공판기일을 지정하여야 하고 검사, 변호인과 보조인에게 통지하여야 하며, 피고인, 대표자 또는 대리인을 소환하여야 한다. 제1회 공판기일은 소환장의 송달 후 5일 이상의 유예기간을 두어야 한다(형사소송법 제267조 제1항 내지 제3항).

(3) 공판준비절차

공판준비절차란 법원의 효율적이고 집중적인 심리를 위하여 법원이 주도하여, 검사, 피고인 또는 변호인의 의견을 들어 제1회 공판기일 이전에 사건의 쟁점과 증거를 정리하는 절차를 말한다. 국민참여재판에 있어서는 공판전 준비절차가 필수적이나 일반사건에 있어서는 법원이 필요하다고 인정하는 경우에 거칠 수 있을 뿐이다.

(4) 피고인의 출석

피고인이 공판기일에 출석하지 아니한 때에는 특별한 규정이 없으면 개정하지 못한다. 다만 피고인이 법인인 때에는 법인이 소송행위를 할 수 없으므로 대표자가 출석하면 족하다. 이 경우에 대표자가 반드시 출석할 것을 요구하지 않고 대리인을 출석하게 할 수 있다(형사소송법 제276조).

(5) 공판기일의 절차

(가) 모두절차

1) 진술거부권의 고지(형사소송법 제283조의2)

모두절차는 진술거부권의 고지에서 시작한다. 재판장은 인정신문을 하기 전에 피고인에게 진술을 하지 아니하거나 개개의 질문에 대하여 진술을 거부할 수 있음을 알려주어야 한다.

2) 인정신문(형사소송법 제284조)

재판장은 피고인의 성명, 연령, 등록기준지, 주거와 직업을 물어서 피고인임에 틀림없음을 확인하여야 하는데 이를 인정신문이라고 한다.

3) 검사의 모두진술(형사소송법 제285조)

검사는 공소장에 의하여 공소사실, 죄명 및 적용법조를 낭독하여야 한다. 이를 검사의 모두진술이라고 하는데 사건 심리에 들어가기 전에 사건 개요와 입증의 방침을 명백히 하기 위한 절차이다.

4) 피고인의 모두진술(형사소송법 제286조)

피고인은 검사의 모두진술이 끝난 뒤에 공소사실의 인정여부를 진술하여야 한다. 공소사실의 인정 여부를 진술한 후, 피고인과 변호인은 공소에 관한 의견 그 밖에 이익이 되는 사실 등을 진술할 수 있다.

5) 재판장의 쟁점정리(형사소송법 제287조)

피고인의 모두 진술 후 재판장은 피고인 또는 변호인에게 쟁점의 정리를 위하여 필요한 질문을 할 수 있고, 증거조사에 앞서 검사 및 변호인으로

하여금 공소사실 등의 증명과 관련된 주장 및 입증계획 등을 진술하게
할 수 있다.

(나) 사실심리절차

1) 증거조사(형사소송법 제290조, 제291조, 제291조의2)

증거조사란 법원이 피고사건의 사실인정과 형의 양정에 관한 심증을
얻기 위하여 인증, 서증, 물증 등 각종의 증거방법을 조사하여 그 내용을
감지하는 소송행위를 말한다. 증거조사에는 당사자의 신청에 의한 증거조
사와 직권에 의한 증거조사가 있는데, 당사자주의가 강화된 형사소송법에
있어서는 전자가 원칙으로 되어 있다. 증거조사의 방법은 증거방법의 성질
에 따라 차이가 있다. 증인의 조사방법은 신문이고, 증거서류의 조사방법은
내용의 낭독 또는 고지이며, 증거물의 조사는 제시에 의한다. 재판장은
피고인에게 각 증거조사의 결과에 대한 의견을 묻고 권리를 보함에 필요한
증거조사를 신청할 수 있음을 고지하여야 한다.

2) 피고인 신문(형사소송법 제296조의2)

피고인 신문이란 피고인에 대하여 공소사실과 그 정상에 관한 필요한
사항을 신문하는 절차이다. 검사 또는 변호인은 증거조사 종료 후 순차로
피고인에게 공소사실 및 정상에 관한 사항을 신문할 수 있는데, 재판장은
필요하다고 인정하는 때에는 증거조사가 완료되기 전이라도 이를 허가할
수 있다. 재판장은 필요하다고 인정하는 때에는 피고인을 직접 신문할 수도
있다.

3) 최종변론(형사소송법 제302조, 제303조)

증거조사가 끝나면 당사자의 의견진술이 행하여진다. 다만 재판장은
필요하다고 인정하는 경우 검사, 피고인 또는 변호인의 본질적인 권리를
해치지 아니하는 범위 내에서 의견진술의 시간을 제한할 수 있다. 피고인의

최종진술을 끝으로 변론을 종결하면 판결만을 기다리는 상태에 있게 된다. 그러나 법원은 필요하다고 인정한 때에는 직권 또는 검사, 피고인이나 변호인의 신청에 의하여 결정으로 종결한 변론을 재개할 수 있다.

(6) 판결의 선고(형사소송법 제318조의4)

공판절차의 최종단계는 판결선고절차이다. 판결의 선고는 변론을 종결한 기일에 하여야 한다. 다만, 특별한 사정이 있는 경우에는 따로 선고기일을 정할 수 있는데, 이 경우 변론종결 후 14일 이내로 지정되어야 한다. 판결선고에 의해 당해 심급의 공판절차는 종결되고, 상소기간이 진행된다.

다. 재 판

(1) 재판의 의의

재판이란 협의로는 피고사건의 실체에 대한 법원의 공권적 판단, 즉 유죄와 무죄에 대한 실체적 종국재판을 의미한다. 그러나 소송법적 의미에 있어서 재판이란 널리 법원 또는 법관의 법률행위적 소송행위를 총칭하는 것이다.

(2) 재판의 종류

(가) 종국재판과 종국전의 재판

재판의 기능에 의한 분류로서 종국재판이란 소송을 그 심급에서 종결시키는 재판을 말하며, 유죄, 무죄의 재판과 관할위반, 공소기각, 면소의 재판이 여기에 해당한다. 상소심에서 파기자판, 상소기각의 재판과 파기환송과 파기이송의 판결도 종국재판에 속하는데, 종국재판을 한 당해 법원은 이를 취소 또는 변경할 수 없다.

종국전의 재판이란 종국재판에 이르기까지의 절차에 관한 재판을 종국전의 재판 또는 중간재판이라고 한다. 종국재판 이외의 결정과 명령이 여기에 해당하는데 그 재판을 한 당해 법원이 이를 취소 또는 변경할 수 있다.

(나) 판결 · 결정 · 명령

재판의 형식에 의한 분류로서 판결은 종국재판의 원칙적 형식이며 가장 중요한 재판의 형식이다. 판결에는 실체재판인 유죄, 무죄의 판결과 형식재판인 관할위반, 공소기각 및 면소의 판결이 있다. 판결에 대한 상소 방법은 항소 또는 상고이다.

결정은 종국전의 재판의 원칙적 형식이며, 절차에 관한 재판은 원칙적으로 결정에 의한다. 보석허가 결정(형사소송법 제95조), 증거신청에 대한 결정(제295조), 공소장 변경의 허가(제298조)가 여기에 속한다. 결정에 대한 상소는 항고에 의한다.

명령은 법원이 아니라 재판장으로서 법관이 하는 재판을 말한다. 명령은 모두 종국전의 재판이다. 명령에 대한 일반적인 상소 방법은 없고 특수한 경우에 이의신청(예컨대, 형사소송법 제304조) 또는 준항고(제416조)가 허용된다.

(다) 실체재판과 형식재판

재판의 내용에 의한 분류로서, 실체재판이란 사건의 실체, 즉 실체적 법률관계를 판단하는 재판을 말한다. 본안재판이라고도 한다. 유죄판결과 무죄판결이 여기에 해당한다. 실체재판은 모두 종국재판이며 판결의 형식에 의한다.

형식재판이란 사건의 실체에 관하여 심리하지 않고 절차적, 형식적 법률관계를 판단하는 재판을 말한다. 종국전의 재판은 모두 형식재판이며 종국재판 가운데 관할위반, 공소기각 및 면소의 재판은 형식재판에 해당한다.

(3) 종국판결

(가) 유죄의 판결(형사소송법 제322조)

피고사건에 대하여 범죄의 증명이 있는 때에 선고하는 실체재판을 유죄판결이라 하며, 여기에는 형의 선고의 판결과 형의 면제와 선고유예의 판결이 포함된다. 유죄판결에는 판결이유에 범죄될 사실, 증거의 요지와 법령을 명시하여야 한다. 법률상 범죄의 성립을 조각하는 이유 또는 형의 가중, 감면의 이유되는 사실의 진술이 있을 때에는 이에 대한 판단을 명시하여야 한다.

(나) 무죄의 판결(형사소송법 제325조)

무죄판결이란 피고사건에 대하여 형벌권의 부존재를 확인하는 판결을 말한다. 피고사건이 범죄로 되지 않거나 범죄사실의 증명이 없는 때에 판결로써 무죄의 선고를 하여야 한다.

(다) 관할위반 판결(형사소송법 제319조)과 공소기각의 재판(제327조, 제328조)

관할위반의 판결이란 피고사건이 법원의 관할에 속하지 아니한 때에 내려지는 판결이다. 다만 피고인의 신청이 없으면 토지관할에 관하여 관할위반의 선고를 하지 못한다. 토지관할은 주로 피고인의 편의를 위하여 인정된 것이기 때문이다.

공소기각의 재판은 피고사건에 대하여 관할권 이외의 형식적 소송조건이 결여된 경우에 절차상 하자를 이유로 공소를 부적법하다고 인정하여 사건의 실체에 대한 심리를 하지 않고 소송을 종결시키는 형식재판으로서 공소기각 결정과 공소기각 판결이 있다.

공소기각 결정의 사유는 절차상의 하자가 중대하고 명백한 경우로서 1) 공소가 취소되었을 때, 2) 피고인이 사망하거나 피고인인 법인이 존속하지 아니하게 되었을 때, 3) 관할의 경합으로 인하여 재판을 할 수 없는 때, 4) 공소장에 기재된 사실이 진실하다고 하더라도 범죄가 될 만한 사실이 포함되지 아니한 때이다.

공소기각 판결을 하여야 할 경우는 1) 피고인에 대하여 재판권이 없는 때, 2) 공소제기의 절차가 법률의 규정에 위반하여 무효인 때, 3) 공소가 제기된 사건에 대하여 다시 공소가 제기되었을 때, 4) 공소취소 후 다른 중요한 증거를 발견하지 않았음에도 불구하고 공소가 제기되었을 때, 5) 친고죄에 대하여 고소의 취소가 있는 때, 6) 반의사불벌죄에 대하여 처벌을 희망하지 아니하는 의사표시가 있거나 처벌을 희망하는 의사표시가 철회되었을 때이다.

(라) 면소의 판결(형사소송법 제326조)

면소판결은 확정판결이 있는 때, 사면이 있는 때, 공소시효가 완성되었을 때, 범죄후의 법령개폐로 형이 폐지되었을 때 선고하여야 하는 판결이다. 그의 본질에 대해서는 실체재판설, 이분설, 실체관계적 형식재판설, 형식재판설 등으로 견해가 갈린다.

라. 공정거래위원회 조사자료의 증거능력

공정거래법위반 사건에 대한 형사절차에서 검사가 제출하는 증거의 상당부분은 공정거래위원회가 행정처분을 위하여 진행한 조사절차에서 수집한 자료이며, 많은 경우에 있어서 검찰이 공정거래위원회에 대한 압수·수색을 통하여 수사를 위한 자료를 획득하고 있는 실정이다. 따라서 현실적으로 공정거래법상 조사를 통하여 수집한 자료를 형사소송절차에서 어떻게 취급하여 증거능력을 인정할 수 있을 지가 문제된다.

(1) 물 증[67]

공정거래위원회가 조사과정에서 획득한 물건, 물증의 경우에는 그 취득 과정이 적법하게 이루어졌는가에 따라 증거능력여부가 결정될 것이다. 공정거래위원회 조사의 법적 성격은 임의조사이고 그렇기 때문에 영장주의의 적용을 받지 않는 것이다. 따라서 그 취득과정의 적법성을 결정할 가장 중요한 기준은 물증의 보관자가 임의로 당해 물증을 공정거래위원회에게 제출하였는지 여부이다.

공정거래위원회 조사행위는 비록 임의조사라고 하더라고 권력적 행정조사에 해당하고 실체법적 한계로서 목적부합의 원칙, 비례의 원칙, 평등의 원칙 등을 준수하여야 하며, 절차법적 한계로서 적법절차의 원칙하에 공정거래법과 행정절차법에 규정되어 있는 절차적 한계를 일반적으로 준수하여야 한다.

하지만 위에서 살핀 바와 같이[68] 실무상 이루어지고 있는 공정거래위원회의 개별구체적인 조사행위 가운데에는 과연 허용되는 행위인지 여부 또는 어느 범위에서 허용되는지 여부가 명확하지 않은 경우가 많다. 현장조사와 관련하여 공정거래위원회 조사공무원이 조사대상자의 의사에 반하여 현장에 출입할 수 있는지, 현장조사 장소는 필요에 따라 임의로 변경할 수 있는지, 어느 범위에서 조사현장의 자료나 물건을 조사할 수 있는지, 자료나 물건의 확인방법과 관련하여 자료나 물건을 특정하지 아니하고 포

---

67) 물증이란 물적증거라고도 하며, 물건의 존재 또는 상태가 증거로 되는 것을 말한다. 반면 후술하는 증거서류는 증거의 의미내용이 증거로 되는 것을 말한다. 통상 서증이라고 할 때 증거서류와 증거물인 서면을 말하는데, 증거물인 서면은 의미 내용이 증거가 되는 것이 아니라 그 존재 또는 상태 증거로 되는 것으로 물증에 속한다.
68) 1. 공정거래위원회 조사, 라. 공정거래위원회 조사권한

괄적인 조사나 확인이 가능한지, 조사대상자는 진술거부권을 가지는지 등
에 대해 논란의 여지가 있고 이에 관한 견해도 대립할 수 있다. 그런데
위와 같은 문제들의 경우 과징금 또는 시정조치 등 행정처분의 취소를
구하는 행정소송이나, 손해배상을 구하는 민사소송에서는 증거능력이 문
제되지 않기 때문에 크게 중요하지 않을 수 있지만 엄격한 요건하에 증거능
력이 인정되는 형사소송에서는 결정적으로 중요할 수 있다. 왜냐하면 위와
같은 상황과 관련하여 비록 외관상 조사대상자의 동의를 얻은 것처럼 보인
다고 하더라도 실질에 있어서 임의적 동의 없이 조사가 이루어진 것으로
인정될 경우에는 대법원 2007. 11. 15. 선고 2007도3061 전원합의체 판결
의 취지를 고려할 때 영장주의의 원칙상 그 조사과정에서 취득한 자료들의
증거능력이 부정되어 형사소추를 위한 증거가 될 수 없게 될 가능성이
높기 때문이다.[69]

　　물론 비록 중복적이고 비효율적인 면은 있지만 수사기관에서 다시 영
장을 집행하여 원 보관자료로부터 직접 동일한 자료를 확보하면 되지 않느
냐고 할 수 있지만, 실제에 있어 공정거래위원회의 조사가 장기간에 걸쳐
이루어진 경우가 많기 때문에, 수사 단계에서는 원자료가 소실되어 있는
경우가 다수 발생할 수 있다. 그럴 경우 형사절차를 위한 증거확보가 어렵
게 되거나 불가능하게 될 수 있다.

　　공정거래위원회 조사의 법적 성격은 임의조사이지만 권력적 행정조사
로서의 실질을 갖는다는 점에서 '임의성' 문제는 간단한 문제가 아니다.
공정거래위원회 조사에 대하여 이를 거부, 방해한 경우에는 형사처벌까지
되도록 되어 있는 현행제도에서 과연 '임의성'이라는 것이 무엇을 의미하
는지 그리고 '임의성'을 보장할 방법은 어떤 것이 있는지에 대해 진지하게

---

69) 종래 대법원 판례는 진술조서가 아닌 물증의 경우에는 증거능력인정에 비교적 관대
　　한 입장을 취하여 왔으나, 위 사건 판결을 계기로 물증에 대해서도 증거능력인정에
　　엄격한 입장을 취하고 있다.

고민해야 한다고 생각한다.

> ♂ 대법원 2007. 11. 15. 선고 2007도3061 전원합의체 판결
>
> (가) 기본적 인권 보장을 위하여 압수·수색에 관한 적법절차와 영장주의의 근간을 선언한 헌법과 이를 이어받아 실체적 진실 규명과 개인의 권리보호 이념을 조화롭게 실현할 수 있도록 압수·수색절차에 관한 구체적 기준을 마련하고 있는 형사소송법의 규범력은 확고히 유지되어야 한다. 그러므로 헌법과 형사소송법이 정한 절차에 따르지 아니하고 수집한 증거는 기본적 인권 보장을 위해 마련된 적법한 절차에 따르지 않은 것으로서 원칙적으로 유죄 인정의 증거로 삼을 수 없다. 수사기관의 위법한 압수·수색을 억제하고 재발을 방지하는 가장 효과적이고 확실한 대응책은 이를 통하여 수집한 증거는 물론 이를 기초로 하여 획득한 2차적 증거를 유죄 인정의 증거로 삼을 수 없도록 하는 것이다.
>
> (나) 다만, 법이 정한 절차에 따르지 아니하고 수집한 압수물의 증거능력 인정 여부를 최종적으로 판단함에 있어서는, 실체적 진실 규명을 통한 정당한 형벌권의 실현도 헌법과 형사소송법이 형사소송 절차를 통하여 달성하려는 중요한 목표이자 이념이므로, 형식적으로 보아 정해진 절차에 따르지 아니하고 수집한 증거라는 이유만을 내세워 획일적으로 그 증거의 증거능력을 부정하는 것 역시 헌법과 형사소송법이 형사소송에 관한 절차 조항을 마련한 취지에 맞는다고 볼 수 없다. 따라서 수사기관의 증거 수집 과정에서 이루어진 절차 위반행위와 관련된 모든 사정 즉, 절차 조항의 취지와 그 위반의 내용 및 정도, 구체적인 위반 경위와 회피가능성, 절차 조항이 보호하고자 하는 권리 또는 법익의 성질과 침해 정도 및 피고인과의 관련성, 절차 위반행위와 증거수집 사이의 인과관계 등 관련성의 정도, 수사기관의 인식과 의도 등을 전체적·종합적으로 살펴볼 때, 수사기관의 절차 위반행위가 적법절차의 실질적인 내용을 침해하는 경우에 해당하지 아니하고, 오히려 그 증거의 증거능력을 배제하는 것이 헌법과 형사소송법이 형사소송에 관한 절차 조항을 마련하여 적법절차의 원칙과 실체적 진실 규명의 조화를 도모하고 이를 통하여 형사

사법 정의를 실현하려 한 취지에 반하는 결과를 초래하는 것으로 평가되는 예외적인 경우라면, 법원은 그 증거를 유죄 인정의 증거로 사용할 수 있다고 보아야 한다. 이는 적법한 절차에 따르지 아니하고 수집한 증거를 기초로 하여 획득한 2차적 증거의 경우에도 마찬가지여서, 절차에 따르지 아니한 증거 수집과 2차적 증거 수집 사이 인과관계의 희석 또는 단절 여부를 중심으로 2차적 증거 수집과 관련된 모든 사정을 전체적·종합적으로 고려하여 예외적인 경우에는 유죄 인정의 증거로 사용할 수 있다.

(2) 증거서류

공정거래위원회의 조사과정에서 작성되는 증거서류로서는 진술조서와 진술서가 있다. 그런데 공정거래위원회 조사과정에서 작성된 진술조서나 진술서는 형사소송법적 관점에서 보면 모두 형사소송법 제313조의 '피고인 또는 피고인 아닌 자가 작성한 진술서'에 해당된다.[70] 따라서 그 작성자의 자필이거나 서명 또는 날인이 있는 것은 공판준비나 공판기일에서의 그 작성자의 진술에 의하여 성립의 진정함이 증명된 때에 증거로 할 수 있다. 단, 피고인의 진술을 기재한 서류는 그 진술이 특히 신빙할 수 있는 상태 하에서 행하여진 때에 한하여 피고인의 공판준비 또는 공판기일에서의 진술에도 불구하고 증거로 할 수 있다. 여기서 특히 신빙할 수 있는 상태란 영미법의 신용성의 정황적 보장과 같은 의미로서, 진술내용이나 조서의 작성에 허위개입의 여지가 없고, 진술내용의 신빙성이나 임의성을 담보할 구체적이고 외부적인 정황이 있는 것을 말한다. 어떤 진술이 특히

---

70) 진술조서는 조사자의 질문에 조사대상자가 답변하는 형식으로 작성되고 그 작성주체도 조사자가 되는 서면임에 반하여 진술서는 조사자의 관여 없이 작성자가 주체가 되어 작성되는 서면이다. 형사소송법은 조사자를 수사기관, 즉 검사와 사법경찰관만을 상정하고 있기 때문에 아무리 공정거래위원회 조사관이 작성한 진술조서라고 하더라도 형사소송법상으로는 진술서에 해당한다.

신빙할 수 있는 상태하에서 행하여진 것인가는 구체적 사안에 따라 판단하여야 하고, 판단자료로 진술의 내용을 참작하는 것은 당연히 허용된다고 할 것이다.

　이와 같이 공정거래위원회 조사 이후 피고인이 된 자에 대한 공정거래위원회 조사관의 진술조서나 피고인이 된 자의 공정거래위원회 조사단계에서 진술서에 대해서는 그 진술이 특히 신빙할 수 있는 상태에서 행하여질 것이 요구된다. 그런데 과연 행정절차인 공정거래위원회 조사과정에서 이루어진 진술이 특히 신빙할 수 있는 상태에서 행하여진 것이라고 인정될 수 있을지에 대해서는 논란의 여지가 있다고 생각한다. 왜냐하면 행정처분을 목적으로 행해지는 조사에 있어서는 최종적으로 제재를 받는 대상이 직원이나 임원이 아닌 사업자이기 때문에 경우에 따라서는 여러 가지 사정을 고려하여 비록 진실이 아닌 사실관계를 기초로 이루어진 행정처분이라도 이를 감내하고 조사를 신속히 마무리 짓는 것이 사업자에게 실질적으로 이익이 된다고 판단하여 진실이 아닌 내용을 진술할 가능성이 충분히 있는 상황에서 개인적 형사처벌의 가능성과 진술거부권도 고지되지 않기 때문이다. 아마도 실무상 공판과정에서 피고인 측이 공정거래위원회에서 작성된 진술조서의 증거능력에 동의하지 않는 경우, 법원이 검찰에서 작성된 피의자신문조서 및 진술조서만 증거로 채택하려는 경향이 있는 것도 이와 관련성이 있다고 본다.

　따라서, 공정거래위원회 조사 이후 피고인이 된 자에 대한 공정거래위원회 조사관의 진술조서나 피고인이 된 자의 공정거래위원회 조사단계에서 진술서에 기재된 진술이 특히 신빙할 수 있는 상태에서 작성된 것이냐는 논란의 여지를 없애기 위해서는 조사대상자에게 형사처벌의 가능성과 진술거부권이 명확히 고지될 필요가 있다. 종국적으로는 형사처벌의 가능성과 진술거부권 고지에 관한 입법화가 가장 바람직하다고 하겠지만, 현재 상태에서도 진술조서나 진술서에 형사처벌의 가능성과 진술거부권이 고지

된 사실이 표시된다면 진술이 특히 신빙할 수 있는 상태에서 작성된 것이냐
는 논란을 상당 정도 막을 수 있을 것이다.

다만, 공정거래위원회가 행하는 모든 조사에 있어 형사처벌의 가능성
과 진술거부권을 고지한다는 것은 비현실적이다. 이에 관한 기준 설정이
필요하다고 생각되는데, 그 기준으로는 첫째, 진술을 요구하는 절차나 진술
의 내용이 일반적으로 형사책임을 묻기 위한 목적으로 진행되고 있는 것인
지, 둘째 형사책임을 묻기 위한 목적임이 명백하지 않다고 하더라도 관계
법령에 비추어 보면 객관적으로 형사책임을 부담할 가능성이 높다고 볼
수 있는지, 셋째 진술을 요구받는 조사대상자가 형사책임을 부담하는 주체
임이 비교적 명확하게 드러난 상태인지 등을 고려해 볼 수 있을 것이다.[71]

진술서의 작성자가 사망, 질병, 외국거주, 소재불명 그밖에 이에 준하
는 사유로 인하여 진술할 수 없는 때에는 그 작성이 특히 신빙할 수 있는
상태 하에서 행하여졌음이 증명된 때에 한하여 증거로 할 수 있다.

(3) "특히 신용할 만한 정황에 의하여 작성된 문서"에 해당 여부

공정거래위원회가 조사한 기록이 형사소송법 제315 제3호에 의한 '기
타 특히 신용할 만한 정황에 의하여 작성된 문서'에 해당하는 공공문서로서
당연히 증거능력이 있는 서류에 해당한다고 할 수 있을 것인가? 그러나,
1) 당연히 증거능력이 있는 서류로서의 '공공문서'는 그 주체가 정부나
공공기관인지 여부에 따라 결정되는 것이 아니고, 작성상황이나 문서의
내용 자체로 고도의 신용성이 보장되는지, 이에 따라 위 제313조와 같은
증인신문절차가 불필요하거나 실익이 없다고 판단되는지 여부에 따라 결
정되는 것이고, 2) 공정거래위원회의 조사기록에 포함된 각종 서류들은
공정거래법 위반사실을 확인하는 행정절차 내지 실질적 형사절차에서 작

---

71) 강수진, 전게논문, 26면

성된 것으로서, 수사절차에 작성된 서류들과 동일한 정도의 신용성 이상의 고도의 신용성을 인정해 주는 것은 부당하며, 3) 실무상 공정거래법상 조사가 이루어진 경우 이에 대한 체계적인 기록화 작업이 이루어지지 않고 있는데, 이에 대해서 공공문서로서의 강력한 증거능력을 부여하는 것은 타당하지 않다는 점 등을 종합하여 보면, 당연히 증거능력 있는 서류에 해당된다고 볼 수는 없을 것이다.[72]

---

72) 강수진, 전게논문, 31~32면

III 공정거래범죄 일반론

1. 시장지배적지위의 남용금지

가. 입법주의

독과점을 규율하는 입법주의에는 크게 원인금지주의와 폐해규제주의가 있다. 전자는 독과점의 형성 자체를 금지하는 것이고, 후자는 독과점의 형성 자체는 금지하지 않고 그 남용행위만을 금지하는 것이다. 공정거래법은 시장지배적지위의 형성 그 자체는 문제삼지 않고 그 남용행위만을 금지한다는 점에서 폐해규제주의에 속한다(공정거래법 제3조의2·제5조·제6조). 그러나, 시장지배적지위 남용행위에 관한 규정만을 보면 폐해규제주의라고 할 수 있지만, 기업결합에 관한 규정(제7조 제1호·제3호)까지 함께 본다면 완전한 의미에서의 폐해규제주의라고 할 수는 없다. 왜냐하면, 기업결합은 대부분의 경우 시장에서 독과점을 초래하게 되므로, 경쟁제한적 기업결합을 금지하는 것은 시장의 독과점화를 방지하는 것이 되기 때문이다. 그리고 공정거래법이 공정거래위원회로 하여금 독과점적 시장구조가 장기간 유지되고 있는 상품이나 용역의 공급이나 수요시장에 대하여 경쟁을 촉진하기 위한 시책을 수립·실시하도록 의무를 부여하고 있는 것도(공정거래법 제3조), 우리 법의 입법주의를 완전한 의미에서의 폐해규제주의라고 볼 수

없는 논거가 된다.[73]

나. 의 의

공정거래법은 시장지배적 사업자가 시장지배적지위를 남용하는 행위를 금지하고 있다. 시장지배적 사업자라 함은 일정한 거래분야의 공급자나 수요자로서 단독으로 또는 다른 사업자와 함께 상품이나 용역의 가격·수량·품질 및 기타의 거래조건을 결정·유지 또는 변경할 수 있는 시장지위를 가진 사업자를 말하며, 남용행위의 유형은 부당한 가격결정, 부당한 출고조절, 부당한 사업활동방해, 부당한 시장진입 제한, 부당한 경쟁사업자 배제, 부당한 소비자 이익 저해행위 등으로 구분된다.

다. 남용행위의 성립요건

(1) 주체 — 시장지배적 사업자

시장지배적지위의 남용금지의 주체는 시장지배적 사업자이다. 시장지배적 사업자는 일정한 거래분야의 공급자나 수요자로서 단독으로 또는 다른 사업자와 함께 상품이나 용역의 가격·수량·품질 기타의 거래조건을 결정·유지·변경할 수 있는 시장지위를 가진 사업자를 말한다(공정거래법 제2조 제7호).

사업자는 다른 사업자와 더불어 시장지배적지위를 가질 수도 있는바, 복수의 회사가 공동사업을 영위하고 있는 경우에 이들을 하나의 사업자로 볼 수 있는지가 문제될 수 있다. 이에 관하여 대법원은 별도의 독립된 사업자들이 각기 자기의 책임과 계산 하에 독립적으로 사업을 하고 있을 뿐

73] 박상용·엄기섭, 경제법원론(개정판), 박영사(2006), 66면

손익분배 등을 함께 하고 있지 않다면 그 사업자들을 통틀어 하나의 사업자에 해당한다고 할 수 없다고 판시하였다.[74]

공정거래법은 시장지배적 사업자를 판단함에 있어서 시장점유율, 진입장벽의 존재 및 정도, 경쟁사업자의 상대적 규모 등을 종합적으로 고려하여야 한다고 규정하고 있다(공정거래법 제2조 제7호). 그에 따라, 시장지배적 사업자에 해당하는지 여부를 판단하기 위해서는 우선 경쟁관계가 문제될 수 있는 일정한 거래분야(상품시장, 지역시장 등)가 구체적으로 정하여져야 하고, 이어서 그 시장에서 지배가능성이 인정되어야 한다.[75] 시장지배적 사업자인지 여부를 판단하기 위한 주요 쟁점은 아래와 같다.

(가) 일정한 거래분야

'일정한 거래분야'라 함은 거래의 객체별·단계별·지역별로 경쟁관계에 있거나 경쟁관계가 성립될 수 있는 분야를 말한다(공정거래법 제2조 제8호). '일정한 거래분야'는 다른 말로 '관련시장'이라고도 한다. 관련시장의 획정은 공정거래법상 시장지배적 사업자 여부의 판단과 관련해서만 문제되는 것은 아니고, 기업결합 또는 공동행위의 경쟁제한성을 판단하기 위한 전제로서도 필요한 작업이다.[76] 대법원[77]이 제시하는 관련시장의 획정 기준은 아래와 같다.

---

74) 대법원 2005. 12. 9. 선고 2003두6283 판결
75) 대법원 2007. 11. 22. 선고 2002두8626 전원합의체 판결, 2008. 12. 11. 선고 2007두25183 판결
76) 기업결합 심사기준, 시장지배적지위 남용행위 심사기준, 공동행위심사기준 중 기업결합 심사기준이 가장 먼저 제정되었는데 사실상 미국의 수평적 기업결합지침의 예에 따라 관련시장의 획정방법을 규정하였고, 시장지배적지위 남용행위 심사기준도 사실상 동일한 내용을 규정하고 있다(이호영, 전게서, 98면). 따라서 시장획정 방법론에 대한 상세한 검토는 본서의 "기업결합"에서 하도록 하고 "시장지배적지위의 남용금지"에서는 관련시장의 획정과 관련된 대표적인 판례를 검토하도록 하겠다.
77) 대법원 2007. 11. 22. 선고 2002두8626 전원합의체 판결

1) 상품시장

일반적으로 시장지배적 사업자가 시장지배력을 행사하는 것을 억제하여 줄 경쟁관계에 있는 상품들의 범위를 말하는 것으로서, 구체적으로는 거래되는 상품의 가격이 상당기간 어느 정도 의미 있는 수준으로 인상 또는 인하될 경우 그 상품의 대표적 구매자 또는 판매자가 이에 대응하여 구매 또는 판매를 전환할 수 있는 상품의 집합을 의미하고, 그 시장의 범위는 거래에 관련된 상품의 가격, 기능 및 효용의 유사성, 구매자들의 대체가능성에 대한 인식 및 그와 관련한 구매행태는 물론 판매자들의 대체가능성에 대한 인식 및 그와 관련한 경영의사결정 형태, 사회적·경제적으로 인정되는 업종의 동질성 및 유사성 등을 종합적으로 고려하여 판단하여야 하며, 그 외에도 기술발전의 속도, 그 상품의 생산을 위하여 필요한 다른 상품 및 그 상품을 기초로 생산되는 다른 상품에 관한 시장의 상황, 시간적·경제적·법적 측면에서의 대체의 용이성 등도 함께 고려하여야 한다.

2) 지역시장

일반적으로 서로 경쟁관계에 있는 사업자들이 위치한 지리적 범위를 말하는 것으로서, 구체적으로는 다른 모든 지역에서의 가격은 일정하나 특정 지역에서만 상당기간 어느 정도 의미 있는 가격인상 또는 가격인하가 이루어질 경우 당해 지역의 대표적 구매자 또는 판매자가 이에 대응하여 구매 또는 판매를 전환할 수 있는 지역 전체를 의미하고, 그 시장의 범위는 거래에 관련된 상품의 가격과 특성 및 판매자의 생산량, 사업능력, 운송비용, 구매자의 구매지역 전환가능성에 대한 인식 및 그와 관련한 구매자들의 구매지역 전환행태, 판매자의 구매지역 전환가능성에 대한 인식 및 그와 관련한 경영의사 결정 행태, 시간적·경제적·법적 측면에서의 구매지역 전환의 용이성 등을 종합적으로 고려하여 판단하여야 하며, 그 외에 기술발전의 속도, 관련 상품의 생산을 위하여 필요한 다른 상품 및 관련 상품을 기초로 생산되는 다른 상품에 관한 시장의 상황 등도 함께 고려하여야 한다.

(나) 관련시장에서의 지배가능성

시장점유율은 관련시장에서의 지배가능성을 인정하는 중요한 요소가 되기는 하지만, 시장지배적 사업자 여부를 판단함에 있어서는 시장점유율 외에 진입장벽의 존재 및 정도, 경쟁사업자의 상대적 규모 등을 종합적으로 고려하게 된다(공정거래법 제2조 제7호). 왜냐하면, 시장점유율이 높다고 하여 언제나 지배가능성이 인정되는 것은 아니기 때문이다.

한편 지배가능성 판단 시 대법원은 관련상품의 수입 가능성도 고려하여 사업자의 시장지배 가능성을 판단하여야 한다고 판시하였다.[78]

(다) 시장지배력의 전이가능성

경쟁제한의 효과가 문제되는 관련시장은 시장지배적 사업자 또는 경쟁사업자가 속한 시장뿐만 아니라 그 시장의 상품생산을 위하여 필요한 원재료나 부품 및 반제품 등을 공급하는 시장 또는 그 시장에서 생산된 상품을 공급받아 새로운 상품을 생산하는 시장도 포함될 수 있다. 이 경우 시장지배적지위의 형성이 이루어지는 시장과 경쟁제한이 나타나는 시장이 다른 경우가 발생하는데, 시장지배적지위를 전이하였는지 여부는 양 시장의 거래내용, 특성, 시장지배적지위 남용행위의 규제목적, 내용 및 범위 등을 비롯한 여러 사정을 종합적으로 고려하여야 판단한다.[79]

(라) 시장지배적 사업자의 추정 및 형사절차에서의 적용 여부

공정거래법 제4조는 사업자의 시장점유율이 일정 비율을 넘는 경우,

---

78) 대법원 2007. 11. 22. 선고 2002두8626 전원합의체 판결
79) 서울고등법원 2007. 11. 8. 선고 2007누10541 판결(원심), 대법원 2008. 12. 11. 선고 2007두25183 판결(상고심), 서울고등법원 2009. 7. 22. 선고 2008누37543 판결 (환송심, 확정)

즉 1 사업자의 시장점유율이 50/100 이상이거나, 3 이하 사업자의 시장점유율의 합계가 75/100 이상인 경우(단 시장점유율이 10/100 미만인 사업자는 제외) 시장지배적 사업자로 추정하고 있다. 이 때 연간 매출액 또는 구매액이 40억원 미만인 사업자는 동조의 추정 대상에서 제외한다.

그러나, 형사재판에 있어서는 입증책임은 검사에게 있고, 헌법상 무죄추정의 원칙이 적용되므로 위 추정규정을 적용하여 입증책임을 전환시키는 것은 문제가 있다. 같은 취지에서 대법원은 공정거래위원회가 구 공정거래법 제19조 제5항의 합의 추정 조항을 적용하여 부당한 공동행위를 행하였다고 인정한 건설사 및 그 임직원들에 대한 형사소송에서, 부당한 공동행위의 '합의'의 입증 정도는 법관으로 하여금 합리적 의심을 할 여지가 없을 정도로 엄격한 증명을 요한다고 할 것이므로 이 사건 공소사실에 대하여 범죄의 증명이 없다는 이유로 피고인들에게 무죄를 선고한 하급심의 판결은 정당하다고 판시함으로써 적어도 형사절차에 있어서 법 제19조 제5항의 합의의 추정 조항이 존재하더라도 입증책임에 아무런 영향을 미치지 않음을 분명히 하였다(대법원 2008. 5. 29. 선고 2006도6625 판결).

(마) 계열회사
시장지배적 사업자의 정의 규정(제2조 제7호), 시장지배적 사업자의 추정 규정(제4조)을 적용함에 있어서 당해사업자와 그 계열회사는 이를 하나의 사업자로 본다(시행령 제4조 제3항).

(2) 행위 – 남용행위

(가) 남용행위의 유형 및 기준
남용행위의 유형으로, 공정거래법 제3조의2 제1항은 부당한 가격결정, 부당한 출고조절, 부당한 사업활동 방해, 부당한 시장진입 제한, 부당한 경쟁사업자 배제, 부당한 소비자 이익 저해행위를 규정하고 있고, 구체적인 남용행위의 유형 및 기준은 시행령 제5조 및 '시장지배적지위 남용행위 심사기준'[2012. 8. 21. 공정거래위원회 고시 제2012-52호]으로 정하고 있다.

(나) 구체적 유형

1) 부당한 가격결정

시장지배적 사업자는 상품의 가격이나 용역의 대가를 부당하게 결정, 유지 또는 변경하는 행위를 하여서는 아니 된다(제1호).

'가격의 부당한 결정·유지·변경행위'는 정당한 이유 없이 상품의 가격이나 용역의 대가를 수급의 변동이나 공급에 필요한 비용(동종 또는 유사업종의 통상적인 수준의 것에 한한다)의 변동에 비하여 현저하게 상승시키거나 근소하게 하락시키는 경우를 말한다(공정거래법 시행령 제5조 제1항).

가격정책의 부당성의 판단기준으로 시행령은 수급의 변동이나 공급비용의 변동을 규정하고 있다. 이 때 수급의 변동은 당해 품목의 가격에 영향을 미칠 수 있는 수급요인의 변동을 말한다. 그리고 공급에 필요한 비용의 변동은 가격 결정과 상관관계가 있는 재료비, 노무비, 제조경비, 판매비와 일반관리비, 영업외비용 등의 변동을 말한다(시장지배적지위 남용행위 심사기준 IV 1.).

가격책정의 부당성을 판단하기가 어렵기 때문에 그간 공정거래위원회가 부당한 가격결정을 이유로 규제한 사례는 불과 몇 건에 지나지 않는다. 부당한 가격결정을 금지한 최초의 사례로는 해태제과(주) 등 제과업체 3사가 제품의 가격은 그대로 둔 채 제품의 용량을 감소시켜서 가격을 인상한 것과 동일한 결과를 초래한 행위에 대하여 비스켓류 시장에서의 시장지배적지위를 남용하여 가격을 인상한 행위로 보아 규제한 예가 있고,[80] 현대자동차가 기아자동차의 주식 인수로 시장지배력을 강화한 후, 다른 사업자와 경쟁이 되는 승용차 부문의 가격은 인상하지 않고, 경쟁이 되지 않는 트럭

---

80) 공정거래위원회 1992. 1. 15. 의결 제92-1호, 제92-2호, 제92-3호

과 버스 부문을 중심으로 가격을 인상한 행위에 대하여 경쟁시장이라고
할 수 있는 수출시장에서는 가격인상이 거의 없거나 하락하였음에도 불구
하고, 국내시장에서 가격을 과도하게 인상한 점과 경쟁시장이었던 신형
모델 출시시점과 독과점으로 전환된 이후 금번 가격인상 시점간에 가격인
상폭이 비용변동폭보다 큰 점 등을 고려하여 시장지배력을 남용하여 부당
하게 가격을 인상한 행위로 보아 규제한 예[81])가 있다.

2) 부당한 출고조절

시장지배적 사업자는 상품의 판매 또는 용역의 제공을 부당하게 조절
하는 행위를 하여서는 아니 된다(제2호).

여기서 상품의 판매 또는 용역의 제공을 '조절한다'고 함은 품목의
생산 또는 판매를 중단, 감축하거나 출고를 증감시키는 행위를 말하는데,
사업자가 시장사정이나 경기의 변동에 따라 상품이나 용역의 생산 또는
판매량을 조절하는 것은 당연한 것이기 때문에, 상품이나 용역의 판매 또는
제공의 조절 그 자체는 문제가 되지 않고, 그 조절행위가 '부당'한 경우에만
문제가 된다.

따라서 당해 상품의 수급 등 유통시장의 상황, 생산능력·원자재 조달
사정 등 사업자의 경영사정에 비추어 그 조절행위가 통상적인 수준을 현저
하게 벗어나지 않는 경우에는 문제가 되지 않고, 통상적인 수준을 현저하게
벗어나서 가격의 인상이나 하락의 방지에 중대한 영향을 미치거나 수급차
질을 초래할 우려가 있는 경우에만 '부당'한 출고조절행위로서 금지되는
것이다.[82])

'상품판매 또는 용역제공의 부당한 조절'은 정당한 이유 없이 최근의
추세에 비추어 상품 또는 용역의 공급량을 현저히 감소시키는 경우와 정당

---

81) 공정거래위원회 1999. 9. 3. 의결 제99-130호
82) 대법원 2002. 5. 24. 선고 2000두9991 판결

한 이유 없이 유통단계에서 공급부족이 있음에도 불구하고 상품 또는 용역의 공급량을 감소시키는 경우를 말한다(공정거래법 시행령 제5조 제2항).

'최근의 추세'는 상당기간 동안의 공급량을 제품별, 지역별, 거래처별, 계절별로 구분하여 판단하되, 제품의 유통기한, 수급의 변동요인 및 공급에 필요한 비용의 변동요인을 감안한다. '공급량을 현저히 감소시킨다' 함은 당해 품목의 생산량이나 재고량을 조절함으로써 시장에 출하되는 물량을 현저히 감소시키는 것을 말한다. 이 경우 (가) 공급량을 감소시킨 후 일정기간 이내에 동 품목의 가격인상이 있었는지 여부, (나) 공급량을 감소시킨 후 일정기간 이내에 당해사업자(계열회사를 포함한다)의 동 품목에 대한 매출액 또는 영업이익이 증가하였는지 여부, (다) 공급량을 감소시킨 후 일정기간 이내에 당해사업자(계열회사를 포함한다)가 기존 제품과 유사한 제품을 출하하였는지 여부, (라) 재료를 생산하는 당해사업자(계열회사를 포함한다)가 자신은 동 원재료를 이용하여 정상적으로 관련 제품을 생산하면서, 타사업자에 대해서는 동 원재료 공급을 감소시켰는지 여부를 합산하되, 직영대리점이나 판매회사의 재고량 및 출하량을 합산한다(시장지배적지위 남용행위 심사기준 IV.2.).

지금까지 공정거래위원회가 부당한 출고조절을 남용행위로 보아 규제한 사례는 많지 않다. 대체로 IMF 외환위기 이후 환율인상과 원자재 가격 폭등, 일시적인 가수요가 복합적으로 작용하여 출고조절이 이루어졌던 사건인데, 대법원은 수요예측에 기초한 연초 계획물량의 한도 내로 출고량을 다소 조절하고, 재고를 약간 증대시킨 것으로서 합리적인 기업경영행위에 해당하거나,[83] 출고량이 현저히 감소되었거나 증가되었다고 보기 어려운 경우[84]에는 남용행위의 성립을 부정한 바 있다.

---

83) 대법원 2002. 5. 24. 선고 2000두9991 판결
84) 대법원 2001. 12. 24. 선고 99두11141 판결

3) 부당한 사업활동방해

시장지배적 사업자는 다른 사업자의 사업활동을 부당하게 방해하는 행위를 하여서는 아니 된다(제3호).

'다른 사업자의 사업활동에 대한 부당한 방해'는 직접 또는 간접으로[85] 다음의 행위를 함으로써 다른 사업자의 사업활동을 어렵게 하는 경우[86]를 말한다(공정거래법 시행령 제5조 제3항).

- 정당한 이유 없이 다른 사업자의 생산활동에 필요한 원재료 구매를 방해하는 행위[87](공정거래법 시행령 제5조 제3항 제1호)
- 정상적인 관행에 비추어 과도한 경제상의 이익을 제공하거나 제공할 것을 약속하면서 다른 사업자의 사업활동에 필수적인 인력[88]을 채용하는 행위(공정거래법 시행령 제5조 제3항 제2호)
- 정당한 이유 없이 다른 사업자[89]의 상품 또는 용역의 생산·공급·판매에 필수적인 요소[90]의 사용 또는 접근을 거절·중단하거나 제한

---

85) 특수관계인 또는 다른 자로 하여금 당해 행위를 하도록 하는 것을 말한다.
86) 다른 사업자의 생산·재무·판매활동을 종합적으로 고려하되, 사업활동이 어려워질 우려가 있는 경우를 포함한다.
87) 원재료는 부품, 부재료를 포함하며, 원재료 구매를 필요량 이상으로 현저히 증가시키거나, 원재료 공급자로 하여금 당해 원재료를 다른 사업자에게 공급하지 못하도록 강제 또는 유인하는 것을 말한다.
88) 필수적인 인력은 (1) 당해 업체에서 장기간 근속한 기술인력(기능공 포함), (2) 당해 업체에서 많은 비용을 투입하여 특별양성한 기술인력(기능공 포함), (3) 당해 업체에서 특별한 대우를 받은 기술인력, (4) 당해 업체의 중요산업정보를 소지하고 있어 이를 유출할 가능성이 있는 기술인력에 해당하는 자를 말한다. 그 중 기능공 포함이란 당해 업체의 생산활동에 커다란 타격을 줄 정도로 다수의 기능공이 스카우되는 경우를 말한다.
89) 필수요소 보유자 또는 그 계열회사가 참여하고 있거나 가까운 장래에 참여할 것으로 예상되는 거래분야에 참여하고 있는 사업자를 말한다.
90) 네트워크, 기간설비 등 유·무형의 요소를 포함하며, (가) 당해 요소를 사용하지 않고서는 상품이나 용역의 생산·공급 또는 판매가 사실상 불가능하여 일정한 거래분야에 참여할 수 없거나, 당해 거래분야에서 피할 수 없는 중대한 경쟁열위상태가 지속될 것, (나) 특정 사업자가 당해요소를 독점적으로 소유 또는 통제하고 있을 것, (다) 당해 요소를 사용하거나 이에 접근하려는 자가 당해 요소를 재생산하거나

하는 행위(공정거래법 시행령 제5조 제3항 제3호)

- 이외에 다음과 같은 행위로서 다른 사업자의 사업활동을 어렵게 하는 행위[91](공정거래법 시행령 제5조 제3항 제4호)

다만, 사업활동방해행위로 인하여 특정 사업자가 불이익을 입게 되었다는 사정만으로는 그 부당성을 인정하기에 부족하고, 그 중에서도 특히 시장에서의 독점을 유지·강화할 의도나 목적, 즉 시장에서의 자유로운 경쟁을 제한함으로써 인위적으로 시장질서에 영향을 가하려는 의도나 목적을 갖고, 객관적으로도 그러한 경쟁제한의 효과가 생길 만한 우려가 있는 행위로 평가될 수 있는 행위로서의 성질을 갖는 거래거절행위를 하였을 때에 그 부당성이 인정될 수 있다.[92]

4) 부당한 시장진입 제한

시장지배적 사업자는 새로운 경쟁사업자의 시장참가를 부당하게 방해하는 행위를 하여서는 아니 된다(제4호). 새로운 사업자가 시장에 진입하는 것을 방해하는 것 또한 경쟁을 제한하는 것이기 때문이다.

다른 요소로 대체하는 것이 사실상·법률상 또는 경제적으로 불가능할 것을 충족하여야 한다. 이는 이른바 필수설비원리(essential facility doctrine)을 도입한 것으로, 전기·통신 등 네트워크산업(network industry) 등에 경쟁도입이 확산됨에 따라 필수설비 등에 대한 접근여부가 동 분야에서의 경쟁확보를 위한 중요한 이슈로 등장함에 따라 제정된 규정이다.

91) 그 유형으로는 (1) 부당하게 특정사업자에 대하여 거래를 거절하거나 거래하는 상품 또는 용역의 수량이나 내용을 현저히 제한하는 행위, (2) 거래상대방에게 정상적인 거래관행에 비추어 타당성이 없는 조건을 제시하거나 가격 또는 거래조건을 부당하게 차별하는 행위, (3) 부당하게 거래상대방에게 불이익이 되는 거래 또는 행위를 강제하는 행위, (4) 거래상대방에게 사업자금을 대여한 후 정당한 이유 없이 대여자금을 일시에 회수하는 행위, (5) 다른 사업자의 계속적인 사업활동에 필요한 소정의 절차(관계기관 또는 단체의 허가, 추천 등)의 이행을 부당한 방법으로 어렵게 하는 행위, (6) 지식재산권과 관련된 특허침해소송, 특허무효심판, 기타 사법적·행정적 절차를 부당하게 이용하여 다른 사업자의 사업활동을 어렵게 하는 행위 등이 있다(시장지배적지위 남용행위 심사기준 IV. 3.).

92) 대법원 2007. 11. 22. 선고 2002두8626 판결

'새로운 경쟁사업자의 참가에 대한 부당한 방해'는 직접 또는 간접으로 다음의 1에 해당하는 행위를 함으로써 새로운 경쟁사업자의 신규진입을 어렵게 하는 경우를 말한다(공정거래법 시행령 제5조 제4항). 즉 정당한 이유 없이 기존사업자의 계속적인 사업활동에 필요한 권리 등을 매입하는 행위, 정당한 이유 없이 새로운 경쟁사업자의 상품 또는 용역의 생산·공급·판매에 필수적인 요소의 사용 또는 접근을 거절하거나 제한하는 행위, 정당한 이유 없이 신규진입 사업자와 거래하거나 거래하고자 하는 사업자에 대하여 상품의 판매 또는 구매를 거절하거나 감축하는 행위, 경쟁사업자의 신규진입에 필요한 소정의 절차(관계기관 또는 단체의 허가, 추천 등)의 이행을 부당한 방법으로 어렵게 하는 행위, 당해 상품의 생산에 필수적인 원재료(부품, 부자재 포함)의 수급을 부당하게 조절함으로써 경쟁사업자의 신규진입을 어렵게 하는 행위, 지식재산권과 관련된 특허침해소송, 특허무효심판, 기타 사법적·행정적 절차를 부당하게 이용하여 경쟁사업자의 신규진입을 어렵게 하는 행위 등을 말한다(시장지배적지위 남용행위 심사기준 IV.4.).

5) 부당한 경쟁사업자 배제

시장지배적 사업자는 부당하게 경쟁사업자를 배제하기 위하여 거래하는 행위를 하여서는 아니 된다(제5호 전단).

'경쟁사업자를 배제하기 위한 부당한 거래'는 부당하게 상품 또는 용역을 통상거래가격에 비하여 낮은 대가로 공급하거나 높은 대가로 구입하여 경쟁사업자를 배제시킬 우려가 있는 경우, 부당하게 거래상대방이 경쟁사업자와 거래하지 아니할 것을 조건으로 그 거래상대방과 거래하는 경우를 말한다(공정거래법 시행령 제5조 제5항).

'낮은 대가의 공급 또는 높은 대가의 구입' 여부를 판단함에 있어서는 통상거래가격과의 차이의 정도, 공급 또는 구입의 수량 및 기간, 당해 품목의 특성 및 수급상황 등을 종합적으로 고려한다. '경쟁사업자를 배제시킬 우려가 있는 경우'를 판단함에 있어서는 당해 행위의 목적, 유사품 및 인접 시장의 존재여부, 당해사업자 및 경쟁사업자의 시장지위 및 자금력 등을 종합적으로 고려한다.

또한 '부당하게 거래상대방이 경쟁사업자와 거래하지 아니할 것을 조건으로 그 거래상대방과 거래하는 경우' 경쟁사업자의 대체거래선 확보의 용이성, 당해 거래의 목적·기간·대상자 및 당해 업종의 유통관행 등을 종합적으로 고려한다(시장지배적지위 남용행위 심사기준 IV.5.).

한편, '부당한지(부당성)' 여부는 거래행위의 목적 및 태양, 시장지배적 사업자의 시장점유율, 경쟁사업자의 시장 진입 내지 확대 기회의 봉쇄 정도 및 비용 증가 여부, 거래의 기간, 관련시장에서의 가격 및 산출량 변화 여부, 유사품 및 인접시장의 존재 여부, 혁신 저해 및 다양성 감소 여부 등 여러 사정을 종합적으로 고려하여 판단하되, 시장지배적지위 남용행위 로서의 배타조건부 거래행위는 상대방이 경쟁사업자와 거래하지 아니할 것을 조건으로 그 거래상대방과 거래하는 경우이므로, 통상 그러한 행위 자체에 경쟁을 제한하려는 목적이 포함되어 있다고 볼 수 있는 경우가 많을 것이다.[93]

6) 부당한 소비자 이익 저해행위

시장지배적 사업자는 부당하게 소비자의 이익을 현저히 저해할 우려 가 있는 행위를 하여서는 아니 된다(제5호 후단).

소비자 이익을 '현저히' 저해할 우려가 있는지 여부는 당해 상품이나 용역의 특성, 당해 행위가 이루어진 기간·횟수·시기, 이익이 저해되는 소비자의 범위 등을 살펴, 당해 행위로 인하여 변경된 거래조건을 유사 시장에 있는 다른 사업자의 거래조건과 비교하거나 당해 행위로 인한 가격 상승의 효과를 당해 행위를 전후한 시장지배적 사업자의 비용, 변동의 정도

---

93) 대법원 2009. 7. 9. 선고 2007두22078 판결

와 비교하는 등의 방법으로 구체적·개별적으로 판단하여야 한다.[94]

한편 제5호 후단의 '부당성'에 대하여 대법원은 시장지배적 사업자의 행위의 의도나 목적이 독점적 이익의 과도한 실현에 있다고 볼만한 사정이 있는지, 상품의 특성·행위의 성격·행위기간·시장의 구조와 특성 등을 고려하여 그 행위가 이루어진 당해 시장에서 소비자 이익의 저해의 효과가 발생하였거나 발생할 우려가 있는지 등을 구체적으로 살펴 판단하여야 하지만, 시장지배적 사업자의 소비자 이익을 저해할 우려가 있는 행위가 존재하고, 그로 인한 소비자 이익의 저해 정도가 현저하다면, 통상 시장지배적 사업자가 과도한 독점적 이익을 취하고자 하는 행위로서 부당하다고 볼 경우가 많을 것이라고 판시하였다.[95]

라. 남용행위에 대한 제재

(1) 시정조치

공정거래위원회는 시장지배적지위 남용행위가 있을 때에는 당해 시장지배적 사업자에 대하여 (i) 가격의 인하, (ii) 당해 행위의 중지, (iii) 시정명령을 받은 사실의 공표, (iv) 기타 시정을 위한 필요한 조치를 명할 수 있다(공정거래법 제5조).

(2) 과징금

공정거래위원회는 시장지배적지위를 남용한 사업자에게 관련매출액의 100분의3을, 매출액이 없거나 매출액의 산정이 곤란한 경우는 10억원을 초과하지 아니하는 범위 안에서 과징금을 부과할 수 있다(공정거래법 제6조,

---

94) 대법원 2010. 2. 11. 선고 2008두16407 판결
95) 대법원 2010. 5. 27. 선고 2009두1983 판결

시행령 제9조부터 제10조).

(3) 형 벌

시장지배적 사업자가 남용행위를 한 경우에는 3년 이하의 징역 또는 2억원 이하의 벌금에 처할 수 있으며(공정거래법 제66조 제1항 제1호), 이 때 징역형과 벌금형을 병과할 수도 있다(공정거래법 제66조 제2항). 공정거래위 원회의 시정조치 등에 응하지 아니한 경우에는 2년 이하의 징역 또는 1억 5천만원 이하의 벌금에 처할 수 있다(공정거래법 제67조 제6호).

(4) 양벌규정의 문제

공정거래법 제70조는 법인(법인격 없는 단체를 포함한다. 이하 이 조에서 같다)의 대표자나 법인 또는 개인의 대리인·사용인 그 밖의 종업원이 그 법인 또는 개인의 업무에 관하여 제66조부터 제68조까지의 어느 하나에 해당하는 위반행위를 하면 그 행위자를 벌하는 외에 그 법인 또는 개인에게 도 해당 조문의 벌금형을 과한다고 규정하고 있다.

공정거래법 제70조에서 규정하는 내용은 다른 법률에서의 양벌규정 내용과 동일하거나 크게 다르지 않다. 그런데 통상 양벌규정은 자연인인 행위자(대표자, 대리인, 사용인 또는 그 밖의 종업원) 외에도 그 자연인이 속한 사업자(법인 또는 개인)에게도 벌금형이 가능하도록 하기 위해 입법된 것이 다. 즉 양벌규정은 행위자가 아닌 법인 또는 개인 사업자에게 벌금형을 부과하기 위한 규정인 것이다. 그런데 공정거래법의 경우 각 금지 및 의무 부과 조항은 그 수범자를 사업자 또는 사업자단체로 한정하고 있다. 따라서 공정거래법의 위와 같은 금지 및 의무부과 조항과 관련하여 양벌규정의 내용을 어떻게 해석하여야 하는지에 대해 견해가 갈린다.

이와 관련하여 공정거래법상 금지 및 의무규정의 적용대상이 사업자

라고 보아야 한다는 견해(사업자설)와 그 대상을 실제 행위를 실행한 자연인
으로 보아야 한다는 견해(자연인설)가 있다.

사업자설에 의하면 형벌 법규의 처벌대상은 '행위자'이기 때문에 개인
사업자가 직접 공정거래법 위반행위를 한 경우를 제외하고는 사업자에 대
하여 형벌조항을 적용할 수 없다. 즉 법인사업자의 경우에는 공정거래법상
의무자가 법인인데, 법인이 직접 위반행위를 실행할 수는 없으므로 의무자
와 행위자가 일치하지 않아서 각 형벌조항만으로는 법인이나 실행자 누구
도 처벌할 수 없고, 각 형벌법규와 양벌규정이 결합됨으로써 이들은 처벌할
수 있다고 한다. 이러한 의미에서 양벌규정은 신분범인 공정거래법 위반
범죄의 구성요건을 수정하고 행위주체를 확대하는 의미를 가지게 된다.
일본 통설의 입장이다.[96]

자연인설에 의하면, 실제 행위를 한 자연인을 형벌조항의 대상으로
보아야 하고 법인은 양벌규정을 근거로 처벌된다.[97]

이에 관한 판례의 태도는 명확하지 않은데 사업자설의 입장인 것[98]도
있고, 자연인설의 입장인 것도 있다.[99] 자연인설의 입장은 통상의 양벌규정
의 기능과 일치하고, 양벌규정 자체의 문언적 내용에 보다 부합한다는 것을
논거로 하고 있고, 사업자설의 입장은 공정거래법에서 그 금지와 의무부과
의 대상을 명확히 사업자로 규정하고, 사업자에 대한 정의규정까지 두고
있는 상황에서 처벌규정의 대상자만을 자연인으로 보기는 어렵다는 것을
논거로 하고 있다. 해석상의 혼란을 막기 위해 공정거래법상 양벌규정의
내용은 그 실질에 맞게 개정되어야 할 필요가 있다. 검찰실무에 있어서는
사업자설의 견해에 따라 법인에 대해 벌금형만을 구형하는 경우에도 적용

---

96) 이인규, 양벌규정에 관한 고찰, 법학연구 제36권 제1호, 부산대학교, 232면
97) 임영철, 공정거래법 해석과 논점, 법문사(2007), 513면
98) 대법원 1991. 11. 12. 선고 91도801 판결
99) 대법원 1991. 2. 26. 선고 96도2597 판결

법조에 양벌규정은 기재하지 않고 있다.

2. 기업결합 규제

가. 의 의

기업결합은 독립된 기업들을 인적·물적·자본적 결합을 통하여 동일한 관리체제하에서 기업활동을 영위하도록 조직하는 행위를 말한다. 기업결합에 관하여는 부당한 공동행위(공정거래법 제19조 제1항)·불공정거래행위(공정거래법 제23조 제1항) 등과는 달리 별도의 정의규정을 두지 않고 기업결합의 수단 내지 방법에 따라 (i) 주식취득, (ii) 임원겸임, (iii) 합병, (iv) 영업양수, (v) 회사설립참여의 5가지로 구분하고 있다(공정거래법 제7조 제1항).

공정거래법이 기업결합에 관하여 규정을 두고 있는 것은 기업결합을 육성·조장하기 위한 것이 아니라 경쟁을 제한하는 기업결합을 금지하기 위한 것이다. 공정거래법이 금지하는 기업결합은 (i) 경쟁제한적인 기업결합(공정거래법 제7조 제1항), (ii) 강요나 기타 불공정한 방법에 의한 기업결합(공정거래법 제7조 제3항), (iii) 탈법행위에 의한 기업결합(공정거래법 제15조)의 3가지이다. 이 중에서 가장 중요한 것은 첫째의 경쟁제한적 기업결합이다. 공정거래법이 경쟁제한적 기업결합을 금지하는 이유는 그것이 당해 거래분야에서 경쟁사업자의 수를 줄이는 효과를 갖기 때문이다. 합병의 경우에는 직접적으로 경쟁사업자의 수가 줄어들고(즉 5개·4개·3개·2개에서 4개·3개·2개·1개로), 주식취득·임원겸임·합병·영업양수·설립참여 등의 경우에는 간접적으로 경쟁사업자의 수가 줄어든다. 따라서 당해 시장은 경쟁사업자의 수가 줄어듦에 따라 경쟁시장에서 과점시장으로 또는 과점시장에서 독점시장으로 변하게 된다. 그렇게 되면 결국은 당해 시장에서 독과점의 폐해가 생기게 된다. 공정거래법이 경쟁제한적 기업결합을 금지하는 이유는 바로 이러한 독과점 상태가 초래되는 것을 방지하기 위한 것이다.[100]

경쟁제한성의 평가는 기업결합을 하는 당사회사간의 관계, 즉 수평결합, 수직결합, 혼합결합으로 구분하여 이루어진다. 여기서 '수평결합'은 경쟁관계에 있는 회사간의 결합(제조업자간의 결합 또는 도매업자간의 결합)을 말하고, '수직결합'은 원재료의 생산에서 상품·용역의 생산 및 판매에 이르는 생산과 유통과정에 있어서 인접한 단계에 있는 회사간의 결합(제조업자와 도매업자간의 결합 또는 도매업자와 소매업자간의 결합)을 말하며, '혼합결합'은 수평결합 또는 수직결합 이외의 기업결합을 말한다.

나. 경쟁제한적 기업결합의 금지요건

(1) 기업결합의 주체

모든 사업자가 기업결합의 규제 대상이 된다. 사업자에는 법인뿐만 아니라 자연인도 포함되므로 사업자의 법적 형태나 규모에는 제한이 없다. 또한 사업자가 직접 기업결합을 하는 경우뿐만 아니라 특수관계인을 통하여 기업결합하는 경우에도 규제를 받는다.

(2) 기업결합의 유형

기업결합의 유형에는 주식의 취득·소유, 임원의 겸임, 다른 회사와의 합병, 영업의 양수, 새로운 회사의 설립참여가 있으며, 기업결합 심사기준에 따르면, 어떤 기업결합이 경쟁제한적인 기업결합에 해당되기 위해서는

---

100) 박상용·엄기섭, 전게서, 101면

우선 기업결합 당사회사간에 지배관계가 형성되어야 한다. 따라서 각 유형이 무엇이며, 각 유형에 해당하는 행위를 한 결과 지배관계가 형성되려면 어떠한 요건을 충족하여야 하는지 살펴볼 필요가 있다.

기업결합의 유형 가운데 합병 또는 영업양수의 경우에는 그 행위로 바로 지배관계가 형성되지만, 주식취득, 임원겸임 또는 회사신설의 경우에는 취득회사 또는 그 특수관계인(이하 '취득회사등' 이라고 한다)이 그 기업결합으로 인하여 피취득회사의 경영에 상당한 영향력을 행사할 수 있게 되는 경우에만 당사회사간에 지배관계가 형성된다.[101]

(가) 주식의 취득 · 소유(1호)

다른 회사의 주식을 취득하거나 소유하는 행위를 말한다. 주식의 취득 · 소유는 그 명의와 관계없이 실질적인 소유관계를 기준으로 한다(공정거래법 제7조의2).

(나) 임원의 겸임(2호)

임원 또는 종업원에 의하여 다른 회사의 임원지위를 겸임하는 행위를 말한다. 여기서 임원이라 함은 이사, 대표이사, 업무집행 무한책임사원, 감사나 이에 준하는 자 또는 지배인 등 본점이나 지점의 영업전반을 총괄적으로 처리할 수 있는 상업사용인을 말하며(공정거래법 제2조 제5호), 종업원

---

101) 첫째, 주식취득이나 설립참여의 경우에는 (i) 취득회사등의 주식소유비율이 50/100 이상인 경우 지배관계가 형성되고, (ii) 취득회사등의 주식소유비율이 50/100 미만이더라도 ① 주식소유비율이 제1위에 해당하고 주식분산도로 보아 주주권행사에 의한 회사지배가 가능한 경우 또는 ② 피취득회사가 그 주요 원자재의 대부분을 취득회사로부터 공급받되, 동 취득회사는 주요 원자재의 생산에 있어 시장지배적 지위에 있는 경우 지배관계가 형성된다. 둘째, 임원겸임의 경우에는 (i) 취득회사등의 임 · 직원으로서 피취득회사의 임원지위를 겸임하고 있는 자, 즉 겸임자의 수가 피취득회사의 임원총수의 3분의 1 이상인 경우로서 취득회사등이 피취득회사의 경영전반에 실질적인 영향력을 행사할 수 있는 경우 또는 (ii) 겸임자가 피취득회사의 대표이사 등 회사의 경영전반에 실질적인 영향력을 행사할 수 있는 지위를 겸임하는 경우 지배관계가 형성된다.

이라 함은 계속해서 회사의 업무에 종사하는 자로서 임원 이외의 자를
말한다.

다만, 자산총액 또는 매출액의 규모가 일정한 기준에 해당하는 대규모
회사 외의 자가 행하는 임원겸임은 기업결합의 제한 대상이 되지 아니하므
로(공정거래법 제7조 제1항 단서), 이 규정은 대규모회사에만 적용된다.

(다) 다른 회사와의 합병(3호)

다른 회사와 합병하는 행위를 말한다. 흡수합병과 신설합병이 모두
포함되며 영업의 양수와 구별된다. 합병이란 두 개 이상의 회사가 계약에
의하여 신회사를 설립하거나 또는 그 중의 한 회사가 다른 회사를 흡수하
고, 소멸회사의 재산과 사원(주주)이 신설회사 또는 존속회사에 법정절차에
따라 이전·수용되는 효과를 가져오는 것을 말한다.[102]

(라) 영업의 양수(4호)

다른 회사의 영업의 전부 또는 주요부분을 양수임차경영을 수임하거
나 다른 회사의 영업용 고정자산의 전부 또는 주요부분을 양수하는 행위를
말한다. 영업의 양수에 의한 사실상의 합병을 규제하기 위한 규정이다.
'영업'이란 회사의 사업 목적을 위하여 조직화되고 유기적 일체로서 기능
하는 재산권의 집합을 말하며, '주요부분'이란 양수 또는 임차 부분이 독립
된 사업단위로서 영위될 수 있는 형태를 갖추고 있거나 양수 또는 임차됨으
로써 양도회사 매출의 상당한 감소를 초래하는 경우로서, 영업양수금액이
양도회사의 직전 사업연도 종료일 현재 대차대조표상의 자산총액의 100분
의 10 이상이거나 50억원 이상인 경우를 말하고, '경영의 수임'이라 함은
영업의 양도·양수회사간에 경영을 위탁하는 계약 체결 등을 통하여 수임인
이 경영권 행사의 주체로서 활동하는 것을 말한다(기업결합의 신고요령[103]).

---

102) 대법원 2003. 2. 11. 선고 2001다14351 판결
103) 2012. 10. 4. 개정 공정거래위원회 고시 제2012-59호

(마) 새로운 회사의 설립참여(5호)

새로운 회사의 설립에 참여하는 행위를 말한다. 다만, 특수관계인 외의 자는 참여하지 아니하거나 상법 제530조의2(회사의 분할·분할합병) 제1항의 규정에 의하여 분할에 의한 회사 설립에 참여하는 경우는 기업결합의 규제를 받지 않는다(공정거래법 제7조 제1항 제5호 단서).

(3) 일정한 거래분야에서 경쟁을 실질적으로 제한

당해 기업결합이 일정한 거래분야에서 경쟁을 실질적으로 제한하는 것이어야 한다(공정거래법 제7조 제1항). 일정한 거래분야에서 경쟁을 실질적으로 제한하는 기업결합에 관한 기준을 정하고 있는 기업결합 심사기준에서는 기업결합을 간이심사대상기업결합과 일반심사대상기업결합으로 구분하고 있다. 이하의 설명은 일반심사대상기업결합에 관한 것이다.

(가) 일정한 거래분야

일정한 거래분야라 함은 거래의 객체별·단계별 또는 지역별로 경쟁관계에 있거나 경쟁관계가 성립될 수 있는 분야를 말하며(공정거래법 제2조 제8호), 거래대상·거래지역 등에 따라 구분될 수 있다.

1) 거래대상(상품시장)

일정한 거래분야는 거래되는 특정 상품의 가격이 상당기간 어느 정도 의미있는 수준으로 인상될 경우 동 상품의 구매자 상당 수가 이에 대응하여 구매를 전환할 수 있는 상품의 집합을 말하며, 특정 상품의 동일한 거래분야에 속하는지 여부는 (i) 상품의 기능 및 효용의 유사성, (ii) 상품의 가격의 유사성, (iii) 구매자들의 대체가능성에 대한 인식 및 그와 관련된 구매행태, (iv) 판매자들의 대체가능성에 대한 인식 및 그와 관련된 경영의사결정 행태, (v) 통계청장이 고시하는 한국표준산업분류, (vi) 거래단계(제조, 도매,

소매 등), (vii) 거래상대방을 고려하여 판단한다.

2) 거래지역(지역시장)

일정한 거래분야는 다른 모든 지역에서의 당해 상품의 가격은 일정하나 특정지역에서만 상당기간 어느 정도 의미있는 가격인상이 이루어질 경우 당해 지역의 구매자 상당 수가 이에 대응하여 구매를 전환할 수 있는 지역전체를 말하며, 특정 지역이 동일한 거래분야에 속하는지 여부는 (i) 상품의 특성(상품의 부패성・변질성・파손성 등) 및 판매자의 사업능력(생산능력, 판매망의 범위 등), (ii) 구매자의 구매지역 전환가능성에 대한 인식 및 그와 관련한 구매자들의 구매지역 전환행태, (iii) 판매자의 구매지역 전환가능성에 대한 인식 및 그와 관련한 경영의사결정 행태, (iv) 시간적・경제적・법제적 측면에서의 구매지역 전환의 용이성을 고려하여 판단한다.

(나) 경쟁의 실질적 제한

1) 의 의

경쟁을 실질적으로 제한하는 행위라 함은 일정한 거래분야의 경쟁이 감소하여 특정 사업자 또는 사업자단체의 의사에 따라 어느 정도 자유로이 가격・수량・품질 기타 거래조건 등의 결정에 영향을 미치거나 미칠 우려가 있는 상태를 초래하는 행위를 말한다(공정거래법 제2조 제8의2호).

공정거래법은 기업결합이 경쟁에 미치는 영향을 심사하기 위한 기준으로 경쟁의 실질적 제한이라는 요건을 사용하여 기업결합의 경쟁제한적인 효과를 규제 기준으로 하고 있다.

2) 경쟁제한성 판단기준

기업결합의 경쟁제한성은 취득회사등과 피취득회사간의 관계를 고려하여 수평형 기업결합, 수직형 기업결합, 혼합형 기업결합 등 유형별로 구분하여 판단한다.

[시장집중도 분석]

기업결합이 경쟁에 미치는 영향을 분석하는 출발점으로서 시장집중도 분석부터 한다. 즉, 기업결합 후 일정한 거래분야에서의 시장집중도 및 그 변화정도가 다음의 어느 하나에 해당하는 경우에는 경쟁을 실질적으로 제한하지 않는 것으로 추정되며, 그렇지 않은 경우에는 시장의 집중상황과 함께 다른 제반 사항들을 종합적으로 고려하여 경쟁제한성을 분석한다.

(1) 수평형 기업결합으로서 다음의 어느 하나에 해당하는 경우(다만 당사회사의 시장점유율 등이 법 제7조 제4항의 요건에 해당하는 경우에는 이를 적용하지 아니한다)

    (가) 허핀달 - 허쉬만지수(일정한 거래분야에서 각 경쟁사업자의 시장점유율의 제곱의 합을 말한다. 이하 HHI라 한다)가 1,200에 미달하는 경우

    (나) HHI가 1,200 이상이고 2,500 미만이면서 HHI 증가분이 250 미만인 경우

    (다) HHI가 2,500 이상이고 HHI 증가분이 150 미만인 경우

(2) 수직형 또는 혼합형 기업결합으로서 다음의 어느 하나에 해당하는 경우

    (가) 당사회사가 관여하고 있는 일정한 거래분야에서 HHI가 2,500 미만이고 당사회사의 시장점유율이 25/100 미만인 경우

    (나) 일정한 거래분야에서 당사회사가 각각 4위 이하 사업자인 경우

한편, 시장집중도를 평가함에 있어서는 최근 수년간의 시장집중도의 변화추이를 고려한다. 최근 수년간 시장집중도가 현저히 상승하는 경향이 있는 경우에 시장점유율이 상위인 사업자가 행하는 기업결합은 경쟁을 실질적으로 제한할 가능성이 높아질 수 있다. 이 경우 신기술개발, 특허권

등 향후 시장의 경쟁관계에 변화를 초래할 요인이 있는지 여부를 고려한다.

[수평형 기업결합]

수평형 기업결합이 경쟁을 실질적으로 제한하는지 여부에 대해서는 기업결합 전후의 시장집중상황, 단독효과, 협조효과, 해외경쟁의 도입수준 및 국제적 경쟁상황, 신규진입의 가능성, 유사품 및 인접시장의 존재여부 등을 종합적으로 고려하여 심사한다.

가) 단독효과

기업결합 후 당사회사가 단독으로 가격인상 등 경쟁제한행위를 하더라도 경쟁사업자가 당사회사 제품을 대체할 수 있는 제품을 적시에 충분히 공급하기 곤란한 등의 사정이 있는 경우에는 당해 기업결합이 경쟁을 실질적으로 제한할 수 있다. 단독효과는 (i) 결합당사회사의 시장점유율 합계, 결합으로 인한 시장점유율 증가폭 및 경쟁사업자와의 점유율 격차, (ii) 결합당사회사가 공급하는 제품간 수요대체가능성의 정도 및 동 제품 구매자들의 타 경쟁사업자 제품으로의 구매 전환가능성, (iii) 경쟁사업자의 결합당사회사와의 생산능력 격차 및 매출증대의 용이성을 고려하여 판단한다. 또한 위 판단기준의 적용에 있어서는 시장의 특성도 함께 감안하여야 한다. 예컨대, 차별적 상품시장에 있어서는 결합 당사회사간 직접경쟁의 정도를 측정하는 것이 보다 중요하고 그에 따라 시장점유율 보다는 결합당사회사 제품 간 유사성, 구매전환 비율 등을 보다 중요하게 고려한다.

나) 협조효과

기업결합에 따른 경쟁자의 감소 등으로 인하여 사업자간의 가격·수량·거래조건 등에 관한 협조(공동행위뿐만 아니라 경쟁사업자간 거래조건 등의 경쟁유인을 구조적으로 약화시켜 가격인상 등이 유도되는 경우를 포함한다. 이하 같다)가 이루어지기 쉽거나 그 협조의 이행여부에 대한 감시 및 위반자에 대한 제재가 가능한 경우에는 경쟁을 실질적으로 제한할 가능성이 높아질 수 있다. 사업자간의 협조가 용이해지는지의 여부는 경쟁사업자간 협조의 용이성, 이행감시 및 위반자 제재의 용이성을 고려하여 판단한다. 결합상대회사가 결합 이전에 상당한 초과생산능력을 가지고 경쟁사업자들간 협조를 억제하는 등의 경쟁적 행태를 보여 온 사업자인 경우에도 결합 후 협조로 인해 경쟁이 실질적으로 제한될 가능성이 높아질 수 있다.

다) 구매력 증대에 따른 효과

당해 기업결합으로 인해 결합 당사회사가 원재료 시장과 같은 상부시장에서 구매자로서의 지배력이 형성 또는 강화될 경우 구매물량 축소 등을 통하여 경쟁이 실질적으로 제한될 수 있는지를 고려한다. 이러한 경쟁의 실질적인 제한 가능성 판단에 있어서는 위 '단독효과' 및 '협조효과'의 기준을 준용한다.

[수직형 기업결합]

수직형 기업결합이 경쟁을 실질적으로 제한하는지 여부에 대해서는 시장의 봉쇄효과, 협조효과 등을 종합적으로 고려하여 심사한다.

가) 시장의 봉쇄효과

수직형 기업결합을 통해 당사회사가 경쟁관계에 있는 사업자의 구매선 또는 판매선을 봉쇄하거나 다른 사업자의 진입을 봉쇄할 수 있는 경우에는 경쟁을 실질적으로 제한할 수 있다. 시장의 봉쇄 여부는 (i) 원재료 공급회사(취득회사인 경우 특수관계인등을 포함한다)의 시장점유율 또는 원재료 구매회사(취득회사인 경우 특수관계인등을 포함한다)의 구매액이 당해시장의 국내총공급액에서 차지하는 비율, (ii) 원재료 구매회사(취득회사인 경우 특수관계인등을 포함한다)의 시장점유율, (iii) 기업결합의 목적, (iv) 수출입을 포함하여 경쟁사업자가 대체적인 공급선판매선을 확보할 가능성, (v) 경쟁사업자의 수직계열화 정도, (vi) 당해 시장의 성장전망 및 당사회사의 설비증설등 사업계획, (vii) 사업자간 공동행위에 의한 경쟁사업자의 배제가능성, (viii) 당해 기업결합에 관련된 상품과 원재료의존관계에 있는 상품시장 또는 최종산출물 시장의 상황 및 그 시장에 미치는 영향, (ix) 수직형 기업결합이 대기업간에 이루어지거나 연속된 단계에 걸쳐 광범위하게 이루어져 시장진입을 위한 필요최소자금규모가 현저히 증대하는 등 다른 사업자가 당해 시장에 진입하는 것이 어려울 정도로 진입장벽이 증대하는지 여부를 고려하여 판단한다.

나) 협조효과

수직형 기업결합의 결과로 경쟁사업자간의 협조 가능성이 증가하는 경우에는 경쟁을 실질적으로 제한할 수 있다. 경쟁사업자간의 협조 가능성 증가 여부는 (i) 결합 이후 가격정보 등 경쟁사업자의 사업활동에 관한 정보입수가 용이해지는지 여부, (ii) 결합당사회사 중 원재료구매회사가 원재료공급회사들로 하여금 협조를 하지 못하게 하는 유력한 구매회사였는지 여부, (iii) 과거 당해 거래분야에서 협조가 이루어진 사실이 있었는지 여부 등을 고려하여 판단한다.

[혼합형 기업결합]

혼합형 기업결합이 경쟁을 실질적으로 제한하는지 여부는 잠재적 경쟁의 저해효과, 경쟁사업자 배제효과, 진입장벽 증대효과 등을 종합적으로 고려하여 심사한다.

가) 잠재적 경쟁의 저해

혼합형 기업결합이 일정한 거래분야에서 잠재적 경쟁을 감소시키는 경우에는 경쟁을 실질적으로 제한할 수 있다. 잠재적 경쟁의 감소 여부는 (i) 상대방 회사가 속해 있는 일정한 거래분야에 진입하려면 특별히 유리한 조건을 갖출 필요가 있는지 여부, (ii) 일정한 거래분야에서 결합당사회사의 시장점유율 및 시장집중도 수준, (iii) 당사회사 이외에 다른 유력한 잠재적 진입자가 존재하는지 여부 등을 고려하여 판단한다.

나) 경쟁사업자의 배제

당해 기업결합으로 당사회사의 자금력, 원재료 조달능력, 기술력, 판매력 등 종합적 사업능력이 현저히 증대되어 당해상품의 가격과 품질 외의 요인으로 경쟁사업자를 배제할 수 있을 정도가 되는 경우에는 경쟁을 실질적으로 제한할 수 있다.

다) 진입장벽의 증대

당해 기업결합으로 시장진입을 위한 필요최소자금규모가 현저히 증가하는 등 다른 잠재적 경쟁사업자가 시장에 새로 진입하는 것이 어려울 정도로 진입장벽이 증대하는 경우에는 경쟁을 실질적으로 제한할 수 있다(기업결합 심사기준 VI.).

(다) 기업결합의 경쟁제한성 추정

일정한 경우 기업결합이 일정한 거래분야에서 경쟁을 실질적으로 제한하는 것으로 추정되는 경우가 있다(공정거래법 제7조 제4항). 추정되는 경우는 다음과 같이 2가지가 있다.

첫째, 기업결합의 당사회사의 시장점유율(계열회사의 시장점유율을 합산한 점유율을 말한다)의 합계가 (i) 시장지배적 사업자의 추정요건에 해당하고, (ii) 당해 거래분야에서 제1위이며, (iii) 시장점유율의 합계와 시장점유율이 제2위인 회사(당사회사를 제외한 회사 중 제1위인 회사를 말한다)의 시장점유율과의 차이가 그 시장점유율의 합계의 100분의25 이상인 경우에는 당해 기업결합은 일정한 거래분야에서 경쟁을 실질적으로 제한하는 것으로 추정된다(공정거래법 제7조 제4항 제1호).

둘째, 대규모회사가 직접 또는 특수관계인을 통하여 행한 기업결합이 (i) 중소기업의 시장점유율이 3분의 2 이상인 거래분야에서의 기업결합이고, (ii) 당해 기업결합으로 100분의 5 이상의 시장점유율을 가지게 되는 경우에는 당해 기업결합은 일정한 거래분야에서 경쟁을 실질적으로 제한하는 것으로 추정된다(공정거래법 제7조 제4항 제2호).

(라) 기업결합의 경쟁제한성 추정과 형사소송에의 적용

형사재판에 있어서는 입증책임은 검사에게 있고, 헌법상 무죄추정의 원칙이 적용되므로 위 추정규정을 적용하여 입증책임을 전환시키는 것은 문제가 있다. 같은 취지에서 대법원은 공정거래위원회가 구 공정거래법 제19조 제5항의 합의 추정 조항을 적용하여 부당한 공동행위를 행하였다고 인정한 건설사 및 그 임직원들에 대한 형사소송에서, 부당한 공동행위의 '합의'의 입증 정도는 법관으로 하여금 합리적 의심을 할 여지가 없을 정도로 엄격한 증명을 요한다고 할 것이므로 이 사건 공소사실에 대하여 범죄의 증명이 없다는 이유로 피고인들에게 무죄를 선고한 하급심의 판결은 정당하다고 판시함으로써 적어도 형사절차에 있어서 법 제19조 제5항의 합의의 추정 조항이 존재하더라도 입증책임에 아무런 영향을 미치지 않음을 분명히 하였다.[104]

---

104) 대법원 2008. 5. 29. 선고 2006도6625 판결

다. 예외사유

일정한 거래분야에서 경쟁을 실질적으로 제한하는 기업결합이라도 국민경제 전체적 차원에서는 동 기업결합을 허용할 필요가 있을 수 있다. 공정거래법도 (i) 당해 기업결합 외의 방법으로는 달성하기 어려운 효율성 증대효과가 경쟁제한으로 인한 폐해보다 큰 경우 또는 (ii) 상당기간 대차대조표상의 자본총계가 납입자본금보다 작은 상태에 있는 등 회생이 불가능한 회사와의 기업결합의 경우에는 경쟁제한성이 있는 기업결합이라 하더라도 공정거래위원회의 인정을 거쳐 허용될 수 있도록 규정하고 있다(공정거래법 제7조 제2항). 당해 기업결합이 이러한 요건을 충족하는지에 대한 입증은 당해사업자가 하여야 한다.

라. 탈법행위의 금지

공정거래법은 제7조에 의해 금지되는 경쟁제한적인 기업결합이나 불공정한 방법에 의한 기업결합에 해당하지 않는 방법에 의한 행위라고 하더라도 위 규정의 적용을 면탈하려는 탈법행위라고 인정되는 경우에는 이를 금지하고 있다(공정거래법 제15조 제1항).

마. 경쟁제한적 기업결합에 대한 제재

(1) 시정조치

공정거래위원회는 경쟁제한적 기업결합의 금지규정(공정거래법 제7조 제1항)에 위반하거나 위반할 우려가 있는 행위가 있는 때에는 시정조치를 명할 수 있다(공정거래법 제16조 제1항).

공정거래위원회가 명할 수 있는 시정조치의 내용은 (i) 당해 행위의 중지, (ii) 주식의 전부 또는 일부의 처분, (iii) 임원의 사임, (iv) 영업의 양도, (v) 법위반사실의 공표, (vi) 기업결합에 따른 경쟁제한의 폐해를 방지할 수 있는 영업방식 또는 영업범위의 제한, (vii) 기타 법위반상태를 시정하기 위하여 필요한 조치이다.

(2) 이행강제금

공정거래위원회는 경쟁제한적이거나 불공정한 기업결합을 한 사업자가 시정조치를 받은 후 그 정한 기한 내에 이행을 하지 아니하는 경우에는, 매 1일당 ① 주식 취득이나 회사 신설에 의한 기업결합의 경우에는 취득 또는 소유한 주식의 장부가액과 인수하는 채무의 합계액, ② 합병에 의한 기업결합의 경우에는 합병의 대가로 교부하는 주식의 장부가액과 인수하는 채무의 합계액, ③ 영업양수에 의한 기업결합의 경우에는 영업양수금액 등의 금액에 1만분의 3을 곱한 금액을 초과하지 아니하는 범위 안에서 이행강제금을 부과할 수 있고, 임원겸임의 방식에 의한 기업결합의 경우에는 매 1일당 200만원의 범위 안에서 이행강제금을 부과할 수 있다(공정거래법 제17조의3 제1항).

(3) 형 벌

경쟁제한적 기업결합을 하거나 불공정한 방법으로 기업결합을 한 자에게는 3년 이하의 징역 또는 2억원 이하의 벌금(병과 가능)이 과하여진다(공정거래법 제66조 제1항 제2호, 제2항). 한편, 위 시정조치에 응하지 않을 경우 1억원 이하의 벌금이 과하여진다(공정거래법 제67조 제6호). 이 죄는 공정거래위원회의 고발이 있어야 공소를 제기할 수 있다(공정거래법 제71조 제1항).

3. 경제력집중의 억제

가. 의 의

현재 국내 주요 기업집단에 속한 기업들을 개별적으로 보면 규모의 경제를 이룩하고 상품의 품질을 향상시키며, 첨단기술분야에서 기술혁신을 선도함으로써 국민경제발전에 상당한 기여를 하여왔다고 할 수 있다. 그러나 이러한 기여에도 불구하고 개별 기업들이 기업집단이라는 하나의 울타리 안에서 상호간에 출자나 거래관계를 통해 형성하는 경제력 집중으로 인한 여러 폐해들이 문제점으로 지적되어 왔다. 즉, 기업집단을 통한 경제력의 집중은 자원배분의 왜곡, 초과이윤의 장기화로 인한 소비자후생 저하, 기업집단의 경영비효율, 기술발전의 정체 우려, 경제민주화에 역행과 같은 문제점이 있으므로 이를 규제하기 위해 공정거래법은 경제력집중의 억제를 위한 제도를 두고 있다.[105]

■■ 주요 경제력집중 억제제도 ■■

구 분	제도	적용대상
출자규제	상호출자금지제도	대기업집단 소속회사 전체
	신규 순환출자금지제도	대기업집단 소속회사 전체 (2014. 7. 25. 시행)
	금융보험사 의결권 제한제도	대기업집단 소속 금융보험사
	지주회사제도	지주·자·손자회사 등
행태규제	채무보증 제한제도	대기업집단 소속 비금융회사
	부당지원행위 금지	사업자 전체

---

105) 박상용·엄기섭, 전게서, 66면

구 분	제도	적용대상
시장 감시 (공시제도)	특수관계인에 부당이익제공 금지	대기업집단 소속회사 전체 (2014. 2. 14. 시행)
	기업집단 현황 공시제도	대기업집단 소속회사 전체
	비상장회사 수시공시제도	대기업집단 소속 비상장/비금융 회사
	대규모내부거래 의결·공시제도	대기업집단 소속회사 전체

경제력집중의 억제를 위한 제도는 위와 같이 ① 출자규제, ② 행태규제, ③ 공시제도로 대별되며, ① 출자규제로는 (i) 상호출자금지제도(공정거래법 제9조 제1항), (ii) 신규 순환출자금지제도(제9조의2), (iii) 금융보험사 의결권 제한제도(제11조), (iv) 지주회사제도(제8조의2)가 있고, ② 행태규제로는 계열사간 채무보증 제한제도(제10조의2)가 있으며, ③ 공시제도로는 (i) 기업집단 현황 공시제도(제11조의4), (ii) 비상장회사 수시공시제도(제11조의3), (iii) 대규모내부거래 의결·공시제도(제11조의2)가 있다.

한편 공정거래법은 '기업집단'이라는 개념을 사용하고 있는데(공정거래법 제2조 제2호), 그 유형으로는 '상호출자제한기업집단'(제9조 제1항), '채무보증제한기업집단'(제10조의2 제1항)이 있으며, 이를 통틀어 '상호출자제한기업집단등'이라고 한다(제14조 제1항). 이 중 상호출자제한기업집단과 채무보증제한기업집단의 범위는 서로 동일하다(시행령 제17조 제1항·제5항). 그리고 위 금융보험사 의결권 제한제도(제11조), 기업집단 현황 공시제도(제11조의4), 비상장회사 수시공시제도(제11조의3), 대규모내부거래 의결·공시제도(제11조의2)는 상호출자제한기업집단에 적용되는 제도들이다.

전술한 출자규제, 행태규제, 공시제도 등은 지주회사제도를 제외하고는, 대기업집단의 소속 회사, 소속 금융보험사 등을 전제로 하므로 기업집단이 무엇이고, 나아가 대기업집단 지정제도에는 어떤 기업집단이 포함되는지 알 필요가 있다. 따라서 경제력집중의 억제와 관련된 개별 구성요건을 논하기 전에 선결적으로 기업집단의 개념 및 대기업집단 지정제도의 개념에 대하여 살펴보도록 하겠다.

나. 기업집단의 개념

(1) 기업집단의 의미

기업집단이란 동일인이 사실상 그 사업내용을 지배하는 회사의 집단이며, 동일인이 회사가 아닌 경우, 그 동일인이 지배하는 2개 이상의 회사의 집단이 기업집단이고, 동일인이 회사인 경우, 해당 회사와 그 회사가 지배하는 하나 이상의 회사의 집단이 기업집단이다.

(2) 기업집단의 범위(공정거래법 시행령 제3조)

동일인 지배여부(즉, 계열회사 여부)는 지분율 기준 또는 지배력 기준으로 판단한다. 계열회사 여부의 판단기준은 아래와 같다.

■■ 계열회사 여부의 판단기준 ■■

요건	판단기준
지분율 요건	동일인 및 동일인 관련자[106)가 30% 이상 소유하고 최다출자자인 회사
지배력(영향력) 요건 [①~④ + 경영에 지배적 영향력 행사]	① 동일인이 대표이사 또는 임원의 50% 이상 선임 ② 동일인이 조직변경, 신규사업투자 등 주요의사결정이나 업무 집행에 지배적 영향력 행사 ③ 동일인 지배회사와 당해회사간 임원겸임, 인사교류

요건	판단기준
	④ 통상적 범위를 초과하여 동일인 및 동일인 관련자와 자금, 자산, 상품용역거래, 채무보증 및 계열회사로 인정될 수 있는 영업상 표시 행위 등 사회통념상 경제적 동일체로 인정되는 회사

(3) 기업집단으로부터의 제외(공정거래법 시행령 제3조의2)

기업집단의 범위(공정거래법 시행령 제3조)에 해당하더라도 ① 출자자간 합의, 계약에 의해 사실상 동일인 측이 경영을 하지 않는 회사, ② 친족독립 경영회사, ③ 파산절차 진행 중인 회사, ④ 채권단과 약정체결기업, 회생절차 진행중인 회사로서 일정요건 충족 회사, ⑤ 정부 등이 20% 이상 지분을 소유하고 있는 민관합동법인, ⑥ 2인 이상이 공동지배하는 SOC법인, 현물출자법인, ⑦ 산학연협력기술지주회사, 신기술창업전문회사(자회사 포함, 10년 한도) 등 일정 사유 충족 시 이해관계자의 요청에 의해 기업집단의 범위에서 제외가 가능하다.

다. 상호출자제한기업집단등의 지정

기업집단 소속 국내 회사들의 직전사업연도 자산총액 합계액이 5조원 이상인 기업집단이 상호출자제한기업집단등의 지정대상이다. 자산총액은 대차대조표(재무상태표)상 자산총액을 합산하되, 금융보험사는 자본금 또는 자본총액 중 큰 금액을 그 회사의 자산총액으로 간주한다(공정거래법 시행령 제17조 제1항).

다만, ① 금융전업기업집단 또는 금융·보험사가 동일인인 기업집단,

---

106) 친족, 동일인이 지배하는 비영리법인·단체 및 그 임원, 계열회사 및 그 임원

② 채무자 회생 및 파산에 관한 법률에 의한 회생절차가 진행 중인 회사 또는 기업구조조정촉진법에 의한 관리절차가 진행 중인 회사의 자산총액의 합계액이 기업집단 전체 자산총액의 50% 이상인 기업집단(이들 회사의 자산이 5조원 이상인 기업집단은 포함)은 지정에서 제외된다(공정거래법 시행령 제17조 제1항, 제2항).

상호출자제한기업집단등의 지정시기는 매년 4월1일(부득이한 경우 4월 15일)까지다(공정거래법 제14조 제1항, 시행령 제21조 제1항).

라. 출자규제

(1) 계열회사간 상호출자 금지

(가) 계열회사간 상호출자 금지의 요건

계열회사간 상호출자 금지제도는 공정거래위원회가 매년 4월 1일(부득이한 경우에는 4월 15일)까지 당해 기업집단 소속회사들의 자산총액의 합계 등이 대통령령이 정하는 기준에 따라 일정한 기업집단을 상호출자제한기업집단으로 지정하는 것을 말한다(공정거래법 제14조 제1항 및 공정거래법 시행령 제21조 제1항). 이는 계열사간 가공자본 형성을 통한 계열 확장 억제와 소유지배구조 왜곡 방지를 위해 1987년에 도입된 제도이다.

이 제도는 상호출자제한기업집단 소속 계열회사(금융·보험회사 포함) 자기의 주식을 소유하고 있는 동일 기업집단 계열회사의 주식 취득 또는 소유를 금지한다(공정거래법 제9조 제1항). 다만, ① 회사의 합병 또는 영업전부의 양수로 인한 경우, ② 담보권의 실행 또는 대물변제 수령으로 인한 경우 등은 예외적으로 불가피한 경우로 보고 상호출자를 인정한다. 그러나 6개월에 한해 예외가 인정되므로 6개월 이내에는 양 회사 중 하나는 상대 회사 주식을 처분해야 한다(공정거래법 제9조 제2항).

(나) 계열회사간 상호출자 금지 위반 시 제재

공정거래위원회는 상호출자의 금지를 위반한 회사에 대하여 당해 행위의 중지, 주식의 전부 또는 일부의 처분, 기타 법 위반상태를 시정하기 위하여 필요한 조치 등을 명할 수 있고(공정거래법 제16조 제1항), 상호출자 금지 규정을 위반하여 취득 또는 소유한 주식의 취득가액의 10%를 초과하지 않는 금액의 과징금을 부과할 수 있다(공정거래법 제17조 제1항). 또한 상호출자금지 규정을 위반한 자는 3년 이하의 징역 또는 2억원 이하의 벌금에 처할 수 있다(공정거래법 제66조 제5호).

상호출자 된 주식에 대하여 공정거래법 제16조 제1항에 따라 주식처분명령이 내려진 때에는 당해 주식에 대하여 그 의결권을 행사할 수 없을 뿐만 아니라(공정거래법 제18조 제1항), 상호출자의 금지를 위반하여 상호출자를 한 주식에 대하여는 그 시정조치의 명령을 받은 날부터 법 위반상태가 해소될 때까지 당해 주식 전부에 대하여 의결권을 행사할 수 없다(공정거래법 제18조 제2항).

(2) 계열회사간 신규 순환출자 금지

(가) 계열회사간 신규 순환출자 금지의 요건

계열회사간 신규 순환출자 금지제도는 계열사간 순환출자를 통한 소유지배구조 왜곡, 부실계열사 지원 등을 방지하기 위하여 새로이 도입된 제도이며, 2014년 7월 25일부터 시행되었다.

이 제도는 상호출자제한기업집단 소속 계열회사(금융·보험회사 포함)의 신규순환출자를 금지한다. 다만, ① 회사의 합병·분할, 영업전부의 양수, 주식의 포괄적 교환·이전(6개월), ② 담보권의 실행, 대물변제 수령(6개월), 주주배정방식 증자 참여시 실권주 인수(1년), ③ 워크아웃·자율협약 절차 개시 부실징후기업에 대한 총수일가 재산출연 등(3년)과 같은 기업의 사업구조개편 등 정상적 기업활동에 대해서는 예외를 허용한다. 다만, 각 사유별 유예기간(앞의 팔호 참조) 이내에 순환출자를 해소해야 한다(공정거래법 제9조의2).

(나) 계열회사간 신규 순환출자 금지 위반 시 제재

공정거래위원회는 상호출자의 금지를 위반한 회사에 대하여 당해 행위의 중지, 주식의 전부 또는 일부의 처분, 기타 법 위반상태를 시정하기 위하여 필요한 조치 등을 명할 수 있고(공정거래법 제16조 제1항), 상호출자금지 규정을 위반하여 취득 또는 소유한 주식의 취득가액의 10%를 초과하지 않는 금액의 과징금을 부과할 수 있다(공정거래법 제17조 제1항). 또한 상호출자금지 규정을 위반한 자는 3년 이하의 징역 또는 2억원 이하의 벌금에 처할 수 있다(공정거래법 제66조 제5호).

상호출자 된 주식에 대하여 공정거래법 제16조 제1항에 따라 주식처분 명령이 내려진 때에는 당해 주식에 대하여 그 의결권을 행사할 수 없을 뿐만 아니라(공정거래법 제18조 제1항), 상호출자의 금지를 위반하여 상호출자를 한 주식에 대하여는 그 시정조치의 명령을 받은 날부터 법 위반상태가 해소될 때까지 당해 주식 전부에 대하여 의결권을 행사할 수 없다(공정거래법 제18조 제2항).

(3) 금융보험사 의결권 제한

(가) 의 의

금융보험사 의결권 제한제도는 대규모기업집단이 계열 금융·보험회사를 통해 유치된 고객 자금으로 지배력을 유지·강화하는 것을 억제하기 위해 1987년 도입되었다.

이 제도는 상호출자제한기업집단 소속 계열회사 금융·보험회사[107]가

---

107) 금융업 또는 보험업을 영위하는 회사의 범위는 한국표준산업분류(통계법 제17조

취득·소유하고 있는 국내 계열회사주식에 대하여 원칙적으로 의결권 행사를 금지한다(공정거래법 제11조). 다만, ① 금융·보험업을 영위하기 위하여 주식을 취득 또는 소유하는 경우(1993년 도입), ② 보험자산의 효율적 운영·관리를 위하여 관계법령에 의한 승인을 얻어 주식을 취득·소유한 경우(1993년 도입), ③ 상장·등록 계열회사 주식에 대하여 임원임명, 정관변경, 다른 회사로의 합병 및 영업양도에 대하여 결의하는 경우(2002년 추가), 다른 특수관계인 지분과 합하여 발행주식총수[108]의 15%까지 의결권의 행사가 가능하다(공정거래법 제11조 단서).

(나) 금융보험사 의결권 제한 위반 시 제재

금융·보험회사가 의결권 제한 규정을 위반한 경우에 공정거래위원회는 행정제재로서 당해 법위반행위의 중지 등의 시정조치를 명할 수 있으나(공정거래법 제16조 제1항), 기타의 경제력집중 억제 조항을 위반한 경우와는 달리 과징금을 부과할 수는 없다(공정거래법 제17조). 또한 형사제재로서 3년 이하의 징역 또는 2억원 이하의 벌금에 처할 수 있다(공정거래법 제66조 제1항 제7호).

(4) 지주회사 제도

(가) 지주회사의 설립·전환 및 신고 의무의 요건

공정거래법상 지주회사는 주식(지분 포함)의 소유를 통하여 국내회사의 사업내용을 지배하는 것을 주된 사업으로 하는 회사로서 대통령령으로 정하는 자산총액 요건을 충족하여야 한다(공정거래법 제2조 제1호의2). 첫째, 지주회사의 자산총액 요건과 관련하여, 지주회사는 직전사업연도 종료일

제1항 규정에 의해 통계청장이 고시)상 금융 및 보험업에 속하는 업종이다.
108) 우선주, 자사주 등 의결권 없는 주식은 포함되지 않는다(단, 다른 법령에 의하여 의결권을 행사할 수 없는 주식은 포함).

(당해 사업연도에 새로이 설립되었거나 합병 또는 분할합병, 물적 분할한 회사의 경우에는 각각 설립등기일, 합병등기일, 분할등기일) 현재 대차대조표상의 자산총액이 1,000억원 이상이어야 한다(공정거래법 시행령 제2조 제1항). 둘째, '주된 사업'의 기준과 관련하여, 당해 지주회사가 소유하고 있는 자회사들의 주식가액의 합계액(직전 사업연도 종료일 현재의 대차대조표상에 표시된 가액을 합계한 금액)이 당해 회사의 자산총액의 50% 이상이어야 한다(공정거래법 시행령 제2조 제2항).

채무보증제한기업집단에 속하는 회사를 지배하는 동일인이나 그 특수관계인이 지주회사를 설립하거나 지주회사로 전환하는 경우에는 자산총액 요건과 자회사주식 소유비율 요건 이외에도 추가적으로 채무보증해소 요건을 충족하여야 한다. 즉, 지주회사와 자회사간의 채무보증, 지주회사와 다른 국내계열회사간의 채무보증, 자회사 상호간의 채무보증, 자회사와 다른 국내계열회사간의 채무보증이 먼저 해소되어야 한다(공정거래법 제8조의3).

법적 요건을 갖추어 지주회사를 설립하거나 지주회사로 전환하는 경우에는 일정한 기간 내에(신설회사의 경우에는 설립등기일부터 30일 이내, 다른 회사와의 합병 또는 회사의 분할을 통하여 지주회사로 전환하는 경우에는 합병등기일 또는 분할등기일부터 30일 이내, 금융지주회사법 등 다른 법률의 규정에 따라 신고규정의 적용이 제외되는 경우에 그 제외기간이 지난 날부터 30일 이내, 다른 회사의 주식취득, 자산의 증감 및 기타의 사유로 인하여 지주회사로 전환하는 경우에는 당해 사업연도 종료 후 4개월 이내) 지주회사 등의 명칭, 자산총액, 부채총액, 주주현황, 주식소유현황, 사업내용 등을 기재한 서류를 공정거래위원회에 제출하여 지주회사의 설립 또는 전환의 신고를 하여야 한다(공정거래법 제8조 및 공정거래법 시행령 제15조 제1항).

(나) 지주회사의 행위제한의 성립요건

공정거래법은 원칙적으로 지주회사의 설립 및 지주회사로의 전환을

인정하면서도 위 지주회사를 이용한 경제력집중의 폐해를 방지하기 위해
지주회사에 대하여 일정한 작위 또는 부작위 의무를 부과하고 있다(공정거
래법 제8조의2 제2항).

지주회사는 ① 부채비율(부채총액/자본총액)이 200%로 제한되고, ② 자
회사 지분을 발행주식 총수의 40%(상장회사, 공동출자법인의 경우 20%) 미만
으로 소유하는 행위가 금지되며, ③ 자회사 외 계열회사 주식소유가 금지
되고, ④ 일반(금융)지주회사의 금융회사(일반회사) 주식소유가 금지되며,
⑤ 비계열사 주식을 당해 회사 발행주식총수의 5%를 초과하여 보유하는
행위가 금지(단, 비계열사 주식가액 합계액이 자회사 주식가액 합계액의 15% 미만인
지주회사에 대해서는 적용제외)된다.

(다) 자(손자)회사의 행위제한의 성립요건

공정거래법상 자회사는 지주회사에 의하여 그 사업내용을 지배 받는
국내회사(공정거래법 제2조 제1호의3)를 말하며, 지주회사의 자회사가 되려면
① 지주회사의 계열회사일 것, ② 지주회사가 소유하는 주식이 동일인 또
는 동일인관련자 중 최다출자자가 소유하는 주식과 같거나 많아야 한다(공
정거래법 시행령 제2조 제3항).

공정거래법상 손자회사는 자회사에 의하여 사업내용을 지배 받는 국
내회사(공정거래법 제2조 제1호의4)를 말하며, ① 자회사의 계열회사이어야
하고, ② 자회사가 소유하는 주식이 동일인이나 동일인관련자 중 최대출자
자가 소유하는 주식과 같거나 많아야 한다(공정거래법 시행령 제2조 제4항).

자회사는 ① 손자회사 지분을 발행주식 총수의 40%(상장회사, 공동출자
법인의 경우 20%) 미만으로 소유하는 행위가 금지되고, ② 손자회사외 계열
회사 주식을 소유하는 행위가 금지되며, ③ 금융업이나 보험업을 영위하는
회사를 손자회사로 지배하는 것이 금지된다(공정거래법 제8조의2 제3항).

손자회사는 증손회사(손자회사가 100% 주식을 보유한 회사) 외 국내계열회

사의 주식 소유가 금지된다(공정거래법 제8조의2 제4항).

(라) 지주회사의 행위제한 규정 등 위반의 효과

공정거래법 제8조의2가 규정하고 있는 지주회사 등의 행위제한 규정
이나 공정거래법 제8조의3이 규정하고 있는 채무보증기업집단의 지주회사
설립제한 규정을 위반하는 경우에 공정거래위원회는 주식의 전부 또는 일
부의 처분 등의 시정조치를 명할 수 있다(공정거래법 제16조 제1항). 또한 공
정거래법 제8조의2를 위반한 행위에 대해서는 각 행위유형별로 법률이
정한 기준에 따라 산정된 위반금액의 10% 이내의 과징금을 부과할 수
있다(공정거래법 제17조). 뿐만 아니라 공정거래법 제8조의2 제2항 내지 제5
항 또는 공정거래법 제8조의3을 위반한 경우에는 3년 이하의 징역 또는
2억원 이하의 벌금에 처할 수 있다(공정거래법 제66조 제1항).

마. 행태규제: 계열회사간 채무보증 제한

(1) 계열회사간 채무보증 제한의 요건

계열회사간 채무보증 제한제도는 계열회사간 상호채무보증으로 인한
동반부실화의 위험 방지를 위해 1993년 도입되었다.

이 제도는 채무보증제한기업집단의 소속회사(금융·보험사 제외)가 국
내금융기관으로부터 여신과 관련하여 국내계열회사에 대하여 채무를 보증
하는 행위를 금지한다. 동법 소정의 '채무보증'이란, 국내금융기관[109]으로
부터의 여신[110]과 관련하여 채무보증제한기업집단에 속하는 회사(금융·보
험회사 제외)가 국내 계열회사에 대하여 행하는 보증이다.[111] 다만, 산업합리

---

109) 은행법상 은행, 보험업법상 보험회사, 자본시장과 금융투자업에 관한 법률에 따른
  투자매매업자·투자중개업자 및 종합금융회사, 여신전문금융회사 및 상호저축은행
110) 국내금융기관의 대출 및 회사채무의 보증 또는 인수
111) 다만, ① 금융기관(여신)이 매개되지 않고 기업과 기업간에 직접 행하는 보증, ②

화기준에 따라 인수되는 회사의 채무 관련 보증, 국제경쟁력 강화 등과 관련된 채무보증은 예외적으로 허용하고 있다(공정거래법 제10조의2).

(2) 계열회사간 채무보증 제한 위반 시 제재

채무보증 제한을 위반하는 경우에는 채무보증의 취소 등의 시정조치를 명할 수 있고(공정거래법 제16조 제1항), 채무보증액의 10%를 초과하지 아니하는 과징금을 부과할 수 있다(제17조 제2항). 또한 이상의 행정적 제재 이외에 형사적으로 3년 이하의 징역 또는 2억원 이하의 벌금에 처할 수 있다(제66조 제1항 제6호).

(3) 탈법행위(공정거래법 제15조 및 시행령 제21조의4)

국내금융기관에 대한 자기계열회사의 채무를 면하게 함이 없이 동일한 채무를 부담하는 행위(병존적 채무인수)와 다른 회사로 하여금 자기의 계열회사에 대하여 채무보증을 하게 하는 대신 그 다른 회사 또는 그 계열회사에 대하여 채무보증을 하는 행위(기업집단간 교차보증)는 탈법행위로서, 3년 이하의 징역 또는 2억원 이하의 벌금에 처해진다(공정거래법 제66조 제1항). 한편, 당해 행위의 중지, 주식의 처분, 법 위반사실의 공표 등 시정조치에 응하지 않을 경우 1억원 이하의 벌금이 부과될 수 있다(공정거래법 제67조 제6호, 공정거래법 제16조).

계열회사 중 금융보험회사로부터 보증을 받은 것, ③ 해외법인간 또는 해외법인과 국내법인간 보증은 채무보증에 해당하지 않는다(공정거래법 제10조의2 제2항).

바. 공시제도

(1) 기업집단 현황 공시 의무

상호출자제한기업집단 소속회사(단, 직전 사업연도말 자산총액이 100억원 미만인 회사로서 청산 중에 있거나 1년 이상 휴업중인 회사는 제외)는 ① 기업집단 일반현황, ② 임원 및 이사회 등 현황, ③ 주식소유현황, ④ 특수관계인과의 거래현황 등을 공시해야 하고, 일반현황, 임원 및 이사회 등 현황은 연1회(매년 5월말까지)까지, 주식소유현황, 특수관계인과의 거래현황은 분기1회(2·5·8·11월말까지, 일부는 연1회), 금융전자공시시스템을 이용하여 공시해야 한다.

이 제도는 사전적 규제로서의 출자총액제한제도를 폐지하는 대신 대규모 기업집단의 출자현황 등에 관한 공시의 목적으로 도입한 것인데, 시장이 필요로 하는 기업집단에 관한 정보를 포괄적으로 일목요연하게 공시하여 기업 스스로 투명성·책임성을 제고하도록 하는 계기를 마련하였다.

(2) 비상장회사의 중요사항 공시

상호출자제한기업집단에 속하는 비상장법인(금융·보험회사 제외)는 수시로 자기 회사의 소유지배구조, 재무구조 및 경영활동과 관련한 중요한 변동 사항을 공시[112]하여야 한다(공정거래법 제11조의3 및 시행령 제17조의10). 이 제도는 상법·자본시장법상 특별한 공시의무가 없는 대기업집단 소속 비상장사의 불투명한 경영행태에 대한 효과적 감시를 위해 2005년 4월에 도입되었다.

---

112) 위 중요사항은 공시사유 발생일부터 7일 이내에 금융감독원 전자공시시스템(DART)을 통해 공시해야 한다.

(3) 대규모 내부거래 이사회 의결 및 공시 의무

상호출자제한기업집단에 속하는 회사(상장사, 비상장사 모두 포함)는 대규모 내부거래를 하는 경우 사전에 이사회 의결을 거친 후 공시할 의무가 있다(공정거래법 제11조의2). 이 제도는 대규모 내부거래에 대한 이사회의 책임강화 및 이해관계인의 감시제고를 위해 도입되었다.

(4) 공시제도 위반에 대한 제재

공시제도를 위반한 행위 그 자체에 대한 직접적인 벌칙 규정은 없다. 다만 '공시의무의 이행 또는 공시내용의 정정 등' 공정거래위원회의 시정조치에 응하지 않는 행위가 위반요건이 된다. 이러한 공시의무의 이행 또는 공시내용의 정정 등의 시정조치에 응하지 않을 경우 1억원 이하의 벌금에 처해진다(공정거래법 제67조 제6호, 제16조).

4. 부당한 공동행위

가. 의 의

부당한 공동행위라 함은 2 이상의 사업자가 공정거래위원회의 인가를 받지 아니하고 부당하게 경쟁을 제한하는 공정거래법 제19조 제1항 각호의 1의 행위를 할 것을 합의하는 것을 말한다(공정거래법 제19조 제1항). 예컨대, 스포츠신문을 발행하여 판매하는 5개 신문사 A·B·C·D·E가 2014. 7. 1. 모여서 자신들이 판매하는 스포츠신문의 1부당 판매가격을 2014. 8. 1.부터 400원에서 500원으로 인상하기로 합의하는 것을 말한다.[113] 흔히, 부당한 공동행위를 담합 또는 카르텔(cartel)이라고도 하나 미

---

113) 공정거래위원회 2000. 4. 6.자 의결 제00-56호

국에서는 카르텔(cartel)을 경쟁사업자가 되어야 함에도 독점이윤을 얻기 위하여 서로 가격결정에 관하여 합의한 사업자들의 집단으로 설명함으로써 행위 외에 합의한 사업자들의 집단을 지칭하는 의미로도 사용하고 있다.

부당한 공동행위가 행해지는 경우에는 동 거래분야에서 경쟁이 제한되고 또한 소비자의 후생이 감소하게 된다. 위 사례의 경우 소비자는 동일한 스포츠 신문을 종전보다 더 비싼 가격에 구입하여야 한다. 특히 부당한 공동행위는 2 이상의 사업자의 행위로서 어느 1 사업자의 행위보다 경쟁제한효과가 더욱 크다. 따라서 공정거래법은 부당한 공동행위를 엄격하게 규제하고 있다(공정거래법 제19조 제1항).

이것은 외국의 경우도 마찬가지다. 미국의 경우 카르텔에 대하여는 셔먼법(Sherman Act) 제1조가 적용되는데, 셔먼법 제1조는 주(州)간의 혹은 외국과의 거래(trade) 또는 통상(commerce)을 제한하는 모든 계약·트러스트나 기타 형태에 의한 결합 또는 공모는 위법이며, 이와 같은 위법한 계약을 체결하거나 결합 또는 공모에 가담하는 자는 중범죄(felony)를 범한 것이 된다고 규정하고 있다.[114]

1980년 제정 당시 공정거래법에서는 공동행위의 등록제를 취하고 등록하지 않은 공동행위는 무효로 규정하고 있었으나, 1986년의 공정거래법 개정 시 공동행위의 등록제를 폐지하였다. 1992년 공정거래법 개정 시에는 합의만으로 부당한 공동행위가 성립하는 것으로 하여 부당한 공동행위의 성립요건을 완화하였다. 그리고 1999년 2월 5일 공정거래법 개정 시에는 제19조 제1항 본문의 '일정한 거래분야에서 경쟁을 실질적으로 제한하는'을 '부당하게 경쟁을 제한하는'으로 개정하였다(다만, 제19조 제1항 제9호에는 '일정한 거래분야에서 경쟁을 실질적으로 제한하는' 내용으로 규정되어 있다).

참고로, 형법은 공정거래법상 입찰담합과 유사한 경우에 적용될 수

---

114) 박상용·엄기섭, 전게서, 197면

있는 조항으로 입찰방해죄를 규정하고 있는데(형법 제315조), 공정거래법상
의 부당한 공동행위와는 요건과 효과가 다르다.

나. 부당한 공동행위의 성립요건

부당한 공동행위가 성립하기 위하여는 다음과 같은 5가지의 요건을
모두 갖추어야 한다(공정거래법 제19조 제1, 2항). 즉, (i) 2 이상의 사업자가,
(ii) 합의를 하여야 하고, (iii) 그 합의의 내용은 공정거래법 제19조 제1항
각호의 어느 하나에 해당하는 합의를 할 것이어야 하며, (iv) 그 합의는
부당하게 경쟁을 제한하는 것이어야 하고, (v) 그 합의에 대하여 공정거래
위원회의 인가를 받지 않아야 한다. 이 5가지의 요건 중 어느 하나의 요건
이라도 갖추지 못하면 부당한 공동행위가 성립되지 않는다. 이 중 (i) 내지
(iv)의 요건은 적극적 요건이고, (v)의 요건은 소극적 요건이다.

(1) 2 이상의 주체

부당한 공동행위의 주체는 2 이상의 사업자이다. 이와 관련하여, 공정
거래법 제19조 제1항에서 '사업자는 … 다른 사업자와 공동으로 …' 라고
규정하고 있다. 따라서 어느 한 사업자의 행위만으로는 부당한 공동행위가
성립할 수 없다. 그리고 여기의 사업자는 물론 공정거래법 제2조 제1호의
사업자를 말한다. 프로야구 구단은 모두 프로야구단 흥행사업의 영위 등을
목적으로 하는 사업자에 해당되므로,[115] 프로야구 구단들이 제19조 제1항
각호의 1에 관하여 합의를 한다면 부당한 공동행위에 해당될 수 있다. 또한
사립대학도 공정거래법이 적용되는 사업자에 해당되므로 사립대학들이 등
록금 인상에 관하여 합의를 한다면 부당한 공동행위에 해당될 수 있다.

---

115) 서울지방법원 1996. 5. 16. 선고 96가합3697 판결

또한 제19조 제1항의 사업자에는 공급자는 물론 수요자도 포함된다.[116] 그리고 제19조 제1항의 사업자에는 외국사업자도 해당된다. 다시 말하면 국외에서 이루어진 외국사업자들간의 부당한 공동행위도 공정거래법 제2조의2의 요건에 해당되는 경우에는 제19조의 적용을 받아 시정조치 등의 대상이 될 수 있다.

부당한 공동행위에 있어서의 합의는 어떠한 거래분야나 특정한 입찰에 참여하는 모든 사업자들 사이에서 이루어질 필요는 없고 일부의 사업자들 사이에서만 이루어진 경우에도 그것이 경쟁을 제한하는 행위로 평가되는 한 부당한 공동행위가 성립한다는 것이 대법원 판례의 입장이다.[117]

어느 시장에 사업자의 수가 적으면 적을수록 부당한 공동행위가 성립되기 쉽다. 그것은 첫째로 부당한 공동행위를 하기 위하여는 사업자들이 비밀리에 만나서 서로 의견교환을 하여야 하는데 사업자들이 많으면 많을수록 모이기 어렵고 또한 발각되기 쉽기 때문이며, 둘째로 부당한 공동행위를 하기 위하여는 사업자들이 개별적인 차이점들을 모두 고려하여 가격 및 생산량에 관하여 합의를 하여야 하는데 그 시장에 사업자들이 많으면 많을수록 그러한 합의에 도달하는 것이 어렵기 때문이다.

또한, 이와 관련하여 행위에 참가하는 사업자들이 모회사와 자회사 또는 같은 기업집단에 속하는 계열회사의 관계에 있는 경우 이들을 복수의 사업자로 볼 수 있을지 여부가 논란이 될 수 있다.

이에 대하여 공정거래위원회의 '공동행위 심사기준'(2012. 8. 20. 개정, 공정거래위원회 예규 제165호)에서는 다수의 사업자를 실질적·경제적 관점에서 사실상 하나의 사업자로 볼 수 있는 경우에는 그들간에 이루어진 공정거래법 제19조 제1항 각 호의 사항(입찰담합은 제외)에 관한 합의에는

116) 서울고등법원 2000. 11. 16. 선고 99누5919 판결, 공정거래위원회 1998. 11. 25.자 의결 제98-273호
117) 대법원 1999. 2. 23. 선고 98두15849 판결

공정거래법 제19조 제1항을 적용하지 아니하고, 다만, 그 합의에 다른 사업자가 참여한 경우는 그러하지 아니한다고 규정한다(공동행위 심사기준 Ⅱ. 1. 나. (1)). '사실상 하나의 사업자'인지 여부를 판단하는 기준으로서, (1) 사업자가 다른 사업자의 주식을 모두 소유한 경우(동일인 또는 동일인 관련자가 소유한 주식을 포함한다. 이하 같다), 당해사업자들 모두를 사실상 하나의 사업자로 보고, (2) 사업자가 다른 사업자의 주식을 모두 소유하지 아니한 경우라도 주식 소유 비율, 당해사업자의 인식, 임원겸임 여부, 회계의 통합 여부, 일상적 지시 여부, 판매조건 등에 대한 독자적 결정 가능성, 당해 사안의 성격 등 제반 사정을 고려할 때, 사업자가 다른 사업자를 실질적으로 지배함으로써 이들이 상호 독립적으로 운영된다고 볼 수 없는 경우에는 사실상 하나의 사업자로 보되, 다만, 관련시장 현황, 당해사업자의 활동 등을 고려할 때 경쟁관계에 있다고 인정되는 경우에는 그러하지 아니한다고 규정한다(공동행위 심사기준 Ⅱ. 1. 나. (2)).

실제로 (주)모토로라코리아 등의 입찰담합 사건에서 직접 입찰담합을 행한 국내 총판 3사 중 하나가 제기한 행정소송에서 이들 사업자들은 모토로라 제품의 판매에 관하여 경쟁관계 자체가 성립할 수 없는 '경제적 동일체'이므로 이들 사이의 합의는 부당한 공동행위에 해당하지 않는다는 주장이 제기되었다. 그러나 서울고등법원은 이들은 모토로라코리아 회사와는 완전히 별개의 법인격을 가진 별개의 거래주체이고, 이들이 공급하는 제품의 부품 중 모토로라코리아의 제품이 차지하는 비중이 50%에 미치지 못하는 등 독자적으로 영업활동을 수행하고 있으며, 기존 대법원의 입장 역시 모회사가 주식의 100%를 소유하고 있는 자회사라고 하더라도 법률적으로는 별개의 독립된 거래주체로 보는 점 등을 근거로 위와 같은 주장을 배척하였다.[118]

---

118) 서울고등법원 2009. 9. 10. 선고 2008누15277 판결

(2) 합의를 하였을 것

부당한 공동행위란 공정거래법 제19조 제1항 각 호에 해당하는 구체적인 실행행위가 아니라 그러한 행위를 할 것을 '합의'하는 것 자체를 의미한다. 실무상 경쟁당국에 적발되는 사례를 거의 찾기는 어렵겠지만, 담합의 구체적인 실행행위까지 나아가지 않고 합의만 존재하는 경우에도 부당한 공동행위는 성립하게 된다.

(가) 행위공동성

공동행위가 성립하기 위해서는 우선 사업자가 다른 사업자와 공동으로 일정한 행위를 하기로 하는 합의가 있어야 한다. 공동행위는 사업자가 다른 사업자와 '공동으로' 하는 행위라는 점에서, 사업자가 단독으로 하는 시장지배적지위의 남용이나 기업결합 또는 불공정거래행위와 구별된다.

여기서 '공동으로'라고 함은, 복수의 사업자들 사이에 각자의 사업활동을 제한한다는 것에 대한 의사의 연락이 있고, 이에 기하여 행동의 일치가 이루어지는 것을 말한다. 바꾸어 말하자면, 공동행위가 성립하기 위하여는 각 당사자의 행위가 외형상 일치하는 것만으로는 부족하고, 그 배후에 인위적으로 형성된 의사의 연락이 있고, 그것에 의하여 당사자들 사이에 경쟁제한에 대한 공동인식이 형성되는 것을 통하여, 행위의 일치를 초래하는 관계가 이루어져야 한다.

(나) 합 의

공동행위의 성립을 인정하기 위해서는, 우선 당사자간에 의사의 연락이 있었다는 사실이 입증되어야 한다. 여기서 의사의 연락이라 함은 넓은 의미의 합의를 말하는 것으로서, 반드시 청약·승낙으로 이루어지는 법률적으로 유효한 계약일 필요는 없고 의사의 일치가 있었다는 상호의 인식이나 이해 또는 암묵적 양해, 즉 묵시적 합의까지 포함하는 넓은 개념이라고 보는 것이 일반적이다. 공정거래위원회 심결례 중에는 부당한 공동행위에서의 합의란 2 이상의 사업자간 의사의 합치를 의미한다고 해석하면서, 여기서 의사란 합의에 참가한 사업자들이 자신들의 공동이익 증진을 위해 가격인상 등 자신들의 행위를 일정하게 조정하겠다는 의식적 관념을 말하고, 합치란 합의에 참가한 경쟁사업자들이 자신과 동일한 내용의 의사를 형성하였다는 사실을 서로 인식하는 것을 말한다고 판단한 사례[119]가 있다.

이와 같은 합의는 계약·협정·결의 등과 같이 명시적인 방법으로 이루어지는 경우는 물론이고, 단순히 암묵의 요해에 그치는 경우도 포함된다.[120]

합의가 명시적인 방법으로 이루어지는 경우에는 당사자간에 의사의 합치가 있었다는 사실을 입증하기가 어렵지 않을 것이나, 합의가 단순히 묵시적 합의에 그치고 있는 경우에는 실제로 그것이 준수되는 과정을 종합적으로 판단하지 않으면, 그 존재의 여부를 판단할 수 없는 경우가 많을 것이다. 따라서 이러한 경우에는 '결과로서의 행위의 일치'로부터 역산하여 암묵의 요해의 존재를 추단하여야 하는 경우도 발생할 수 있다.

합의와 관련하여 제기될 수 있는 문제로서는, 우선 수직적 관계에 있는 사업자간의 합의가 부당한 공동행위에 해당하는지가 있다. 이에 대하여 공정거래위원회는 종래 공정거래법 제19조를 수평적 합의에만 적용하고 수직적 합의에는 적용하지 않으면서, 다만 수직적 관계에 있는 사업자가 수평적 합의에 참가한 경우 그 사업자가 공정거래법 제19조 제1항 후단의 요건을 충족할 경우 수평적 합의에 참가한 사업자들에게 이를 행하도록 한 사업자로서 제재하였다.[121] 그러나, 2011년 말 글락소그룹 및 (주)동아제약의 부당한 공동행위 사건에서 명시적으로 공정거래법 제19조 제1항을

119) 공정거래위원회 2010. 1. 13.자 제2010-004호 의결
120) 서울고등법원 1996. 2. 13. 선고 94구36751 판결
121) 서울고등법원 2009. 10. 7. 선고 2009누2483 판결

수직적 합의에 적용하였다.[122]

다음으로, 참여자 중 일부가 '진의 아닌 의사표시'[123]로서 합의에 가담한 경우에 이들 사업자에 대하여도 부당한 공동행위의 책임을 물을 수 있는가라는 문제가 제기될 수 있는데, 대법원은 진의 아닌 의사표시에 의한 합의도 부당한 공동행위에 해당한다는 입장이다. 구체적으로 살펴보면 다음과 같다.

정부종합청사 신관신축공사 입찰담합 사건에서 선경건설이 연고권을 주장하면서 다른 14개 건설회사에게 협조를 요청하자, 그 중 국제토건은 거절하고 나머지 13개 회사는 반대하지 않았다. 그 후 입찰 직전 선경건설과 국제토건은 서로 협조하기로 합의하여 국제토건이 565억원에 응찰하기로 약정하였다. 입찰결과 다른 13개 회사는 높은 가격으로 응찰하였으나 선경건설이 559억원에 응찰하였음에 반하여 국제토건은 약속을 파기하고 530억원에 응찰하여 낙찰예정자로 선정되었다. 공정거래위원회는 위 15개 회사에 대하여 시정명령(공정거래위원회 1997. 8. 25.자 의결 제97-132호)을 내렸는데, 그 중 국제토건은 불복하여 행정소송을 제기하였다. 상고심에서 대법원은 공정거래법 제19조 제1항의 부당한 공동행위는 사업자가 다른 사업자와 공동으로 일정한 거래분야에서 경쟁을 실질적으로 제한하는 같은 항 각 호의 1에 해당하는 행위를 할 것을 합의함으로써 성립하는 것이므로, 합의에 따른 행위를 현실적으로 하였을 것을 요하는 것이 아니고, 또 어느 한 쪽의 사업자가 당초부터 합의에 따를 의사도 없이 진의 아닌 의사표시에 의하여 합의한 경우라고 하더라도 다른 쪽 사업자는 당해사업자가 합의에 따를 것으로 신뢰하고 당해사업자는 다른 사업자가 합의를 위와

---

122) 공정거래위원회 2011. 12. 23.자 제2011-300호 의결
123) '진의(眞意) 아닌 의사표시'란 표의자가 자기가 하는 표시행위의 객관적인 의미가 자신의 내심의 진의와는 다르다는 것을 알면서 한 의사표시이다. 민법상으로는 이는 원칙적으로 유효이며, 다만 그 사실을 상대방이 알거나 알 수 있었을 때에 한하여 무효이고, 이 경우에도 선의의 제3자에게는 대항하지 못한다(민법 제107조).

같이 신뢰하고 행동할 것이라는 점을 이용함으로써 경쟁을 제한하는 행위
가 되는 것은 마찬가지이므로 부당한 공동행위의 성립에 방해가 되지 않는
다[124]고 판시하였다.

(다) 의식적 병행행위

사업자간에 의사의 소통이나 접촉은 없고 단지 동일한 행위가 사실상
평행적으로 이루어지고 있음을 상호 인식하고 있는 것에 불과한 의식적
병행행위의 경우에도 이를 공동행위로 볼 것인가 하는 것이 실무상 자주
문제되고 있다.

이는 과점산업에서 흔히 나타나는 현상이다. 과점상태 하에서는 경쟁
기업의 수가 적기 때문에, 각 사업자가 독자적인 기업활동을 영위하더라도
경쟁사업자들의 반응이나 기대되는 행위 등을 비교적 정확하게 예측할 수
있다. 따라서 과점상태 하에서는 경쟁사업자들이 쉽게 병행적인 행위를
취하게 된다. 이러한 인식 있는 병행행위의 경우에는 사업자 상호간의 의사
의 연락을 입증하기가 어렵기 때문에 이를 규제하기가 대단히 곤란하다.

예를 들면, 사업자간에 직접적인 의사교환에 의하여 전면적인 합의를
한 것은 아니지만 다른 경쟁사업자의 행동을 인식하고 그러한 인식으로부
터 경쟁사업자들이 하는 대로 따라서 행동하는 경우, 특정 사업자가 가격인
상을 선도하거나 가격인상사실을 유포하면 다른 사업자들이 이에 따라 가
격을 유사하게 인상하는 경우, 다른 사업자의 행동을 예측해서 그와 보조를
맞추려는 의사로 동일하게 행동하거나, 다른 사업자가 자신의 행동에 따라
서 동일한 행동에 나올 것을 예측해서 일정한 행동을 하는 경우 등이 이에
해당한다. 이에 관한 미국 연방대법원의 판례는 다소간 변천이 있었으나,
일반적으로 의식적 병행행위 자체는 공정거래법 위반이 아니고 추가적으
로 합의의 존재를 추단할 수 있는 정황증거, 소위 '추가적 요소(plus factor)'

---

124) 대법원 1999. 2. 23. 선고 98두15849 판결

가 있는 경우에 한하여 셔먼법 제1조 위반으로 판단하고 있다.[125]

대법원은 4개 화장지 제조업자들의 부당한 공동행위 사건[126] 및 철근 제조회사들의 부당한 공동행위 사건[127]에서, 과점적 시장구조하에서 시장 점유율이 높은 선발업체가 독자적인 판단에 따라 가격을 결정한 뒤 후발업 체가 일방적으로 이를 모방하여 가격을 결정하는 경우에는, 선발업체가 종전의 관행 등 시장의 현황에 비추어 가격을 결정하면 후발업체들이 이에 동조하여 가격을 결정할 것으로 예견하고 가격 결정을 하였다는 등의 특별 한 사정이 없는 한, 공정거래법 제19조 제5항에 따른 공동행위의 합의 추정은 번복된다고 판시한 바 있다. 이러한 판시에 대해서는 과점시장의 상호의존성을 바탕으로 한 의식적 병행행위가 공동행위 합의에 해당할 수 있음을 의미한다는 견해가 있는데,[128] 위 판시는 공정거래법 제19조 제5항 에 따라 공동행위 합의를 추정한 다음 이를 복멸하는 과정에서 이루어진 것이므로 이를 공동행위 합의를 인정하는 단계에서 원용할 것은 아니며,[129] 현행 공정거래법의 해석론으로는 부당한 공동행위의 합의, 특히 묵시적 합의의 개념에 동조적 행위나 의식적 병행행위는 포함될 수 없다는 반대견 해도 있다.[130]

이 밖에, 최근 선고된 11개 소주 제조·판매사업자의 부당한 공동행위 사건에서 대법원은 소주 제조·판매사업자인 원고들이 가격 인상에 관한 합의를 한 것과 같은 외형이 존재하지만, 이는 과점적 시장구조 하에서 국세청이 전체 소주업체의 출고가격을 실질적으로 통제·관리하고 있는 소주시장의 특성에 따라 원고들이 국세청 방침과 시장상황에 대처한 정도

---

125) 이호영, 전게서, 211면
126) 대법원 2002. 5. 28. 선고 2000두1386 판결
127) 대법원 2009. 9. 25. 선고 2006두14247 판결
128) 이호영, 전게서, 212면
129) 홍대식, 합리적인 부당한 공동행위 추정, 카르텔 종합연구(2010), 272면
130) 홍대식, 전게서, 217면

에 불과하므로 부당한 공동행위가 성립하지 않는다고 판시하였는데,[131] 향후 의식적 병행행위의 인정 여부에 관하여 상당한 의미를 지니는 판결이 될 것으로 보인다.

∂ 의식적 병행행위 - 대법원 2014. 2. 13. 선고 2011두16049 판결[132]

1. 사실관계

공정거래위원회는 2010. 6. 16.자 '11개 소주 제조·판매사업자의 부당한 공동행위에 관한 건(공정거래위원회 전원회의 의결 제2010-059호)'에서 소주 시장 점유율 100%를 차지하는 소주 제조 및 판매회사들(이하 '원고들'이라 한다)이 대표이사 모임인 'OO회' 및 임원 간담회, 실무자 회의 등 지속적인 모임을 통해 2007. 5.과 2008. 12. ~ 2009. 1. 소주가격 인상시 가격인상에 대해 합의함으로써 소주 시장에서의 경쟁을 부당하게 제한하였다고 보고 시정명령과 과징금을 부과하였다.

원고들은 소주 가격의 인상은 국세청의 소주 출고가격 인상 여부, 시기 및 인상률에 관한 행정지도의 결과이고, 소주산업의 특성상 가격담합의 유인이 없으며, 공정거래위원회가 합의의 증거로 삼은 자료들은 정보수집 차원에서 모은 자료 등이 조합된 것에 불과하다는 점을 들어 원고들간 소주 가격을 인상하기로 하는 합의는 존재하지 않았다고 다투었다.

2. 법원의 판결 요지

가. 서울고등법원 판결(서울고등법원 2011. 6. 2. 선고 2010누21718 판결)

11개 소주 제조 및 판매회사 중 9개 회사가 공정거래위원회의 처분에 불복하여 서울고등법원에 시정명령 등 취소청구의 소를 제기하였다. 서울고등법원은 소주 출고가격 인상에 관한 국세청의 개입에도 불구하고 제한적이기는 하나 소주 시장에서 가격경쟁을 하는 것이 가능하여 공동행위의 유인은 존재한다고 하면서, (1) 2007. 5. 소주 가격인상(이

---

131) 대법원 2014. 2. 13. 선고 2011두16049 판결
132) 강태규, 경쟁사간 정보교환과 묵시적 담합의 인정, 경쟁법판례연구회(2014. 6. 세미나자료), 1, 2면

하 '1차 가격인상'이라 한다)에 대하여, 원고들 소속 임원들의 업무수
첩에 가격인상에 관한 정보가 사전에 광범위하게 공유되고 있고, 그
내용을 합의의 결과로 받아들여 실제 각 사의 가격인상에 반영하고
있는 점, 위 업무수첩에는 경쟁관계에 있지도 않은 회사들의 가격인상
에 대한 내용도 포함되어 있는 점, 원고들의 소주출고 가격이 인상률이
나 가격 면에서도 대체로 일치하고 있다는 점 등을 들어 원고들이 가격
인상에 대하여 합의하였다고 인정하였고, (2) 2008. 12.~2009. 1. 소주
가격인상(이하 '2차 가격인상'이라고 한다)에 대하여, 소주가 2008. 3.
25. 정부의 물가관리 52개 품목에 포함되어 가격인상이 어려워지자
대표이사 모임인 ○○회에서 소주가격에 관한 여러 가지 협의를 한
사정이 있는 점, 원고들의 소주출고 가격이 인상률이나 가격면에서 대
체로 일치하고 있는 점을 들어 가격인상 합의를 인정하였다. 또한 위와
같은 가격인상 합의의 경쟁제한성과 부당성은 인정된다고 보았다.
서울고등법원은 국세청의 소주 가격 규제를 공정거래법 제58조의 정당
한 행위에 해당하여 공정거래법이 적용제외 되는지의 문제로 다루었다.
결론적으로 국세청의 행정지도는 법령에서 부여한 범위를 넘어서 행사
된 것으로서 정당하다고 볼 수 없어 위 조항이 적용되지 않으므로 공정
거래법의 적용제외에 해당하지 않는다고 판단하였다.

나. 대법원 판결(대법원 2014. 2. 13. 선고 2011두16049 판결)

대법원은 먼저 공정거래법 제19조 제1항이 금지하는 '부당한 공동행
위'는 '부당하게 경쟁을 제한하는 행위에 대한 합의'로서 명시적 합의
뿐 아니라 묵시적 합의도 포함되는 것이지만, 이는 둘 이상 사업자
사이의 의사의 연락이 있을 것을 본질로 하므로 단지 위 규정 각 호에
열거된 '부당한 공동행위'가 있었던 것과 일치하는 외형이 존재한다고
하여 당연히 합의가 있었다고 인정할 수는 없고, 사업자간 의사연결의
상호성을 인정할 만한 사정에 대한 증명이 있어야 한다. 그리고 그에
대한 증명책임은 그러한 합의를 이유로 시정조치 등을 명하는 피고에
게 있다고 판시하였다.

대법원은 공정거래위원회가 1차 가격인상 합의의 증거로 들고 있는
업무수첩 등 기재내용은 업체들이 주류도매상 등으로부터 취득한 정보

를 기재한 것으로 볼 여지가 상당하고, 2차 가격인상 합의의 증거로 들고 있는 ○○회 모임에 일부 업체만 참석한 것은 지역별로 A사와 해당 지역업체에 의한 과점시장이 형성되어 있는 소주시장의 특성에 비추어 담합을 위한 모임으로 보기 어렵다는 취지의 판시를 하였다. 대법원은 결국 비록 원고들이 사장단 모임에서 가격 인상에 관하여 논의한 사실이 있었고 A사의 가격 인상 후 곧이어 나머지 원고들도 가격을 인상하였으며, 그 인상률이나 인상 시기가 A사와 유사하여 가격 인상에 관한 합의가 있었던 것처럼 보이는 외형이 존재하지만, 이는 각 지역별로 A사와 해당 지역업체가 시장을 과점하는 시장구조에서, 국세청이 A사를 통하여 전체 소주업체의 출고가격을 실질적으로 통제 관리하고 있는 소주시장의 특성에 따라 나머지 원고들이 국세청의 방침과 시장상황에 대처한 정도에 불과한 것으로 볼 수 있으므로, 위와 같이 겉으로 드러난 정황만으로 원고들 사이에 공동행위에 관한 합의가 있었다고 단정하기는 어렵고 달리 이를 인정할 만한 증거가 없다는 이유로, 원심판결을 파기환송하였다.

(라) 합의의 추정

1) 취 지

현행 공정거래법 제19조 제5항은 공동행위의 합의의 입증과 관련하여 추정 규정을 두고 있다. 이 규정의 취지는 공정거래위원회가 같은 법 제19조 제1항에서 정하고 있는 부당한 공동행위의 성립을 입증하기 위해서는 무엇보다도 당해 행위가 사업자들의 명시적 · 묵시적 합의하에 이루어진 것이라는 점을 입증하여야 하는데, 은밀하게 행하여지는 부당한 공동행위의 속성상 그러한 합의를 입증한다는 것이 그리 쉬운 일이 아니므로, 공정거래위원회로 하여금 '사업자들의 합의'를 입증하는 것에 갈음하여 '2 이상의 사업자가 공정거래법 제19조 제1항 각 호의 1에 해당하는 행위를 하고 있다'는 사실('행위의 외형상 일치')과 '해당 거래분야 또는 상품 · 특성, 해당 행위의 경제적 이유 및 파급효과, 사업자간 접촉의 횟수 등 제반 사정에 비추어 그 행위를 그 사업자들이 공동으로 한 것으로 볼 수 있는 상당한 개연성이 있다'라는 사실('행위공동성에 대한 상당한 개연성')의 두 가지 간접사실만을 입증하도록 함으로써, 부당한 공동행위에 대한 규제의 실효성을 확보하고자 함에 있다.

추정의 요건이 되는 간접사실로서 2007년 개정 전 공정거래법 제19조 제5항은 '2 이상의 사업자가 공정거래법 제19조 제1항 각 호의 1에 해당하는 행위를 하고 있다'는 사실('행위의 외형상 일치')과 그것이 '일정한 거래분야에서 경쟁을 실질적으로 제한하는 행위'라는 사실('경쟁제한성')을 들고 있었으나, 위 공정거래법 개정으로 '2 이상의 사업자가 공정거래법 제19조 제1항 각 호의 1에 해당하는 행위를 하고 있다'는 사실 외에 '해당 거래분야 또는 상품·특성, 해당 행위의 경제적 이유 및 파급효과, 사업자 간 접촉의 횟수 등 제반 사정에 비추어 그 행위를 그 사업자들이 공동으로 한 것으로 볼 수 있는 상당한 개연성이 있는 때' 합의가 추정되는 것으로 개정되었다.

  2) 추정의 대상

2007년 개정 전 공정거래법 제19조 제5항에서의 추정의 대상에 대하여, 사업자들 사이의 일치된 경쟁제한행위로부터 '부당한 공동행위' 전체가 추정되는 것인지, 아니면 '공동행위' 또는 '공동행위에 대한 합의'만 추정되는 것인지 문제가 되는데, 이에 대해 대법원은 "2007년 공정거래법 개정 전 추정규정의 해석과 관련하여 공정거래위원회가 공정거래법 제19조 제5항에 따라 '2 이상의 사업자가 법 제19조 제1항 각 호의 1에 해당하는 행위를 하고 있다'는 사실(= '행위의 외형상 일치')과 그것이 '일정한 거래분야에서 경쟁을 실질적으로 제한하는 행위'라는 사실(= '경쟁제한성')의 두 가지 간접사실만을 입증하면, 이에 추가하여 사업자들의 명시적이거나 묵시적인 합의 또는 양해를 추정하게 할 정황사실을 입증할 필요 없이 그 사업자들이 그러한 공동행위(= '부당한 공동행위')를 할 것을 합의한 것으로 추정된다"고 판시하였다.[133] 즉, 추정의 대상이 되는 것은 '부당한 공동행위의 합의 사실'인 것이다.

반면, 현행 공정거래법 제19조 제5항의 명문상 추정의 대상은 합의의 존재이다.

3) 추정의 성격

공정거래법 제19조 제2항의 추정은 법률의 규정에 의하여 특정 사실로부터 다른 사실의 존재를 추인하는 법률상의 추정에 해당한다. 나아가, 이러한 추정 조항과 입증책임과의 관계에 있어서, 이를 입증책임의 전환을 가져오는 법률상의 추정으로 볼 것인지, 아니면 입증책임의 전환을 가져오는 추정이 아니라 오로지 실질적인 입증책임에만 관련되는 것으로서 그러한 요건이 충족되는 경우 공정거래위원회가 규제절차에 착수하여야 한다는 행정법상의 추정으로 볼 것인지 논란이 있다.

그러나 입법경위, 그 동안의 실무 등을 고려하면 이를 입증책임의 전환이 수반되는 추정규정으로 평가하는 것이 불가피하다. 따라서 공정거래법 제19조 제5항의 추정 요건인 '공동행위의 외관'과 '행위공동성에 관한 상당한 개연성'이라는 두 가지 간접사실이 입증되어 추정의 효과가 발생한 경우 사업자가 합의의 부존재를 입증하거나 추정의 번복 사유를 입증하여야 한다.

다만, 2007년 공정거래법 개정 후 현행 공정거래법 제19조 제5항의 추정 규정은 먼저 공정거래위원회로 하여금 간접사실로 '행위의 외형상 일치'와 '행위공동성에 대한 상당한 개연성'을 입증하도록 하고 있으므로, 정황사실에 의한 합의의 추정, 즉 사실상의 추정과 동일하다는 점에서, 정황증거 등을 근거로 합의를 추정할 수 있는 사실에 주의를 환기시키고

---

133) 대법원 2003. 5. 27. 선고 2002두4648 판결

이를 입법적으로 확인하는 의미를 가질 뿐이라는 견해가 있다.[134] 실제로, 2007년 공정거래법 개정 후 공정거래위원회는 부당한 공동행위의 입증에 있어서, 사실상의 추정을 통하여 공정거래법 제19조 제1항을 직접 적용하고, 공정거래법 제19조 제5항의 추정 규정을 거의 사용하지 않고 있다.

4) 추정 규정의 적용 요건

합의 추정의 적용 요건은 ① 2 이상의 사업자가 공정거래법 제19조 제1항 각 호의 1에 해당하는 행위를 하고 있다는 사실('행위의 외형상 일치' 또는 '공동행위의 외관')과 ② 해당 거래분야 또는 상품·용역의 특성, 해당 행위의 경제적 이유 및 파급효과, 사업자 간 접촉의 횟수·양태 등 제반 사정에 비추어 그 행위를 그 사업자들이 공동으로 한 것으로 볼 수 있는 상당한 개연성이 있는 때에 해당한다는 사실('행위공동성에 관한 상당한 개연성')이라는 두 가지 간접사실의 입증이다.

첫째, 행위의 외형상 일치 요건이다. 2 이상의 사업자가 공정거래법 제19조 제1항 각 호의 1에 해당하는 행위, 즉 가격을 동일하게 결정·유지 또는 변경하는 행위, 생산량이나 판매량을 일정하게 제한하는 행위 등을 하고 있는 경우 그 행위가 외형상 일치한다는 요건을 충족하게 된다. 행위가 외형상 일치하기만 하면 되므로, 그와 같은 행위의 일치를 반드시 사업자들간에 상호 인식하고 있을 필요도 없고 실제로는 각자의 경영판단에 따라 독자적으로 이루어졌음에도 마침 우연한 일치를 보게 된 경우[135]도 포함될 수 있다.

법원은 2007년 개정 전 공정거래법 제19조 제5항을 적용한 사례에서 가격, 생산량 기타 거래조건의 경우 그 변경의 정도나 비율이 어느 정도에

---

134) 이호영, 전게서, 203면
135) 다만, 대법원은 2007년 개정 전 공정거래법 제19조 제5항을 적용한 사례에서 이와 같은 경우에는 합의의 추정이 번복된다고 판시하였다. 대법원 2002. 5. 28. 선고 2000두1386 판결

이르러야 행위가 외형상 일치 여부를 판단함에 있어서 각 사업자가 가격결정 등의 행위에 이르게 된 과정과 경위에 관한 정황사실을 고려할 수 있으나, 단지 사업자들의 합의 내지 암묵적인 양해를 추정케 할 정황사실에 불과한 것은 이를 고려하여서는 안 된다고 판시하였다.[136]

둘째, 행위공동성에 관한 상당한 개연성 요건이다. 이 요건은 개정 전의 '경쟁제한성' 요건을 대체하는 것이다. 이는 법률상 합의가 추정되기 위해서는 공정거래위원회가 합의 내지 암묵적 양해를 추정케 할 정황사실을 입증할 필요가 있음을 명시한 것이다. 개정 규정에서는 해당 거래분야 또는 상품ㆍ특성, 해당 행위의 경제적 이유 및 파급효과, 사업자 간 접촉의 횟수ㆍ양태 등 제반 사정을 행위공동성에 관한 상당한 개연성 요건을 입증할 정황증거를 판단할 요소로 예시하고 있다. 따라서 향후 개정 규정의 해석과 적용은 이 요건을 입증할 정황증거를 식별하고 입증의 정도를 판단하는 작업에 초점을 두게 될 것으로 예상된다.

5) 추정의 복멸

공정거래법 제19조 제5항에 의하여 합의가 추정되는 경우, 사업자는 그 행위가 합의에 기한 것이 아님을 입증함으로써 추정을 복멸할 수 있다. 합의 추정을 받는 사업자가 추정을 복멸하기 위하여 입증하여야 할 사항은 합의가 없었다는 사실 또는 외부적으로 드러난 동일 또는 유사한 행위가 합의에 따른 공동행위가 아니라는 점을 수긍할 수 있는 정황이다.[137]

이와 관련하여 대법원은 일반론으로서 "(2007년 개정 전) 공정거래법 제19조 제5항에 따라 부당한 공동행위의 합의추정을 받는 사업자들이 부당한 공동행위의 합의의 추정을 복멸시킬 수 있는 사정을 판단함에 있어서는, 당해 상품 거래 분야 시장의 특성과 현황, 상품의 속성과 태양, 유통구

---

136) 대법원 2009. 4. 9. 선고 2007두6892 판결
137) 대법원 2003. 2. 28. 선고 2001두1239 판결, 2003. 5. 27. 선고 2002두4648 판결 등

조, 시장가격에 영향을 미치는 제반 내·외부적 영향, 각 개별업체가 동종
거래 분야 시장에서 차지하고 있는 지위, 수요나 가격의 변화가 개별사업자
의 영업이익, 시장점유율 등에 미치는 영향, 사업자의 개별적 사업여건에
비추어 본 경영판단의 정당성, 사업자 상호간의 회합 등 직접적 의사교환의
실태, 협의가 없었더라도 우연의 일치가 이루어질 수도 있는 개연성의 정
도, 법 위반 전력, 당시의 경제정책적 배경 등을 종합적으로 고려하여 거래
통념에 따라 합리적으로 판단하여야 할 것이다"라고 하여 합의 추정 복멸
여부의 판단을 위하여 법원이 고려하여야 하는 사정의 기준을 제시하고
있다.[138]

구체적으로는 과점적 시장구조 하에서 시장점유율이 높은 선발업체가
독자적인 판단에 따라 가격을 결정한 뒤 후발업체가 일방적으로 이를 모방
하여 가격을 결정하는 경우에는, 선발업체가 종전의 관행 등 시장의 현황에
비추어 가격을 결정하면 후발업체들이 이에 동조하여 가격을 결정할 것으
로 예견하고 가격 결정을 하였다는 등의 특별한 사정이 없는 한, 공동행위
의 합의의 추정은 번복된다고 판시하였다.[139] 이는 추정의 요건인 '행위의
외형상 일치'의 입증과 관련하여 비록 입증책임은 전환되었으나 사업자에
게 반대증거를 제출하여 추정의 구속에서 벗어날 수 있는 여지를 마련해주
는 것으로 평가할 수 있다.

또한 대법원은 그 후 이에 대하여 "부당한 공동행위의 합의 사실에
대해서 추정을 받는 사업자들로서는 외부적으로 드러난 동일 또는 유사한
행위가 실제로는 아무런 합의 없이 각자의 경영판단에 따라 독자적으로
이루어졌음에도 마침 우연한 일치를 보게 되는 등 공동행위의 합의가 없었
다는 사실을 입증하거나, 또는 외부적으로 드러난 동일 또는 유사한 행위가

138) 대법원 2003. 12. 12. 선고 2001두5552 판결, 2004. 10. 28. 선고 2002두7456 판결,
    대법원 2006. 10. 27. 선고 2004두7160 판결 등
139) 대법원 2002. 5. 28. 선고 2000두1386 판결

합의에 따른 공동행위가 아니라는 점을 수긍할 수 없는 정황을 입증하여
그 추정을 복멸시킬 수 있다"고 좀 더 명료하게 입장을 밝히면서,[140) 행위
의 일치가 국세청의 가격인상률에 대한 행정지도에 따른 것이라는 사정(대
법원 2003. 2. 28. 선고 2001두1239 판결), 금융감독원장이 행정지도를 통하여
사실상 자동차보험료 변경에 관여하였고 그 결과 보험료가 동일하게 유지
된 사정(대법원 2005. 1. 28. 선고 2002두12052 판결) 등을 추정의 번복사유로
판시하였다.

6) 형사절차에 있어서의 적용 여부

공동행위의 합의의 입증과 관련한 공정거래법 제19조 제5항의 합의의
추정 규정을 통해, 형사절차에서 검사의 입증책임이 경감되는지 여부가
문제 되는데, 이에 대하여 대법원은 공정거래위원회가 용인동백지구 아파
트 분양가 담합건과 관련하여 2007년 개정 전 공정거래법 제19조 제5항의
합의 추정 조항을 적용하여 부당한 공동행위를 행하였다고 인정한 건설사
및 그 임직원들에 대한 형사소송에서, 부당한 공동행위의 '합의'의 입증
정도는 법관으로 하여금 합리적 의심을 할 여지가 없을 정도로 엄격한
증명을 요한다고 할 것이므로 이 사건 공소사실에 대하여 범죄의 증명이
없다는 이유로 피고인들에게 무죄를 선고한 하급심의 판결은 정당하다고
판시함으로써 적어도 형사절차에 있어서 공정거래법 제19조 제5항의 합의
의 추정 조항이 존재하더라도 입증책임에 아무런 영향을 미치지 않음을
분명히 하였다.[141)

생각건대, 형사재판에서 입증책임은 검사에게 있으므로 일정 사실의

---

140) 대법원 2003. 2. 28. 선고 2001두1239 판결, 2003. 5. 27. 선고 2002두4648 판결,
2003. 5. 30. 선고 2002두4433 판결 등
141) 대법원 2008. 5. 29. 선고 2006도6625 판결, 위 판결의 원심판결은 수원지방법원
2006. 8. 20. 선고 2005노4635 판결인바, 원심은 그 판결내용에 합리적 의심을
할 여지가 없을 정도의 엄격한 증명이 요구되는 형사재판에서는 공정거래법 제19
조 제5항의 추정규정이 적용될 수 없음을 명시하고 있다.

'개연성'만으로 입증책임을 검사로부터 피고인에게 전환시키는 것은 헌법
상 무죄추정의 원칙에 반한다고 본다. 따라서 판례의 입장과 같이 형사절차
에서는 2007년 개정 전후를 막론하고 공정거래법 제19조 제5항이 적용되
지 않는다고 보는 것이 타당할 것이다.

(3) 부당한 경쟁제한성

공정거래법은 모든 공동행위를 원칙적으로 금지하는 것이 아니라 그
공동행위가 '부당하게' 경쟁을 제한하는 경우에만, 이를 금지하고 있다.
공정거래법 제2조 제8호의2에서는 '경쟁의 실질적 제한'이라는 표현의 의
미에 대하여 '일정한 거래분야의 경쟁이 감소하여 특정사업자 또는 사업자
단체의 의사에 따라 어느 정도 자유로이 가격, 수량, 품질 기타 거래조건
등의 결정에 영향을 미치거나 미칠 우려가 있는 상태를 초래하는' 것이라고
정의하고 있는데, 여기서 말하는 '실질적 경쟁제한성'과 부당한 공동행위
의 위법성 요건으로서의 '부당한 경쟁제한성'을 어떻게 구별할 것인가에
대하여는 논란이 있다.

1) 경쟁제한성

경쟁제한성 판단을 위해서는 그 전제로서 일정한 거래분야, 즉 시장의
획정을 필요로 한다. '일정한 거래분야'라 함은 서로 경쟁관계에 있는 사업
자에 의하여 구성되어지는 현재 또는 잠재적으로 가능한 거래의 총체를
가리키고, 이는 다른 거래와 구별되는 경쟁조건하에서 어느 정도 독립적으
로 수요와 공급이 결합하여 독자적인 가격을 성립시키는 거래의 범위라는
점에서 하나의 경쟁권 내지 시장이라고 표현할 수 있다.

이러한 경쟁권은 상품, 용역의 종류, 품질, 거래수량, 거래방법 등에
의하여 구별되는 고객군을 대상으로 하여 따로 성립할 수 있고, 또 운임이
나 기타 경제적 조건이 원인이 되어 저절로 거래 가능한 수요자와 공급자의

범위가 지리적으로 제한되는 바람에 지역적으로 성립할 수도 있는 것이다.[142] 거래분야의 범위는 거래대상, 거래지역, 거래상대방, 거래단계 등을 판단기준으로 하여 구분할 수 있다.

부당한 공동행위의 경쟁제한성 판단기준에 대하여 대법원은 구체적으로 당해 공동행위가 '경쟁제한성'을 가지는지 여부는 당해 상품의 특성, 소비자의 제품선택 기준, 당해 행위가 시장 및 사업자들의 경쟁에 미치는 영향 등 여러 사정을 고려하여, 당해 행위로 인하여 일정한 거래분야에서의 경쟁이 감소하여 가격·수량·품질 기타 거래조건 등의 결정에 영향을 미치거나 미칠 우려가 있는지를 살펴, 개별적으로 판단하여야 할 것이라고 판시한 바 있다.[143]

일반적으로 공동행위는 기업결합과는 달리 경쟁에 미치는 영향이 대체로 직접적이고 명백하다. 특히 가격협정, 입찰담합 및 시장분할협정 등 소위 '경성 공동행위(hardcore cartel)'는 경쟁제한적 효과가 뚜렷하고 직접적이며 이를 상쇄할 만한 경쟁촉진적 효과를 기대하기 어려워서 미국이나 EU 등 각국의 판례나 실무상 문제가 된 행위가 경쟁에 미치는 효과에 대한 구체적 분석을 거치지 않고 부당한 공동행위로 인정하고 있다.

참고로 미국의 경우에 공동행위의 위법성(경쟁제한성)을 심사함에 있어서 공동행위의 성격이나 유형에 따라 당연위법의 법리(*per se* illegal rule)와 합리성의 법리(rule of reason)라는 두 가지 분석방법을 사용하고 있다. 즉, 어떤 유형의 합의가 경쟁에 피해를 줄 개연성이 높고 의미 있는 경쟁촉진적 효과를 발생시키지 않기 때문에 그 효과에 대한 상세한 조사에 소요되는 시간과 비용이 정당화되지 못하는 경우에는 당연위법으로 간주하고 있으며, 그 밖의 다른 합의들은 합리성의 법리에 따라 평가된다. 합리성의 법리에 따른 분석은 합의가 경쟁에 미치는 전반적인 효과에 대한 실제적이

---

142) 서울고등법원 1996. 2. 13. 선고 94구36751 판결
143) 대법원 2006. 11. 9. 선고 2004두14564 판결

고 신축적인 조사를 포함하고, 문제가 된 합의 및 시장상황의 특성에 따라 분석의 초점 및 세부적인 내용이 각기 다르다.[144]

최근 전형적인 경성 공동행위가 문제가 된 수입차 딜러들의 부당한 공동행위 사건에서, 대법원은 공정거래법상 부당한 공동행위에 해당하는 지 여부를 판단함에 있어서는 먼저 그 전제가 되는 관련시장을 획정하여야 하고 관련시장을 획정함에 있어서는 거래대상인 상품의 기능 및 효용의 유사성, 구매자들의 대체가능성에 대한 인식 및 그와 관련한 경영의사 결정 형태 등을 종합적으로 고려하여야 한다고 전제하고, 공동행위의 대상 및 사업자의 의도와 목적, 공동행위로 이미 경쟁제한 효과가 발생한 영역 또는 분야, 공동행위의 영향 내지 파급효과 등 원심이 관련시장을 획정함에 있어 서 고려한 요소들은 주로 관련시장 획정 그 자체를 위한 고려요소라기보다 관련시장 획정을 전제로 한 부당한 공동행위의 경쟁제한성을 평가하는 요소들에 해당하므로, 만약 그와 같은 방식으로 관련시장을 획정하게 되면 관련시장을 획정한 다음 경쟁제한성을 평가하는 것이 아니라 거꾸로 경쟁 제한 효과가 미치는 범위를 관련시장으로 보게 되는 결과가 되어 부당하다 는 이유로 원심 판결을 파기하였다.[145]

이에 대해 위 대법원 판결의 판시내용은 실제로 가격인상의 효과를 초래한 가격협정과 같은 '경성 공동행위'의 경우에도 그 경쟁제한성 여부 를 판단하기 위해서는 우선 관련시장을 엄밀하게 획정하고 당해 시장에서 의 경쟁제한성을 평가하여야 한다는 취지라고 할 수 있는데, 이러한 법리는 미국 및 EU 등 주요 국가의 경쟁법 집행례 및 판례와 매우 동떨어진 것으로 서 경쟁법 이론에 부합하지 않을 뿐만 아니라, 실제 경쟁제한성이 명백한 경성 공동행위에 대한 법집행상 많은 시간과 비용이 소요되는 엄밀한 관련 시장의 획정 등을 요구함으로써 상당한 과소집행의 오류(false negative)가

---

144) 이호영, 전게서, 219면
145) 대법원 2012. 4. 26. 선고 2010두18703 판결

우려된다는 견해가 있다.[146]

공정거래위원회의 현행 공동행위 심사기준상 공동행위의 위법성을 판단하는 방법을 개략적으로 살펴보면 다음과 같다. 공동행위의 위법성 심사는 그 성격에 대한 분석으로부터 출발하는데, 성격상 경쟁제한 효과만 생기는 것이 명백한 경우에는(예컨대, 가격·산출량의 결정·제한이나 시장·고객의 할당 등) 특별한 사정이 없는 한 구체적인 경쟁제한성에 대한 심사 없이 부당한 공동행위로 판단할 수 있다. 다만, 이 경우에도 당해 공동행위와 관련되는 시장의 구조, 거래형태, 경제상황 등 시장상황에 대한 개략적인 분석은 하여야 한다(공동행위 심사기준 V).[147]

즉, 공동행위의 위법성 심사의 제1단계로서 공동행위의 성격 및 시장분석을 행하여, 공동행위의 성격상 경쟁제한 효과만 발생시키는 것이 명백한 경우에는 당해 행위 자체가 직접적으로 경쟁을 제한하여 가격상승·산출량 감소를 초래하기 때문에 구체적인 경제분석이 없더라도 시장상황에 대한 개략적인 분석을 통하여 위법한 공동행위로 판단할 수 있다(공동행위 심사기준 V. 1. 가.). 이에 반하여 공동행위의 성격상 효율성 증대효과와 경쟁제한 효과가 발생하지 않는 것이 명백한 경우에는 심사를 종료할 수 있고, 그렇지 않은 경우에는 경쟁제한 효과와 효율성 증대효과의 비교형량이 필요하므로 제2단계로서 관련시장을 획정하고 시장점유율을 산정하여 참여사업자들의 시장점유율의 합계가 20% 이하인 경우에는 특별한 사정

---

146) 이호영, 전게서, 185, 186면
147) 위 공동행위 심사기준의 내용은 2012년 개정 시 대폭 수정된 것인데, 위 공동행위 심사기준은 종전에는 미국 등의 예에 따라서 공동행위를 그 성격에 따라 '경성 공동행위'와 '연성 공동행위'로 구분하고, 전자의 경우에는 통상 구체적인 시장상황에 대한 심사 없이 부당한 공동행위로 인정하고, 연성 공동행위의 경우에 비로소 관련시장을 획정하고 참여사업자들의 시장점유율 등의 요소를 고려하여 경쟁제한성 여부를 판단하도록 규정하였으나, 현재는 '경성 공동행위'와 '연성 공동행위'의 명시적 구분을 포기하고 '성격상 경쟁제한 효과만 생기는 것이 명백한 경우'에도 시장상황에 대한 개략적인 분석을 하도록 규정하고 있다.

이 없는 한 경쟁제한 효과를 발생시키지 않는 것으로 판단하고, 시장점유율의 합계가 20%를 초과하는 경우에는 다시 시장점유율, 해외경쟁 도입 수준, 신규진입의 가능성 등을 분석하여 시장지배력과 참여사업자 간 경쟁제한 수준을 심사하고, 제3단계로서 당해 공동행위의 효율성 증대효과를 분석하고 마지막으로 양자를 비교형량하여 최종적으로 위법성을 심사하도록 단계별 심사절차를 규정하고 있다(공동행위 심사기준 V. 1. 나. 및 2~4).

2) 부당한 경쟁제한성

공정거래법 제19조는 위법성 요건을 단순히 경쟁제한성이라고 하지 않고 '부당한' 경쟁제한성이라고 규정하고 있다. 여기서 부당성을 경쟁제한성과 구별하여 독자적 의미를 갖고 있는 것으로 해석할 수 있는지는 논란이 있으나, 대법원 판례는 경쟁제한성과 구별되는 사유를 들어 문제되는 합의가 부당하지 않다고 판단하는 법리를 발전시키고 있다.

즉, 대법원은 사업자단체에 의한 가격결정행위와 관련하여 "구 공정거래법(2004. 12. 31. 법률 제7315호로 개정되기 전의 것) 제19조 제1항은 부당하게 경쟁을 제한하는 가격을 결정·유지 또는 변경하는 행위 등을 부당한 공동행위로서 금지하고, 제2항은 제1항의 부당한 공동행위에 해당하더라도 일정한 목적을 위하여 행하여지는 경우로서 공정거래위원회의 인가를 받은 경우에는 제1항의 적용을 배제하고 있는 점, 같은 법 제19조 제1항에서 부당한 공동행위를 금지하는 입법 취지는 직접적으로는 공정하고 자유로운 경쟁을 촉진하고, 궁극적으로는 소비자를 보호함과 아울러 국민경제의 균형 있는 발전을 도모하고자 함에 있는 점 등에 비추어 보면, 사업자단체에 의한 가격결정행위가 일정한 거래분야의 경쟁이 감소하여 사업자단체의 의사에 따라 어느 정도 자유로이 가격의 결정에 영향을 미치거나 미칠 우려가 있는 상태를 초래하는 행위에 해당하는 이상, 이로 인하여 경쟁이

제한되는 정도에 비하여 같은 법 제19조 제2항 각 호에 정해진 목적 등에
이바지하는 효과가 상당히 커서 소비자를 아울러 국민경제의 균형 있는
발전을 도모한다는 법의 궁극적인 목적에 실질적으로 반하지 않는다고 인
정되는 예외적인 경우에 해당한다면, 부당한 가격제한행위라고 할 수 없
다"라고 판시하였고,[148] 이러한 법리를 부당한 공동행위에도 적용하고 있
다.[149]

(4) 행위유형(합의의 대상)[150]

(가) 가격협정

가격협정이라 함은 사업자가 다른 사업자와 공동으로 상품이나 용역
의 가격을 결정유지 또는 변경하는 행위를 말한다(공정거래법 제19조 제1항
제1호).

여기서 말하는 '가격'은 사업자가 제공하는 상품 또는 용역의 대가,
즉 사업자가 거래의 상대방으로부터 반대급부로 받는 일체의 경제적 이익
을 가리키는 것으로,[151] 당해 상품의 특성, 거래내용 및 방식 등에 비추어
거래의 상대방이 상품 또는 용역의 대가로서 사업자에게 현실적으로 지불
하여야 하는 것이라면 그 명칭에 구애됨이 없이 당해 상품 또는 용역의
가격에 포함된다.[152] 가격협정에는 일정 수준으로 가격을 결정, 유지, 변경

---

148) 대법원 2005. 9. 9. 선고 2003두11841 판결, 2005. 8. 19. 선고 2003두9251 판결
149) 대법원 2008. 12. 24. 선고 2007두19584 판결
150) 부당한 공동행위는 사업자간의 합의의 대상인 경쟁제한행위의 유형에 따라 여러
가지의 모습으로 나타난다(공정거래법 제19조 제1항). 법에서 규정하는 9가지의
행위유형은 외국의 입법례에 비추어 예시규정이라고 보는 견해도 있으나, 엄격히
해석하여 열거규정이라고 해석하여야 할 것이다.
151) 사업자가 소비자나 다른 사업자에게 공급하는 상품용역의 대가에 관하여 성립할
수 있음은 물론 사업자가 다른 사업자로부터 공급받는 상품용역의 대가에 관하여
도 성립할 수 있다(대법원 2005. 8. 19. 선고 2003두9251 판결).
152) 대법원 2001. 5. 8. 선고 2000두7872 판결

(인하 포함)이나 인상, 인하폭의 결정, 기준가격, 표준가격, 최고가격, 최저가격 등 가격설정의 기준제시, 할인율, 이윤율 등 가격구성요소의 한도설정, 할인판매나 일정가격 이하 응찰의 금지 등이 포함된다고 규정한다.

사업자간의 정상적인 경쟁을 부당하게 제한하는 것인 이상 합의된 가격의 고저를 불문한다. 판례도 가격에 관한 공동행위를 금지하는 이유는 합의된 가격의 고저 및 이로 인한 소비자들의 일시적인 이익의 유무를 불문하고 사업자가 자의적으로 가격을 지배하는 힘을 발휘하는 것을 허용하지 아니한다는 것이므로, 원고가 덤핑방지관세를 부과 받을 정도의 저가로 합의하였다고 하더라도 이 사건 합의는 사업자가 자의적으로 가격을 지배하는 힘을 발휘하는 것으로서 위법하다고 판시하고 있다.[153] 또한, 공동으로 가격을 인상하기로 합의하는 것 등이 부당하게 경쟁을 제한하는 경우에 해당하는 한, 반드시 합의한 것과 동일한 가격 또는 일정한 수준으로 인상되어야 하는 것은 아니고, 사업자 중 일부가 자신의 이익을 위하여 합의한 것을 위반하거나, 그 위반행위에 대한 제재가 없었다고 하더라도 가격공동행위의 성립에는 지장이 없다.[154]

유통단계에 있어서 최종 유통업자들의 판매가격을 제조업자들이 합의한 경우도 가격결정의 공동행위에 해당한다. 판례는 "자사 제품을 판매하는 대리점 등의 업주를 상대로 소비자에 대한 할인판매를 금지하는 내용의 가격표시제를 실시하기로 합의한 행위는 공정거래법 제19조 제1항 제1호 소정의 가격결정 등에 관한 공동행위에 해당한다"고 하였고,[155] "할인점 유통경로로 판매되는 고추장제품 중 행사제품의 할인율을 정상출고가의 30% 정도로 유지하기로 합의한 것도 가격결정 합의에 해당한다"고 판시한 사례가 있다.[156]

---

153) 서울고등법원 2010. 2. 11. 선고 2009누6539 판결
154) 서울고등법원 2007. 6. 14. 선고 2005누29411 판결
155) 대법원 2011. 9. 8. 선고 2010두344 판결
156) 서울고등법원 2012. 4. 18. 선고 2011누29276 판결

가격협정의 방법으로는 확정가격을 정하는 방법과 인상률을 정하는 방법, 표준품목의 가격을 정하는 방법, 재판매가격을 정하는 방법, 리베이트(rebate)율이나 마진율을 정하는 방법, 운송비와 같은 부대비용을 정하는 방법[157] 등이 있다. 한편 가격협정에 있어서는 준수해야 할 최저가격을 정하는 것이 보통이지만, 최고가격을 정하는 경우도 있다. 이 경우에는 최고가격의 결정이라고 하는 형식을 취하더라도, 통상 최고가격 수준으로 가격이 결정될 뿐만 아니라 이와 같이 합의에 의한 가격결정 그 자체가 바람직스럽지 않기 때문에 규제를 받게 된다.

(나) 거래조건협정

거래조건협정이라 함은 사업자가 다른 사업자와 공동으로 상품 또는 용역의 거래조건이나, 그 대금(대가)의 지급조건을 정하는 행위를 말한다(공정거래법 제19조 제1항 제2호). 대금지급방법, 지급기간, 상품인도방법, 애프터서비스기간 등에 대하여 정하거나, 일정한 상품에 다른 상품을 끼워 팔 것 또는 일정한 경우에 특별할인이나 리베이트와 같은 유리한 판매조건을 부여할 것 등을 협정하는 것이 여기에 해당된다.

패스트푸드 사업자들이 서비스 차원에서 실시하던 탄산음료 리필서비스를 일시에 중단하기로 합의하거나, 손해보험사들이 무료 긴급출동 서비스를 일시에 폐지하기로 합의한 경우,[158] 우유업체들의 덤 증정행사를 중단하기로 합의한 경우는 상품 또는 용역의 거래조건을 정하는 공동행위에 해당된다[159]는 것이 판례이다.

---

157) 사업자들 사이에 석도강판의 운송을 사업자가 담당하여 판매할 때에는 거래처까지의 실제 운송거리에 상관없이 사업자들 중 가장 가까운 생산공장과 거래처간의 거리에 해당하는 협정 운송비를 징수하기로 하는 운송비 합의를 한 경우, 석도강판의 가격은 판매가격과 운송비를 합한 인도가격이고, 따라서 이러한 운송비 합의는 석도강판의 가격을 사업자들의 의도대로 결정하는 행위로서 부당한 공동행위에 해당한다(대법원 2001. 5. 8. 선고 2000두7872 판결).

158) 대법원 2006. 11. 23. 선고 2004두8323 판결

159) 서울고등법원 2012. 4. 12. 선고 2011누27584 판결

(다) 거래량제한협정

공급제한협정이라 함은 상품의 생산출고수송 또는 거래의 제한이나 용역의 거래를 제한하는 행위를 말한다(공정거래법 제19조 제1항 제3호). 생산량, 출고량, 수송량을 할당, 제한하거나, 가동률, 가동시간, 원료구입 등을 제한하는 경우이다.

판례에서 인정된 사례로는 "고등학교 영어 자습서 등의 생산·판매에 관한 공동사업약정서를 작성하여 자습서 등의 판매에 따른 포장 및 운송과 유통업자와의 판매계약도 조합에서 일괄적으로 처리하기로 합의한 행위는 공정거래법 제19조 제1항 제3호의 상품의 생산·출고·수송 또는 판매의 제한이나 용역의 제공을 제한하는 행위에 해당된다"고 한 사례가 있고,[160] 사업자간의 '시장점유율' 합의행위[161]나 '판매량 할당'을 합의한 경우,[162] 구매입찰에서 '응찰수량'을 합의한 경우[163]도 이에 해당된다.

(라) 시장분할협정

시장분할협정이라 함은 사업자가 다른 사업자와 공동으로 거래지역 또는 거래상대방을 제한하는 행위를 말한다(공정거래법 제19조 제1항 제4호).

거래지역을 제한하는 행위에는 사업자별로 거래지역을 정하는 행위, 특정 지역에서는 거래하지 않도록 하거나 특정 지역에서만 거래하도록 하는 행위 등이 포함되고, 거래상대방을 제한하는 행위에는 사업자별로 거래상대방을 정하는 행위, 특정사업자와는 거래하지 않도록 하거나 특정사업자와만 거래하도록 하는 행위 등이 포함된다.

---

160) 대법원 1992. 11. 13. 선고 92두8040 판결
161) 서울고등법원 2000. 11. 16. 선고 99누6226 판결
162) 서울고등법원 2004. 11. 24. 선고 2003누9000 판결
163) 서울고등법원 2011. 6. 9. 선고 2010누40061 판결

판례상 아파트관리 전산업무 사업자들간에 각 영업지역을 분할하여
영업활동을 수행하기로 합의한 사안에 대해 제4호를 적용한 사례가 있
고,[164] 지하철 건설공사에 참가한 다수의 건설사들이 입찰에 참여함에 있어
각자 1개 공구에만 입찰에 참여하기로 합의(이른바 '공구분할합의')한 사례가
있다.[165]

(마) 설비제한협정

설비제한협정이라 함은 사업자가 다른 사업자와 공동으로 상품의 생
산 또는 용역의 제공을 위한 설비의 신설 또는 증설이나 장비의 도입을
방해하거나 제한하는 행위를 말한다(공정거래법 제19조 제1항 제5호).

(바) 상품 또는 용역의 종류·규격 제한협정

상품 또는 용역의 종류·규격 제한협정이라 함은 사업자가 다른 사업
자와 공동으로 상품 또는 용역의 생산 또는 거래시에 그 상품 또는 용역의
종류 또는 규격을 제한하는 행위를 말한다(공정거래법 제19조 제1항 제6호).

상품 또는 용역의 종류나 규격 또는 신제품의 판매를 제한하는 경우이
다. 요금경쟁 자제 등의 목적에서 번들상품(소위 결합상품) 출시를 금지하기
로 합의하는 경우나,[166] 설계·시공일괄입찰에 참가하는 입찰자들이 공동
으로 특정공정 및 설비를 기본설계도서에서 제외하거나 포함시키기로 하
는 행위[167]가 이에 해당한다.

(사) 새로운 회사 등의 설립

회사의 설립이라 함은 영업의 주요부분을 공동으로 수행·관리하거나
수행·관리하기 위한 회사 등을 설립하는 행위를 가리킨다(공정거래법 제19

164) 서울고등법원 2008. 10. 8. 선고 2008누8514 판결
165) 서울고등법원 2008. 10. 22. 선고 2008누1209 판결
166) 대법원 2008. 10. 23. 선고 2007두2586 판결
167) 대법원 2007. 9. 20. 선고 2005두15137 판결

조 제1항 제7호).

　상호경쟁관계에 있는 다수의 사업자들이 상품 또는 서비스의 공동판매 혹은 원자재의 공동구입 업무를 공동으로 수행·관리하거나 수행·관리하기 위한 회사를 설립하는 경우가 여기에 해당한다.

(아) 입찰담합

　2007년 공정거래법 개정 이전에는 입찰담합이 공정거래법 제19조 제1항 각 호에 따로 명시되어 있지 않았기 때문에, 실무에서는 입찰과정에서의 가격담합, 거래조건담합, 시장분할협정 등의 유형으로 규제되었다. 이에 대하여 개정 공정거래법은 제8호를 신설하여 입찰담합을 '입찰 또는 경매에 있어 낙찰자, 경락자, 투찰가격, 낙찰가격 또는 경락가격, 그 밖에 대통령령으로 정하는 사항을 결정하는 행위'로 명시적으로 규제하는 조항을 신설하였다. 입찰에 있어서 담합의 본질이 가격 수준을 정하는 것이 아니라 합의를 통하여 낙찰자를 정하는 것에 있다는 점을 감안할 때 적절한 입법이라고 할 수 있다. 여기서 '대통령령으로 정하는 사항'이라 함은 낙찰 또는 경락의 비율, 설계 또는 시공의 방법, 그 밖에 입찰 또는 경매의 경쟁요소가 되는 사항을 말한다(공정거래법 시행령 제33조).

　건설회사들이 최저가 낙찰제 방식의 입찰에서 일부 공동의 입찰금액을 합의한 것만으로도 입찰담합에 해당한다고 한 사례,[168] 들러리 업체들이 담합요청자의 요청에 따라 개별적으로 투찰가격을 제출하고 들러리 업체들 사이에 직접적인 투찰가격 합의가 없더라도 입찰담합을 인정한 사례가 있다.[169]

　공정거래법 제19조 제1항 위반에 대하여 형벌 규정(공정거래법 제66조 제9호)이 존재하는 바, 공정거래법상 입찰담합에 해당하는 행위가 형법 제

---

168) 서울고등법원 2012. 2. 8. 선고 2011누17884 판결
169) 서울고등법원 2012. 9. 27. 선고 2012누11546 판결

315조에서 규정한 경매입찰방해죄에도 해당하는 경우 위 두 죄간의 관계
가 문제될 수 있다. 나아가 건설산업기본법 제95조에서는 '건설공사의 입
찰에서 ① 부당한 이익을 취득하거나 공정한 가격 결정을 방해할 목적으로
입찰자가 서로 공모하여 미리 조작한 가격으로 입찰한 자(제1호), ② 다른
건설업자의 견적을 제출한 자(제2호), ③ 위계 또는 위력, 그 밖의 방법으로
다른 건설업자의 입찰행위를 방해한 자(제3호)'에 해당하는 경우 5년 이하
의 징역 또는 5천만원 이하의 벌금에 처하도록 규정하고 있어, 건설공사에
관한 입찰담합의 경우 건설산업기본법 위반죄와의 관계도 문제가 될 수
있다.

우선, 판례에 따르면 "건설산업기본법 제95조는, 건설공사의 입찰에
있어 다음 각호의 1에 해당하는 행위를 한 자는 5년 이하의 징역 또는
5천만원 이하의 벌금에 처한다고 규정하고, 제3호에서 '위계 또는 위력
기타의 방법으로 다른 건설업자의 입찰행위를 방해한 자'를 들고 있는바,
이는 같은 호의 '다른 건설업자'라는 법문이나 이와 병렬관계에 있는 같은
조 제1호 및 제2호의 규정내용에서 알 수 있듯이 건설공사의 입찰에 있어
입찰의 공정을 해치는 행위를 하는 건설업자들을 특별히 가중 처벌하기
위한 것으로서 입찰방해죄를 규정한 형법 제315조의 특별규정이다"라고
판시하고 있어,[170] 형법 제315조와 건설산업기본법 제95조가 동시에 성립
하는 경우에는 후자가 우선 적용되는 특별관계라고 할 수 있다.

한편, 건설공사 입찰에 있어 공정거래법상의 입찰담합과 건설산업기
본법 제95조가 동시에 성립하는 경우에 있어서, 하급심에서 양자의 관계를
상상적 경합 관계로 의율한 후 이러한 하급심의 판단이 대법원까지 유지된
사례가 있는바, 양자는 상상적 경합 관계라는 것이 법원의 판단이다.[171]

건설공사의 입찰이 아닌 일반 물품의 구매 입찰에 있어서는 공정거래

---

170) 대법원 2001. 2. 9. 선고 2000도4700 판결
171) 서울중앙지방법원 2008. 2. 14. 선고 2007고단6399 판결

법 위반죄와 형법상 경매입찰방해죄만의 관계가 문제되는데, 이에 대한
명시적인 대법원 판례는 없으나, 건설산업기본법위반과 공정거래법위반의
관계를 고려하면 공정거래법 위반죄와 형법상 경매입찰방해죄도 상상적
경합 관계가 성립한다고 봄이 상당할 것이다.

(자) 다른 사업자의 사업활동제한

사업자들이 공동으로 제1호 내지 제7호 이외의 행위로서 다른 사업자
의 사업활동 또는 사업내용을 방해하거나 제한하는 행위를 말한다(공정거래
법 제19조 제1항 제8호).[172] 사업자들은 공동행위를 통하여 그들 상호간의 경
쟁을 제한할 수도 있지만, 다른 사업자의 사업내용이나 활동을 방해하거나
제한할 수도 있어서 이를 규제한다. 예컨대 이미 시장을 지배하고 있는
몇몇 사업자들이 공동으로 다른 사업자의 시장진입을 방해하거나, 특정한
사업자에 대하여 사업활동을 방해 또는 제한하는 행위가 여기에 해당된다.

이에 해당하는 사례로는 교복제조업자들이 다른 사업자의 공동구매입
찰 참여를 방해한 사안으로, 교복제조 3사가 공동으로 대리점 등 다른 사업
자들의 학부모 공동구매입찰 참여를 방해한 행위와 대리점들의 학생복 판
매와 관련한 사은품 등의 제공을 금지한 것에 대하여 사업활동방해행위에
해당된다고 본 사례가 있다.[173]

다만, 공정거래법 제19조 제1항 제9호의 경우, 그 의미가 너무도 불명
확하여 형벌부과의 근거로 사용되기는 곤란하므로 이를 삭제하거나 벌칙
규정의 적용에 있어서는 제9호의 적용을 배제함이 상당하다는 입법론이
있다.

---

172) 11차 개정을 통해 '제1호 내지 제7호 이외의 행위로서'라는 문구를 삽입함으로써
　　포괄적이고 보충적인 조항임을 분명히 하였다.
173) 대법원 2006. 11. 9. 선고 2004두14564 판결

(5) 인가를 받지 않았을 것

부당한 공동행위가 성립하려면 2 이상의 사업자의 합의에 대하여 공정
거래위원회의 인가를 받지 않아야 한다. 다시 말하면, 위의 (1) 내지 (4)의
4가지 요건을 모두 갖추었다고 하더라도 그 합의에 대하여 공정거래위원회
의 인가를 받은 바가 있다면 그 합의를 부당한 공동행위로 의율할 수 없다.

(가) 관련 규정

공정거래법은 부당한 공동행위는 원칙적으로 금지하지만, 산업합리
화, 연구기술개발, 불황 극복, 산업구조의 조정, 거래조건의 합리화, 중소기
업의 경쟁력향상을 위한 공동행위로서, 공정거래위원회의 인가를 받은 경
우에는 이를 예외적으로 허용하고 있다(공정거래법 제19조 제2항).

공정거래법 시행령은 제24조 이하에서 각 예외사유와 기타 인가절차
등에 대하여 규정하고 있는데, 다만 공동행위 인가의 한계로서, 목적달성에
필요한 정도를 초과하는 경우, 다른 자의 이익을 부당하게 침해할 우려가
있는 경우, 참가자간에 부당한 차별이 있는 경우, 공동행위에의 참가, 탈퇴
를 부당하게 제한하는 경우에는 인가할 수 없다(공정거래법 시행령 제29조).

(나) 인가절차

공동행위를 하고자 하는 사업자는 공정거래위원회에 그 인가를 신청
하여야 하는데, 동 신청절차에 관하여는 공정거래법 시행령 제31조, 제32
조가 규정하고 있다. 또한 공정거래위원회는 내부적으로 '공동행위 및 경
쟁제한행위의 인가신청요령'[174]을 고시하여 시행하고 있다.

(다) 인가의 한계

공정거래위원회가 공동행위를 인가함에 있어서 당해 공동행위가 다음
각호의 1에 해당하는 경우에는 이를 인가하여서는 아니 된다(공정거래법

---

174) 2009. 8. 20. 제정 공정거래위원회 고시 제2009-16호

시행령 제29조).

① 당해 공동행위의 목적을 달성하기 위해 필요한 정도를 초과할 경우
② 수요자 및 관련된 사업자의 이익을 부당하게 침해할 우려가 있는 경우
③ 당해 공동행위 참가사업자간에 공동행위의 내용에 관하여 부당한 차별이 있는 경우
④ 당해 공동행위에 참가하거나 탈퇴하는 것을 부당하게 제한하는 경우

(라) 공동행위의 실시상황보고

공동행위의 인가를 받은 사업자는 당해 공동행위를 폐지한 경우 그 사실을 지체없이 공정거래위원회에 보고하여야 한다(공정거래법 시행령 제32조).

(6) 행정지도와의 관계

타 행정기관장은 경쟁제한적인 사항을 내용으로 하는 승인 기타의 행정 행정처분 시 공정거래위원회와 사전에 협의하고 사후에 통보하도록 되어 있다(공정거래법 제63조).

사업자들이 행정관청의 행정지도에 따라 행동하게 됨에 따라 공동행위를 하는 경우 위법성이 문제된다. 예를 들면, 행정관청으로부터 가격에 대한 행정지도를 받은 사업자들이 일치하여 동일한 수준으로 가격을 결정하는 경우 등이다.

원칙적으로 행정지도에 따른 공동행위라도 부당한 것은 공정거래법 위반이 된다.[175] 행정지도에 의해 상위의 법을 위반할 수는 없기 때문이다.

---

175) 서울고등법원 1992. 1. 29. 선고 91구2030 판결은 사업자단체의 법위반 행위에 대해 행정지도는 비권력적 사실행위에 불과한 것이어서 그에 따름이 강제되는 것이 아니므로 사업자단체로서는 독자적으로 법위반 여부를 판단하여야 하고, 가사 상공부의 행정지도에 의한 것이라 하더라도 그것만으로 위법성이 조각된다고 할 수 없다고 판시하였다.

다만 사안에 따라 경제상황에 비추어 부당하지 않은 경우는 위법성이 조각
될 수 있을 것이다.

대법원 판례 중에는 아직 행정지도에 따른 행위라는 점이 공정거래법
제58조 소정의 법령에 정한 정당한 행위로서 위법성이 조각되는 사유에
해당할 수 있는지에 대하여 분명하게 판시한 것은 없다. 다만, 공정거래법
제19조 제5항의 합의의 추정 규정에 의한 시정명령 등의 취소를 구하는
행정소송에서 "금융감독원장이 행정지도를 통하여 사실상 자동차보험료변
경에 관여하였고 그 결과 보험료가 동일하게 유지된 사정을 참작하여 자동
차보험료의 유지·변경에 관하여 자동차보험사업자들 사이에 공동행위의
합의가 있었다는 추정이 복멸되었다"[176)]고 한 사례가 있다. 또한 맥주3사의
출고가격 인상에 대한 부당한 공동행위 사건에 있어서도 행정지도를 근거
로 합의의 추정이 복멸되었다고 한 사례도 있다.[177)] 또한 대법원은 '컨테이

---

176) 대법원 2005. 1. 28. 선고 2002두12052 판결
177) 대법원 2003. 2. 28. 선고 2001두946 판결에서 "원심은 그 채택 증거에 의하여
   판시사실을 인정한 다음, 1997년 말 국내 맥주 공급시장의 99.9%를 점유하고 있는
   원고와 OO맥주 주식회사, OOOO스맥주 주식회사(이하 이들을 'OO맥주', 'OOOO
   스'라고 하고, 이들 3개 회사를 모두 가리켜 '맥주 3사'라고 한다)가 1998. 2. 21.과
   같은 달 23. 및 같은 달 24. 맥주의 종류별, 규격별 가격을 동일한 비율로 순차 인상하
   여 유지한 것은 법 제19조 제1항 제1호의 '가격을 결정·유지 또는 변경하는 행위'
   에 해당할 뿐만 아니라, 국내 맥주 공급시장에서 경쟁을 실질적으로 제한하는 행위
   에 해당하므로, 법 제19조 제5항에 따라 부당한 공동행위를 한 것으로 추정되지만,
   ① 맥주회사가 맥주가격을 인상하는 경우 재정경제원이나 국세청과 사전협의를
   하거나 사전승인을 받도록 하는 법령상의 명문의 규정은 없으나 재정경제원은 물
   가지수에 미치는 영향이 크다는 이유로, 국세청은 주세법 제38조, 주세사무처리규
   정 제70조 등에 따른 국세청장의 가격에 관한 명령권 등에 의하여 각 행정지도를
   함으로써 사실상 맥주가격의 인상에 관여하여 왔는데, 재정경제원과 국세청은 맥
   주 3사의 가격인상요구에 훨씬 미치지 못하는 인상률만을 허용함으로써 맥주 3사
   는 허용된 인상률 전부를 가격인상에 반영할 수밖에 없게 되어 사실상 맥주 3사의
   맥주가격인상률이 유사해질 수밖에 없고, 그 인상시기 또한 국세청의 지도에 따라
   결정되는 점, ② 피고는 이 사건 가격인상과 동일한 방식에 의한 1997년 맥주가격
   인상에 대하여 부당한 공동행위에 해당되지 않는다고 판단한 점, ③ 이 사건에서
   가격 선도업체인 OO맥주가 원가 인상요인으로 인하여 재정경제원의 인상허용,

너 운임 적용률 및 운송관리비 징수에 관한 합의' 중 운수회사들이 화주로부터 지급받는 컨테이너 운임의 적용률을 인상하는 내용의 합의를 한 사건에서 이 부분은 정부의 행정지도가 있었다고 볼 여지가 있고, 화물연대의 요구사항 중 하나인 하불료를 인상해 주기 위하여는 화물 운수회사들이 화주들로부터 받는 운송료가 인상되어야 하는 등 어느 정도의 수익 증가가 화물 운수회사들에게 필요하다고 보이는 점 등에 비추어, 친경쟁적 효과가 매우 커 공동행위의 부당성이 인정되지 않을 여지가 있다고 판시한 바 있다.[178]

다만, 위와 같은 요건에는 해당하지 않더라도 사실상 구속력이 있는 정부의 적극적인 행정지도가 있었던 경우에는 구체적 사실관계에 따라 합의의 성립 자체가 부정될 소지는 있다.

공정거래위원회는 2006. 12. 27. 행정지도가 개입된 공동행위에 대한 심사기준을 마련하였다.[179] 그 주요 내용을 살펴보면 다음과 같다.

국세청의 협의 및 승인을 거쳐 가격인상신고를 하였는데 동일한 인상요인이 있었던 원고와 ㅇㅇㅇㅇ스도 확정된 가격인상 한도율의 범위 내에서 종류별, 용량별 구체적인 인상률에 대한 국세청과의 협의 및 승인을 남겨놓은 상태에서 국세청으로부터 ㅇㅇ맥주의 가격인상률을 통보받자 국세청의 승인을 받은 ㅇㅇ맥주의 가격인상률 상태에서 국세청으로부터 ㅇㅇ맥주의 가격인상률을 일방적으로 모방함으로써 맥주 3사의 인상률이 동일하게 된 점, ④ 그 밖에 맥주 거래분야 시장의 특성과 유동구조 및 가격경정 구조, 맥주 3사가 그 시장에서 차지하고 있는 지위, 맥주가격결정의 관행, 당시의 경제정책적 배경 등을 종합적으로 고려할 때, 원고와 ㅇㅇ맥주 및 ㅇㅇㅇㅇ스 사이에 부당한 공동행위의 합의가 있었다는 추정은 복멸된다고 판단하였다. 원심판결 이유를 기록과 위 법리에 비추어 살펴보면, 원심의 사실인정과 판단은 정당한 것으로 수긍되고, 거기에 상고이유에서 주장하는 바와 같은 법 제19조 제5항에 의한 추정의 성격과 그 추정의 복멸에 관한 법리오해나 채증법칙위배, 심리미진, 이유불비, 이유모순 등의 위법이 있다고 할 수 없다"고 판시하였다.

178) "사업자들이 공동으로 가격을 결정하거나 변경하는 행위는 그 범위 내에서 가격경쟁을 감소시킴으로써 그들의 의사에 따라 어느 정도 자유로이 가격 결정에 영향을 미치거나 미칠 우려가 있는 상태를 초래하게 되므로 원칙적으로 부당하고, 다만 그 공동행위가 법령에 근거한 정부기관의 행정지도에 따라 적합하게 이루어진 경우라든지 또는 경제 전반의 효율성 증대로 인하여 친경쟁적 효과가 매우 큰 경우와 같이 특별한 사정이 있는 경우에는 부당하다고 할 수 없다." (대법원 2009. 7. 9. 선고 2007두26117 판결)

179) 2009. 8. 21., 2012. 8. 21.에 걸쳐 2차례 개정되었다.

우선, 행정지도가 부당한 공동행위의 원인이 되었다 하더라도 그 부당한 공동행위는 원칙적으로 위법하며, 다만 그 부당한 공동행위가 공정거래법 제58조(법령에 따른 정당한 행위)의 요건을 충족하는 경우에 한하여 법 적용이 제외된다.

즉, 행정기관이 법령상 구체적 근거 없이 사업자들의 합의를 유도하는 행정지도를 한 결과 부당한 공동행위가 행해졌다 하더라도 그 부당한 공동행위는 원칙적으로 위법하되,[180] ① 다른 법령에서 사업자가 공정거래법 제19조 제1항 각호의 1에 해당하는 행위를 하는 것을 구체적으로 허용하고 있는 경우, ② 다른 법령에서 행정기관이 사업자로 하여금 공정거래법 제19조 제1항 각호의 1에 해당하는 행위를 하는 것을 행정지도할 수 있도록 규정하고 있는 경우로서, i) 그 행정지도의 목적, 수단, 내용, 방법 등이 근거법령에 부합하고 ii) 사업자들이 그 행정지도의 범위 내에서 행위를 한 경우에는 공정거래법이 적용되지 아니한다.

그리고 행정기관이 사업자들에게 개별적으로 행정지도를 한 경우, 사업자들이 개별적으로 따른 경우에는 부당한 공동행위에 해당하지 않으나, 사업자들이 이를 기화로 공정거래법 제19조 제1항 각호의 1에 해당하는 사항에 관하여 별도의 합의를 한 때에는 부당한 공동행위에 해당한다.

다. 부당한 공동행위에 대한 제재

(1) 시정조치(공정거래법 제21조)

공정거래법에 위반하는 부당한 공동행위를 하는 사업자에 대하여, 공

---

180) 사실상 구속력이 있는 행정지도가 부당한 공동행위의 동인이 된 경우에 한하여 20% 이내에서 과징금 감경사유로 고려될 수 있다(과징금 부과 세부 기준 등에 관한 고시 Ⅳ. 3. 다. (4)].

정거래위원회는 당해 행위의 중지, 시정명령을 받은 사실의 공표, 기타 시정에 필요한 조치를 명할 수 있다.

공정거래위원회는 보통 협정이나 결의의 파기명령을 하게 되나 상호 합의에 따라 가격을 인상한 사업자들에 대하여 합의파기명령을 하더라도 실제로 사업자들은 그 합의만을 파기할 뿐 이미 인상한 가격을 인하하지 않는 경우가 많다. 이에 대비하여 공정거래위원회가 가격의 원상회복조치(가격인하명령)를 할 수 있는지 문제된다. 법규정상 '행위중지'와 기타 '필요한 조치'를 명할 수 있도록 되어 있으므로 여기서의 '필요한 조치'라는 것은 '행위중지'의 정도를 넘는 조치는 불가능하다고 해석된다(이에 반하여 공정거래법 제5조는 시장지배적지위의 남용에 대하여 '가격인하명령'을 할 수 있도록 명시적으로 규정하고 있다).

한편 대법원은 공정거래법 제21조에 정한 기타 시정을 위한 필요한 조치에는 행위의 중지뿐만 아니라 그 위법을 시정하기 위하여 필요하다고 인정되는 제반 조치가 포함되므로, 사업자들이 상호 정보교환을 통하여 부당한 공동행위를 하기에 이른 경우에 공정거래위원회는 그 사업자들에 대하여 정보교환 금지명령을 할 수 있다고 판시하였다. 다만, 이와 같은 정보교환 금지명령이 공정거래법 제21조에서 정한 필요한 조치로서 허용되는지는 그 정보교환의 목적, 관련시장의 구조 및 특성, 정보교환의 방식, 교환된 정보의 내용, 성질 및 시간적 범위 등을 종합적으로 고려하여 판단하여야 하며, 정보교환 금지명령은 법 위반행위가 일어나지 않도록 금지되어야 하는 정보교환의 내용이 무엇인지 알 수 있게 명확하고 구체적이어야 하며, 당해 위반행위의 내용과 정도에 비례하여야 한다고 판시하였다.[181]

---

181) 대법원 2009. 5. 28. 선고 2007두24616 판결

(2) 과징금(공정거래법 제22조)

위반자에게 위반행위 기간 중 일정한 거래분야에서 판매한 관련 상품이나 용역의 매출액 또는 이에 준하는 금액('관련 매출액')의 10/100 또는 매출액이 없거나 산정이 곤란한 경우 20억원의 범위 내에서 과징금을 부과할 수 있다.

공동행위가 가격합의, 점유율합의 등 여러 형태로 중첩되거나 연속되어 이루어졌다 하더라도 대상물품이 동일한 이상 각 합의별로 위반행위 기간 동안의 매출액을 확정하여 과징금액을 산정하여야 하는 것이 아니고, 그 전체 위반행위기간 동안의 매출액을 기초로 과징금액을 산정하면 족하다.[182]

(3) 형 벌(공정거래법 제66조 제1항 제8호)

위반자는 3년 이하의 징역 또는 2억원 이하의 벌금(병과 가능)에 처한다. 이와 같이 부당한 공동행위를 형사처벌의 대상으로 할 경우에는 구성요건으로서 합의의 입증과 관련하여 공정거래위원회가 행정처분을 부과하는 경우에 비하여 더 높은 입증의 정도가 요구된다고 할 것이다.[183]

라. 자진신고자에 대한 면책

공동행위는 당사자 사이에 은밀히 이루어지는 것이 보통이어서 적발이 어렵기 때문에, 공정거래위원회는 부당한 공동행위를 신고한 자나 증거제공 등의 방법으로 공정거래위원회의 조사에 협조한 자에 대하여 시정조치 또는 과징금을 감경 또는 면제하는 제도를 운용하고 있다.

---

182) 대법원 2001. 5. 8. 선고 2000두7872 판결
183) 대법원 2008. 5. 29. 선고 2006도6625 판결

공정거래위원회는 공동행위 참가자의 신고를 유도하기 위하여 2002년 9월 '공동행위신고자 등에 대한 감면제도 운영지침'을 제정하여 신고를 독려하여 왔으나 그 실적이 미비함에 따라, 11차 개정에서는 이 제도의 적극적인 활성화를 도모하기 위하여 과징금 및 시정조치의 감면여부 및 구체적인 감면기준에 대하여 세부적으로 구분하여 규정하고(공정거래법 시행령 제35조 제1항), 조사공무원 등은 신고자 또는 조사협조자의 신원과 제보 내용 등을 신고자 또는 조사협조자의 사전 동의 없이 타인에게 제공 또는 누설하여서는 안 된다는 규정을 신설하였으며(공정거래법 시행령 제35조 제2항), 그 세부 처리 절차를 마련하기 위하여 2005. 4. 1. '부당한 공동행위 자진신 고자 등에 대한 시정조치 등 감면제도 운영고시'(이하 '감면고시')를 제정하 였다. 이 제도의 주요 내용을 간략히 살펴보면 다음과 같다.

우선, 공정거래법은 (1) 부당한 공동행위의 사실을 자진 신고한 자, (2) 증거제공 등의 방법으로 조사에 협조한 자에 대하여 시정조치 또는 과징금을 감경 또는 면제할 수 있고(공정거래법 제22조의2 제1항), 구체적으로 감경 또는 면제되는 자의 범위와 감경 또는 면제의 기준 및 정도 등 세부적 인 사항은 대통령령으로 정하도록 규정하고 있다(공정거래법 제22조의2 제3 항). 또한 자진신고자 등의 신원이나 제보내용 등이 제3자에게 누설될 우려 가 동 제도의 활성화를 막는 요인이라는 지적에 따라 2007년 공정거래법 개정을 통하여 명시적으로 (1) 자진신고자 등이 정보의 제공에 동의한 경 우, (2) 해당 사건과 관련된 소송의 제기, 수행 등에 필요한 경우를 제외하 고는 자진신고나 제보와 관련된 정보 및 자료를 사건 처리와 관계없는 자에게 제공하거나 누설하는 것을 금지하고(공정거래법 제22조의2 제2항 및 공정거래법 시행령 제35조 제2항), 공정거래위원회는 자진신고자 등의 신청이 있으면 이들의 신원이 공개되지 아니하도록 해당 사건을 분리 심리하거나 분리 의결할 수 있도록 규정하고 있다(공정거래법 시행령 제35조 제3항).

공정거래법 시행령은 시정조치 등의 감면 여부를 결정하는 기준을 규정하면서 공정거래위원회가 조사를 시작하기 전에 자진신고한 경우와 조사를 시작한 후에 조사에 협조한 자를 구분하여 정하고 있다. 먼저 공정거래위원회가 조사를 시작하기 전에 자진신고한 자가 (1) 부당한 공동행위임을 입증하는 데 필요한 증거를 단독으로 제공한 최초의 자일 것, (2) 공정거래위원회가 부당한 공동행위에 대한 정보를 입수하지 못하였거나 부당한 공동행위임을 입증하는 데 필요한 증거를 충분히 확보하지 못한 상태에서 자진신고하였을 것, (3) 부당한 공동행위와 관련된 사실을 모두 진술하고, 관련 자료를 제출하는 등 조사가 끝날 때까지 성실하게 협조하였을 것, (4) 그 부당한 공동행위를 중단하였을 것 등 4가지 요건 모두를 충족시키는 경우에는 과징금 및 시정조치를 면제한다(공정거래법 시행령 제35조 제1항 제1호). 또한 공정거래위원회가 조사를 시작한 후에 조사에 협조한 자로서, (1) 공정거래위원회가 부당한 공동행위에 대한 정보를 입수하지 못하였거나 부당한 공동행위임을 입증하는 데 필요한 증거를 충분히 확보하지 못한 상태에서 조사에 협조하고, (2) 위 자진신고자로서의 면제요건 (1), (3) 및 (4)에 해당하는 경우에는 과징금을 면제하고, 시정조치를 감경하거나 면제한다(공정거래법 시행령 제35조 제1항 제2호).

그 밖에도 공정거래위원회가 조사를 시작하기 전에 자진신고하거나 공정거래위원회가 조사를 시작한 후에 협조한 자로서 (1) 부당한 공동행위임을 입증하는 데 필요한 증거를 단독으로 제공한 두 번째의 자이고, (2) 위 자진신고자로서의 면제요건 (3) 및 (4)에 해당하는 경우에는 과징금의 50%를 감경하고, 시정조치를 감경할 수 있고(공정거래법 시행령 제35조 제1항 제3호), 부당한 공동행위로 인하여 과징금 부과 또는 시정조치의 대상이 된 자가 그 부당한 공동행위 외에 그 자가 관련되어 있는 다른 부당한 공동행위에 대하여 위 자진신고자로서의 면제요건 또는 첫 번째 협조자로서의 면제요건을 충족하는 경우에는 그 부당한 공동행위에 대하여 다시 과징금을 감경 또는 면제하고, 시정조치를 감경할 수 있다(공정거래법 시행령

제35조 제1항 제4호). 후자는 자진신고 추가감면제도(Amnesty Plus)로서 현재
조사 중인 공동행위에 관해서는 감면요건을 충족하지 못하였으나 자신이
관련된 다른 공동행위에 관한 증거를 제공한 경우에는 그 공동행위에 대하
여 시정조치나 과징금을 면제받는 이외에 조사 중인 공동행위에 대해서도
추가적으로 시정조치 및 과징금을 감면받는 제도이다. 그러나 이상의 감경
요건에 해당하는 경우라 할지라도 (1) 다른 사업자에게 그 의사에 반하여
부당한 공동행위에 참여하도록 강요하거나 이를 중단하지 못하도록 강요
한 사실이 있는 경우, (2) 일정기간 동안 반복적으로 부당한 공동행위를
한 경우(공정거래법 시행령 제35조 제1항 제5호), (3) 2순위 자진신고자 또는
조사협조자로서 2개 사업자만 부당한 공동행위에 참여한 경우이거나 1순
위 자진신고나 조사협조가 이루어진 날부터 2년이 지나서 자진신고하거나
조사에 협조한 경우(공정거래법 시행령 제35조 제1항 제6호)에는 시정조치와 과
징금을 감면하지 아니한다.

마. 사업자단체 금지행위

공정거래법 제26조에서는 사업자단체의 금지행위로, (1) 공정거래법
제19조 제1항 각호의 행위에 의한 경쟁제한행위(부당한 경쟁제한행위), (2)
사업자 수 제한행위, (3) 구성사업자의 사업활동 제한행위, (4) 불공정거래
행위 등의 강요 또는 방조행위의 금지를 규정하고 이를 위반한 경우 형사처
벌 대상이 되도록 규정하고 있다. 사업자단체에 의한 부당한 경쟁제한행위
의 경우, 3년 이하의 징역 또는 2억원 이하의 벌금에 처할 수 있는 반면(공
정거래법 제66조 제10호), 그 밖의 사업자단체 금지행위 유형에 대하여는 2년
이하의 징역 또는 1억 5천만원 이하의 벌금에 처할 수 있다. 지금까지
사업자단체 금지행위 위반으로 인한 형사사건은 대부분 사업자단체가 사
업자들의 합의 내지 단체행동을 유도한 사업자단체의 부당한 경쟁제한행

위 사례들이었다.

사업자단체란 그 형태 여하를 불문하고 2 이상의 사업자가 공동의 이익을 증진할 목적으로 조직한 결합체 또는 그 연합체를 말한다(공정거래법 제2조 제4호). 여기서 '공동의 이익'이란 구성사업자의 경제활동상의 이익을 말하고 단지 친목, 종교, 학술, 조사, 연구, 사회활동만을 목적으로 하는 단체는 이에 해당하지 않는다. 또한 사업자단체에 참가하는 개별 구성사업자는 독립된 사업자이어야 하므로, 개별 사업자가 그 단체에 흡수되어 독자적인 활동을 하지 않는 경우에는 사업자단체라고 할 수 없고, 사업자단체로 되기 위해서는 개별 구성사업자와 구별되는 단체성, 조직성을 갖추어야 한다.[184] 판례상 인정된 사업자단체로는 '사단법인 대한의사협회',[185] '사단법인 대한병원협회',[186] '까치회 등 부동산중개업자들의 모임',[187] '대구유치원연합회'[188] 등이 있다.

한편, 사업자단체가 내부적 결의 등에 의하여 구성사업자들로 하여금 공정거래법 제19조 제1항에 의한 부당한 공동행위를 하게 한 경우 사업자단체에 의한 부당한 경쟁제한행위로서 공정거래법 제26조 제1항 제1호가 적용될 것이나, 공정거래법상 사업자단체라 하더라도 정부조달계약이나 단체수의계약과 같은 일정한 거래에 관하여 사업자단체가 직접 거래의 당사자로 거래에 참여한 경우에, 사업자단체는 사업자로서의 성격을 가지게 된다 할 것이고, 이러한 경우 그 사업자단체의 그 거래와 관련된 행위에 대하여는 공정거래법 제19조 제1항이 적용된다.[189]

또한 사업자단체의 부당한 경쟁제한행위에 구성사업자들의 적극적인

---

184) 대법원 2008. 2. 14. 선고 2005두1879 판결
185) 대법원 2003. 2. 20. 선고 2001도5347 판결
186) 대법원 2003. 2. 20. 선고 2001두5057 판결
187) 대법원 2008. 2. 14. 선고 2005두1879 판결
188) 서울고등법원 2007. 1. 11. 선고 2006누653 판결
189) 서울고등법원 2007. 7. 25. 선고 2007누2946 판결

행위가 개입되는 경우 사업자단체에 대하여는 공정거래법 제26조 제1항의 규정에 의한 사업자단체 금지행위의 책임을, 구성사업자들에 대하여는 공정거래법 제19조 제1항의 규정에 의한 부당한 공동행위의 책임을 각각 물을 수 있다.[190]

바. 기타 쟁점

(1) 부당한 공동행위의 죄수와 종기

형사처벌의 대상이 되는 부당한 공동행위가 실행행위가 아닌 '합의' 자체로 성립하기 때문에 죄수의 기준을 실행행위로 할 것인지, 합의로 할 것인지가 문제될 수 있고, 공소시효의 기산점을 실행행위의 종료시점으로 볼 것인지, 합의의 성립 시점으로 볼 것인지가 문제될 수 있다.

우선 죄수에 관하여, 판례는 "사업자들이 경쟁을 제한할 목적으로 공동하여 향후 계속적으로 상품의 생산, 출고 등을 제한하기로 하면서 그에 관한 일정한 기준을 정하고 이를 실행하기 위하여 계속적인 회합을 가지기로 하는 등의 기본적 원칙에 관한 합의를 하고, 이에 따라 위 합의를 실행하는 과정에서 여러 차례에 걸쳐 회합을 하고 상품의 생산, 출고 등을 구체적으로 제한하기 위한 합의를 계속하여 온 경우, 그 회합 또는 합의의 구체적 내용이나 구성원에 일부 변경이 있더라도, 그와 같은 일련의 합의는 전체적으로 하나의 부당한 공동행위로 봄이 상당하다"고 판시하고 있다.[191]

위 판례의 구체적인 사실관계를 보면, 비록 설탕에 대한 특별소비세가 폐지된 1999년 말경부터 새로운 합의가 이루어진 2001. 11.경까지 피고인 1 주식회사, 피고인 2 주식회사가 기존 합의의 준수 여부를 확인하기 어려

---

190) 서울고등법원 2010. 10. 27. 선고 2009누33920 판결
191) 대법원 2011. 7. 28. 선고 2008도5757 판결

운 사정을 이용하여 일시적으로 합의 물량을 지키지 아니한 사실은 있으나, 전반적으로 1991. 1.경부터 2005. 9.경까지 위 피고인들과 피고인 3 주식회사 사이에 판시 내용과 같은 부당한 공동행위가 단절 없이 계속되었음을 알 수 있으므로, 원심이 같은 취지에서 2001. 11.경 새로운 합의 전의 부당한 공동행위가 그 후의 행위와 단절되어 별도의 죄를 구성한다는 전제 아래 위 합의 이전의 부당한 공동행위에 관하여는 이미 공소시효가 완성되었다는 위 피고인들의 주장을 배척하고 위 피고인들에 대한 이 사건 공소사실을 하나의 포괄일죄로 보아 전부 유죄로 인정한 것은 정당하고라고 설시하고 있다. 즉, 판례에 의하면 단일한 의사 아래 수차례 합의가 이뤄진 경우는 이를 전체적인 하나의 합의로 보아 포괄일죄가 성립한다고 판시한 것이다.

이러한 판례의 태도는 형사사건뿐만 아니라 행정사건에 있어서도 일관되게 적용되고 있는데, "1989. 9.경 이래 1999. 2.경까지 사이에 소외 회사들과 공동으로 하였던 판매량의 할당, 판매가격의 결정 등의 여러 합의 내용은 모두 전체적으로 1개의 부당한 공동행위를 형성한다고 보아야 할 것이고, 그 기간 동안의 세부적인 시장점유율 등이 변동되었다거나 새로운 사업자가 참가하였다는 사정만으로 다른 당사자들 사이에 새로운 시장과 가격에 대한 개별적인 합의가 이루어졌다거나 부당한 공동행위의 성격이 달라졌다고 볼 수도 없다"고 한 사례가 있다.[192]

한편, 공소시효의 기산점이 되는 부당한 공동행위의 종료시점에 관하여는, 합의의 종료시점이 아니라 실행행위의 종료시점을 기준으로 하는 것이 판례의 태도이다. 대법원은 "공정거래법 제19조 제1항에서 정한 가격 결정 등의 합의 및 그에 기한 실행행위가 있었던 경우, 부당한 공동행위가 종료한 날은 합의가 있었던 날이 아니라 합의에 기한 실행행위가 종료한

---

192) 서울고등법원 2004. 11. 24. 선고 2003누9000 판결

날을 의미한다. 따라서 공정거래법 제19조 제1항 제1호에서 정한 가격결정 등의 합의에 따른 실행행위가 있는 경우 공정거래법 제66조 제1항 제9호 위반죄의 공소시효는 실행행위가 종료한 날부터 진행한다"는 입장을 취하고 있다.[193]

실제 부당한 공동행위의 사례들을 보면, 합의의 시점과 실행행위의 종료 시점까지는 상당한 시간적 차이가 있는 경우들이 대부분으로, 합의에 실제로 가담한 행위자 개인들은 이미 사업자인 회사에서 퇴직을 하거나 보직이 변경된 경우가 대부분임에도 합의에 따른 실행행위는 그 이후 상당 기간 지속되고 있는 사례들이 많다. 또한 수사 시점에서 실행행위는 지속되고 있다고 하더라도 실제 실행행위의 전제가 된 합의 시점은 훨씬 과거인 경우가 많아 증거를 확보하거나 관련자 진술을 확인하기가 어려운 경우도 빈번하다. 이러한 실무상의 문제와 함께 이론상으로도 합의만으로 성립되는 부당한 공동행위가 대법원 판례의 입장과 같이 그 합의에 기한 실행행위가 종료한 날이 되어서야 종료된다고 보는 것은 타당하지 않은 면이 있으므로, 대법원의 판시와 같이 해석하기 위해서는 공정거래법 제19조 제1항의 실행행위를 부당한 공동행위의 합의가 아니라 합의를 실현하는 행위로 개정하는 작업이 선행되어야 한다는 견해도 가능하지만, 합의 시점을 공소시효의 기산점으로 보게 되면 5년 이상 '성공한' 부당한 공동행위에 대해서는 처벌을 못하고 비교적 짧은 기간의 부당한 공동행위에 대해서만 처벌이 가능하다는 결론에 이르게 되어 찬성하기 어렵다.

(2) 합의에서의 '탈퇴' 문제

부당한 공동행위의 종료 시점을 실행행위의 종료 시점으로 보는 이상, 복수의 사업자가 부당한 공동행위를 한 경우에 각 사업자별 행위의 종료

---

193) 대법원 2012. 9. 13. 선고 2010도16001 판결

시점 또한 사업자별로 개별적인 판단이 필요하다. 따라서 수사실무에 있어
서도 합의에 가담한 사업자별로 공소시효 완성 여부가 달리 결정될 수밖에
없을 것이고, 개별적 사업자들의 공소시효 완성 여부를 판단하기 위해서는
각 사업자가 부당한 공동행위에서 '탈퇴'한 것인지, 또는 합의가 '파기'된
것인지에 대한 검토가 필요하다고 할 것이다.

합의에서의 탈퇴 또는 파기로 인하여 합의에 기한 실행행위가 종료되
었다고 판단하는 기준에 관하여, 판례는 "합의에 참가한 사업자들 중 일부
가 합의에 기한 실행행위를 종료하였다고 하기 위해서는 다른 사업자에
대하여 명시적 또는 묵시적으로 합의에서 탈퇴한다는 내용의 의사표시를
하고 독자적인 판단에 따라 합의가 없었더라면 존재하였을 수준으로 가격
을 책정하는 등 합의의 목적에 반하는 행위를 하여야 하고, 합의에 참가한
사업자들 모두가 합의에 기한 실행행위를 종료하였다고 하기 위하여는 사
업자들이 명시적으로 합의를 파기하고 각자의 독자적인 판단에 따라 합의
가 없었더라면 존재하였을 수준으로 가격을 책정하는 등 합의의 목적에
반하는 행위를 하거나, 사업자들 사이의 반복적인 가격경쟁 등으로 합의가
사실상 파기되었다고 볼 수 있을만한 사정이 있어야 한다"고 판시하고 있
다.[194)

형사사건에 있어서도 대법원은 "부당한 공동행위가 종료한 날은 그
합의에 기한 실행행위가 종료한 날이므로, 합의에 참가한 일부 사업자가
부당한 공동행위를 종료하기 위해서는 다른 사업자에 대하여 합의에서 탈
퇴하였음을 알리는 명시적 내지 묵시적인 의사표시를 하고 독자적인 판단
에 따라 그러한 합의가 없었더라면 존재하였을 수준으로 가격을 책정하는
등 합의의 목적에 반하는 행위를 하거나, 사업자들 사이의 반복적인 가격경
쟁 등으로 합의가 사실상 파기되었다고 인정할 수 있을 정도의 행위가

---

194) 대법원 2008. 10. 23. 선고 2007두12774 판결

일정 기간 계속되는 등 합의가 사실상 파기되었다고 볼 수 있을 만한 사정
이 있어야 한다"고 판시하고 있다.[195]

　형사사건에 있어서도 대법원은 "부당한 공동행위가 종료한 날은 그
합의에 기한 실행행위가 종료한 날이므로, 합의에 참가한 일부 사업자가
부당한 공동행위를 종료하기 위해서는 다른 사업자에 대하여 합의에서 탈
퇴하였음을 알리는 명시적 내지 묵시적인 의사표시를 하고 독자적인 판단
에 따라 그러한 합의가 없었더라면 존재하였을 생산량 또는 판매량 수준으
로 되돌리는 등 합의에 반하는 행위를 하여야 한다. 그리고 합의에 참가한
사업자 전부에 대하여 부당한 공동행위가 종료되었다고 하기 위해서는 합
의에 참가한 사업자들이 명시적으로 합의를 파기하고 각 사업자가 각자의
독자적인 판단에 따라 그러한 합의가 없었더라면 존재하였을 생산량 또는
판매량 수준으로 되돌리는 등 합의에 반하는 행위를 하거나 또는 합의에
참가한 사업자들 사이에 반복적인 생산 또는 판매 경쟁 등을 통하여 그러한
합의가 사실상 파기되었다고 인정할 수 있을 만한 행위가 일정 기간 계속되
는 등의 사정이 있어야 한다"고 판시하였다.[196]

　판례는 탈퇴 또는 파기로 인한 부당한 공동행위의 종료시점 판단에
관하여, "담합에 참여한 3개 회사 중 2개 회사가 담합에서 탈퇴한 것으로
인정되는 경우에는 남아 있는 회사가 1개뿐이고, 이러한 경우에는 담합의
성립요건 중 '2인 이상 사업자들 사이의 의사의 합치'라는 요건을 충족하지
못하게 되므로 그 담합은 종료되었다고 봄이 상당"하고,[197] "실제 입찰과정
에서 합의와 달리 저가 입찰을 한 것만으로는 담합에서 탈퇴한 것으로
볼 수 없다"고 판시한 바 있다.[198] 또한 "일부 사업자가 다른 사업자들에게

---

195) 대법원 2008. 10. 12. 선고 2007두12774 판결
196) 대법원 2011. 7. 28. 선고 2008도5757 판결
197) 대법원 2010. 3. 11. 선고 2008두15176 판결
198) 서울고등법원 2012. 4. 25. 선고 2011누31002 판결

합의에서 탈퇴할 것을 명시하면서 가격을 원래대로 환원하는 경우가 아닌
한, 일부 사업자만의 평균 가격이 아니라 원고 등의 전체적인 평균 가격이
인하되어 이 사건 각 공동행위에 의하여 형성된 가격이 붕괴된 때에 합의가
존속하지 않게 되었다고 할 것"이라고 한 사례가 있다.[199]

5. 불공정거래행위

가. 의 의

공정거래법 제23조는 다양한 유형의 불공정거래행위를 금지하고 있
다. 제23조 제1항은 본문에서 '공정한 거래를 저해할 우려가 있는 행위'를
금지하고, 각 호에서 구체적으로 ① 거래거절(제1호 전단), ② 차별적 취급
(제1호 후단), ③ 경쟁사업자 배제(제2호), ④ 부당한 고객유인(제3호), ⑤
거래강제(제3호), ⑥ 거래상 지위의 남용(제4호), ⑦ 구속조건부거래(제5호
전단), ⑧ 사업활동방해(제5호 후단), ⑨ 부당한 지원행위(제7호) 등 9가지
유형의 불공정거래행위를 열거하는 한편, 제8호에서는 제1호 내지 제7호
에 해당하지 않는 유형의 불공정거래행위를 규제할 근거를 마련하고 있다.
사업자가 행하는 불공정거래행위에 관하여 사업자단체가 이를 행하게 하
거나 방조한 책임이 있는 경우 사업자단체의 금지행위에 해당할 수 있다(공
정거래법 제26조 제1항 제4호).[200]

여기서 공정한 거래(fair trade)란 공정한 경쟁(fair competition)보다 넓은
개념으로서 경쟁의 수단이나 방법의 공정성뿐만 아니라 거래조건의 공정

---

199) 대법원 2008. 10. 23. 선고 2007두12774 판결
200) 한편, 공정거래법은 제5장에서 불공정거래행위 이외에도 '특수관계인에 대한 부당한
 이익제공 등 금지' 조항(공정거래법 제23조의2)을 마련하고 있으나, 해당 조항은 경제
 력 집중 억제 규제의 일환으로 마련된 것이므로 여기에서는 설명을 생략하기로 한다.

성까지 포함하는 개념이다.[201] 따라서, 불공정거래행위는 사업자들 상호간에 경쟁을 하는 방법이나 수단이 불공정한 경우는 물론이고 거래의 내용이나 조건이 부당한 경우 또는 거래를 위한 교섭이나 정보 제공에 있어서 상대방의 합리적인 선택을 방해하는 행위까지를 포함하는 아주 넓은 개념이라고 할 수 있다. 대법원 2010. 1. 14. 선고 2008두14739 판결은 불공정거래행위에서의 거래란 통상의 매매와 같은 개별적인 계약 자체를 가리키는 것이 아니라 그보다 넓은 의미로서 사업활동을 위한 수단 일반 또는 거래질서를 뜻하는 것으로 보아야 한다고 전제하고, 행위자와 상대방 사이에 다른 사업자들을 매개로 한 거래관계의 존재를 인정하였다.

나. 위법성의 판단기준

(1) 공정거래저해성 또는 부당성의 의미

불공정거래행위의 위법성은 '공정한 거래를 저해할 우려', 즉 공정거래저해성을 말하며, 공정거래법 제23조 제1항 각 호에 규정된 '부당하게'는 공정거래저해성과 동일한 의미로 볼 수 있다. 공정거래저해성과 부당성의 관계를 어떻게 이해할 것인지에 대하여 학설상 다툼이 있으나, 이를 구별할 실익은 별로 없다고 본다.

문제는 공정거래저해성 또는 부당성을 어떻게 이해할 것인가 하는 점인데, 이를 일원적으로 파악하는 견해도 있고 다원적으로 파악하는 견해도 있다. 일원적으로 파악하는 견해 중에는 불공정성에 근거한 단일 접근을 주장하는 견해도 있으나 대부분은 경쟁제한성 또는 경쟁관련성을 부당성의 공통 표지로 인식하려는 견해라고 할 수 있다. 반면에 다원적으로 파악하는 견해는 경쟁 보호와 직접 관련되지 않은 다양한 가치도 불공정거래행

---

201) 권오승, 경제법, 법문사(2008) 278~279면

위의 보호법익으로 포함하는 견해이고 다수의 견해이다.[202)]

불공정거래행위 심사지침은 공정거래저해성이 경쟁제한성, 경쟁수단의 불공정성, 거래내용의 불공정성을 포괄하는 복합적인 의미를 갖고 있다고 보아 다원적 접근방법을 취하면서도, 구체적 행위 유형에 이러한 판단기준이 모두 작용하는 것으로 보지 않고 행위 유형별로 개별적으로 판단하는 입장을 취하고 있다. 불공정거래행위 심사지침은 불공정거래행위의 유형을 경쟁제한성 위주로 심사하는 행위 유형과 불공정성 위주로 심사하는 행위 유형으로 구분한다.

이에 대하여 대법원 판례는 공정거래저해성 또는 부당성의 의미에 대하여 분명하게 밝히지 않고 있다. 판례는 불공정거래행위의 부당성 판단에 관하여 경쟁 과정이라는 가치와 그 전제 또는 성과와 직접 또는 간접적으로 관련되지만 때로는 경쟁 과정과 충돌될 수 있는 가치를 지시하는 사실적, 규범적 요소들을 폭넓게 형량 대상 이익으로 열거하면서, 그 가치들 사이의 일반적인 우열관계는 물론 문제되는 사건에서의 구체적 형량에 도움이 될 제한적 우열관계에 대하여도 명확한 기준을 제시하지 않는 것이 보통이다. 단지 여러 사정을 고려하여 그 행위가 "공정하고 자유로운 경쟁을 저해할 우려가 있는지 여부,"[203)] "공정한 거래가 저해될 우려가 있는지 여부"[204)] 또는 "가격과 품질을 중심으로 한 공정한 거래질서를 저해할 우려가 있는지 여부"[205)]에 따라 판단하여야 한다고 판시하고 있을 뿐이다.

(2) '부당하게'와 '정당한 이유 없이'의 구분

공정거래법 시행령 제36조 제1항 관련 [별표 1의2]에 규정되어 있는

---

202) 이호영, 전게서, 260면
203) 대법원 1998. 9. 8. 선고 96누9003 판결, 2005. 5. 27. 선고 2005두746 판결
204) 대법원 2006. 12. 7. 선고 2004두9388 판결, 2001. 6. 12. 선고 99두4686 판결
205) 대법원 2006. 5. 26. 선고 2004두3014 판결

세부유형을 살펴보면, 대부분은 법에 규정되어 있는 '부당하게'라는 요건
을 포함하는 반면, 일정한 행위 유형에 대하여는 '정당한 이유 없이'라는
요건을 부가하는 경우(공동의 거래거절, 계열회사를 위한 차별취급, 부당염매)가
있어 그 차이가 무엇인가에 관하여 논란이 있을 수 있다.

불공정거래행위 심사지침은 '부당하게'를 요건으로 하는 행위유형은
당해 행위의 외형이 존재한다는 사실만으로 공정거래저해성이 있다고 인
정되는 것은 아니며, 원칙적으로 경쟁제한성·불공정성과 효율성 증대효
과·소비자후생 증대효과 등을 비교형량하여 경쟁제한성·불공정성의 효
과가 보다 큰 경우에 위법성이 인정되고, 이 행위유형에 대하여는 공정거래
위원회가 위법성을 입증할 책임이 있다고 보고 있다. 반면, 심사지침은
'정당한 이유 없이'를 요건으로 하는 행위유형은 당해 행위의 외형이 있는
경우에는 원칙적으로 공정거래저해성이 있는 것으로 보며, 피심인은 정당
한 이유가 있는지에 대해 입증할 책임이 있다고 하여 양자의 차이를 입증책
임의 차이로 보고 있다.

위와 같은 불공정거래행위 심사지침에 대해서는 위임입법의 한계를
벗어난 것이라는 지적이 있으며,[206] 실제로 공정거래위원회의 심사지침이
법원을 구속하는 것은 아니므로 법원이 반드시 이에 따라야 하는 것은
아니다. 실무에 있어서도 행정소송은 직권주의적 요소가 강해 당사자의
입증책임과 무관하게 법원이 관련 사실을 적극적으로 검토하고 있으며,
형사소송의 경우 검사가 범죄의 성립에 대한 입증책임을 부담하므로 불공
정거래행위의 모든 유형에 대하여 검사가 공정거래저해성 내지 부당성을
입증할 책임을 진다.

(3) 경쟁제한성

불공정거래행위 심사지침에서는 공정거래저해성은 경쟁제한성과 불

---

206) 홍대식(8인 공저), 독점규제법(제3판), 법문사, 216면

공정성을 포함한다고 보고 두 기준을 대등하게 열거하고 있다. 불공정거래
행위 심사지침에 의하면, 경쟁제한성이란 당해 행위로 인해 시장 경쟁의
정도 또는 경쟁사업자(잠재적 경쟁사업자 포함)의 수가 유의미한 수준으로 줄
어들거나 줄어들 우려가 있음을 뜻한다. 한편, 공정거래법 제2조 제8의
2호는 '경쟁의 실질적 제한'을 "일정한 거래분야의 경쟁이 감소하여 특정
사업자 또는 사업자단체의 의사에 따라 어느 정도 자유로이 가격·수량·
품질 기타 거래조건 등의 결정에 영향을 미치거나 미칠 우려가 있는 상태를
초래하는" 것으로 정의하고 있는데, 불공정거래행위 심사지침의 내용과
공정거래법 제2조 제8의 2호의 내용이 같은 내용을 다르게 표현한 것인지,
아니면 각각 다른 의미를 내포하고 있는지 분명하지 않다.

불공정거래행위 심사지침에서 경쟁제한성 위주로 위법성을 심사하는
행위유형에는 거래거절, 차별적 취급, 경쟁사업자 배제, 구속조건부거래가
있다.

(4) 불공정성

불공정거래행위 심사지침에 의하면, 불공정성(unfairness)이란 경쟁수
단 또는 거래내용이 정당하지 않은 것으로, 구체적으로 경쟁수단의 불공정
성이란 상품 또는 용역의 가격과 질 이외에 바람직하지 않은 경쟁수단을
사용함으로써 정당한 경쟁을 저해하거나 저해할 우려가 있음을 뜻하고,
거래내용의 불공정성이란 거래상대방의 자유로운 의사결정을 저해하거나
불이익을 강요함으로써 공정거래의 기반이 침해되거나 침해될 우려가 있
음을 의미한다.

불공정거래행위 심사지침에서 경쟁수단의 불공정성 위주로 위법성을
판단하는 행위유형에는 거래강제, 부당한 고객유인, 부당한 사업활동 방해
가 있다.

■■ 불공정행위의 개별행위 유형별 구체적 심사기준 ■■

구 분		구체적 판단요소
주된 기준	행위유형	
경쟁제한성	거래거절	거래거절을 당한 사업자가 대체거래선을 찾을 수 있는 지 여부, 거래거절 대상이 되는 상품·용역이 사업영위에 필수적인지 여부, 경쟁사업자의 사업활동 곤란 여부, 시장진입에 미치는 영향, 소비자후생 침해 등
	차별적 취급	가격차별로 인해 시장에서의 지위를 유지강화할 우려가 있는지 여부, 경쟁사업자 배제의도 유무, 차별의 정도가 현저한지 여부, 차별행위가 지속적인지 여부, 소비자후생 침해정도 등
	경쟁사업자배제	가격수준이 원가이하에 해당되는지 여부, 원재료 구입가격이 정상적 가격수준보다 높은지 여부, 행위의 의도, 경쟁사업자 배제한 후 독과점적 지위를 유지할 수 있는지 여부 등
	구속조건부거래	사업자의 시장점유율 수준, 유통경로 차단의 효과, 상대방 구속의 정도, 제한행위의 소비자후생 증대효과 등
불공정성	부당한 고객유인	제공되는 이익의 정도, 위계의 수단, 경품고시 위반 여부 등
	거래상지위남용	거래상 지위 보유 여부(대체거래선 유무 등), 부당성 여부(정상적 거래관행, 상대방의 예측가능성, 계약내용, 거래대상의 특성 등 고려)
	사업활동방해	행위의 목적 및 동기, 상대방의 사업활동이 심히 곤란하게 되는지 여부(매출액 감소정도, 부도 발생 가능성 등)
경쟁제한성 + 불공정성	거래강제	정상적인 거래관행과의 배치 여부, 강제성의 정도, 행위의 경쟁제한효과와 소비자의 자율적 선택권침해 여부 등

다. 불공정거래행위의 유형

종래 공정거래법 위반의 형사처벌 사례는 주로 부당한 공동행위에 집중되었으나, 2011년 이후 불공정거래행위에 대한 공정거래위원회의 형사고발 사례가 증가하는 추세이다. 특히 2013년 이른바 '경제민주화'에 대한 사회적 관심의 증대로 2013. 8. 13. 개정된 공정거래법은 불공정거래행위 유형으로 '일감 몰아주기' 행위유형을 별도의 행위유형으로 추가하였고, 감사원, 조달청과 더불어 중소기업청에도 고발요청권을 부여하였으므로 향후에는 불공정거래행위에 대한 형사처벌 사례가 증가할 것으로 예상된다.[207]

불공정거래행위의 구체적 행위유형과 기준은 공정거래법 시행령 및 공정거래위원회의 불공정거래행위 심사기준에 상세히 규정되어 있는데, 과거 행정사건에서 주로 논의되었던 문제를 기존 판례에 따라 검토하고자 한다.

(1) 거래거절 및 차별적 취급행위(제1호)

공정거래법 제23조 제1항 제1호에서 규정한 '거래거절'에 관하여 시행령 제36조 제1항 [별표1] 제1호에서는 '공동의 거래거절'과 '기타 거래거절'로 분류하고 있다. 판례상 '기타 거래거절'에 대하여는 "개별 사업자가 그 거래상대방에 대하여 하는 이른바 개별적 거래거절을 가리키는 것으로 거래처 선택의 자유라는 원칙에서 볼 때, 또 다른 거래거절의 유형인 '공동의 거래거절'과는 달리 거래거절이라는 행위 자체로 바로 불공정거래행위에 해당하는 것은 아니고, 그 거래거절이 ① 특정사업자의 거래기회를 배

---

207) 최근인 2014. 5. 8.에도 공정거래위원회는 ㈜골프존의 거래강제행위 등 사건과 관련하여, 시정명령 및 과징금 43억 4,100만원을 부과하고 검찰에 고발하기로 결정하였다.

제하여 그 사업활동을 곤란하게 할 우려가 있거나, ② 오로지 특정사업자의 사업활동을 곤란하게 할 의도를 가진 유력 사업자에 의하여 그 지위남용행위로서 행하여지거나, ③ 혹은 법이 금지하고 있는 거래강제 등의 목적달성을 위하여 그 실효성을 확보하기 위한 수단으로 부당하게 행하여진 경우라야 공정한 거래를 저해할 우려가 있는 거래거절행위로서 법이 금지하는 불공정거래행위에 해당한다고 할 수 있다"고 판시하고 있다.[208]

거래거절 행위에 있어 부당성의 유무를 판단함에 있어서는 당해 행위의 의도와 목적, 효과와 영향 등과 같은 구체적 태양은 물론 법에서 거래거절을 규제하는 목적에 비추어 거래거절의 결과 거래상대방이 입게 되는 영업상의 이익의 침해 또는 자유로운 영업활동의 제약의 내용과 정도, 상대방의 선택가능성 등과 같은 제반 사정을 두루 고려하여 그 행위가 정상적인 거래관행을 벗어난 것으로서 공정하고 자유로운 거래를 저해할 우려가 있는지 여부를 판단하여 결정하여야 하고,[209] 거래거절을 위법한 불공정거래행위라고 평가하기 위해서는 당해 행위가 거래거절의 행위요건에 해당한다는 것만으로는 부족하고 시장에서의 경쟁제약·배제효과와 같은 특별한 위법요소로서의 부당성이 부가적으로 인정되어야 하는바, 이러한 경쟁제약·배제효과는 거래거절을 한 행위자가 시장에서 유력한 사업자일수록 보다 커질 것이지만 어디까지나 계약자유의 원칙이 지배하는 시장경제 질서 하에서는 행위의 주체·태양·효과 등 객관적 측면만으로 그 부당성을 단언하기는 어려울 것이고 거절의 의도·목적까지 아울러 고려하여 공정거래저해성 유무를 판단할 필요가 있고 구체적으로 시장상황, 당사자의 거래상 지위, 당해 행위가 상대방의 사업활동 및 시장의 거래질서에 미치는 영향 등을 종합적으로 고려하여야 한다는 것이 판례의 태도이다.[210]

---

208) 대법원 2004. 7. 9. 선고 2002두11059 판결
209) 대법원 2001. 6. 12. 선고 2001두1628 판결
210) 헌법재판소 2004. 6. 24. 선고 2002헌마496 결정

한편, 제1호의 '차별적 취급행위'에 관하여 판례는 가격차별을 불공정 거래행위로 규정하고 있는 것은 가격차별로 인하여 차별취급을 받는 자들의 경쟁력에 영향을 미치고, 경쟁자의 고객에게 유리한 조건을 제시하여 경쟁자의 고객을 빼앗는 등 경쟁자의 사업활동을 곤란하게 하거나 거래상 대방을 현저하게 불리 또는 유리하게 하는 등 경쟁질서를 저해하는 것을 방지하고자 함에 있다고 할 것이라고 하면서,[211] 가격차별이 부당성을 갖는지 유무를 판단함에 있어서는 가격차별의 정도, 가격차별이 경쟁사업자나 거래상대방의 사업활동 및 시장에 미치는 경쟁제한의 정도, 가격차별에 이른 경영정책상의 필요성, 가격차별의 경위 등 여러 사정을 종합적으로 고려하여 그와 같은 가격차별로 인하여 공정한 거래가 저해될 우려가 있는지 여부에 따라 판단하여야 할 것이라고 판시하고 있다.[212]

(2) 경쟁사업자 배제(제2호)

공정거래법 제23조 제1항 제2호에서 규정한 '경쟁사업자 배제행위'에 대해 법 시행령은 구체적으로 '부당염매행위'와 '부당고가매입'을 규정하고 있다. 부당염매행위와 관련한 부당성이 있는지 여부는 염가의 의도, 목적, 염가의 정도, 염가판매의 기간, 반복계속성, 대상 상품, 용역의 특성과 수량, 행위자의 사업규모 및 시장에서의 지위, 염매의 영향을 받는 사업자의 상황, 사업자의 수 및 사업규모 등을 종합적으로 고려할 필요가 있다.[213]

---

211) 대법원 2005. 12. 8. 선고 2003두5327 판결
212) 대법원 2006. 12. 7. 선고 2004두4703 판결
213) 대법원 2001. 6. 12. 선고 99두4686 판결

(3) 부당고객유인 및 거래강제행위(제3호)

공정거래법 제23조 제1항 제3호 전단의 '부당고객유인행위'에 대해 법 시행령은 이를 부당한 이익에 의한 고객유인, 위계에 의한 고객유인, 기타의 부당한 고객유인으로 세분화하고 있고, 같은 호 후단의 '거래강제행위'에 대해서는 끼워팔기, 사원판매, 기타의 거래강제로 유형을 세분화하고 있다.

부당고객유인행위의 금지는 부당한 이익 제공에 의한 고객유인 내지 기만적 유인행위 자체를 금지하려는 것으로, 구체적인 사례로는 제약사가 의약품의 판매를 촉진하기 위하여 병·의원, 약국 등에 정상적인 상관행을 초과하여 과다한 이익을 제공한 것은 부당한 고객유인행위에 해당한다고 한 사례가 있다.[214]

거래강제행위에 관하여, 판례는 "자발적인 의사가 아닌 일방적인 결정에 의하여 강요된 것으로서 객관적으로 공정한 거래질서를 침해할 우려가 있는 이상 사원판매 지시에 따라 구체적으로 차량구입이라는 결과에 이르지 않았다거나 그 지시를 위반한 경우에 대하여 구체적 불이익을 준 바 없는 경우 또는 그와 같은 사원판매 행위로 인하여 회사가 어떠한 이익을 얻은 바 없어도 성립한다"고 한 사례가 있고,[215] "단지 임직원들을 상대로 자기회사 상품의 구매자 확대를 위하여 노력할 것을 촉구하고 독려하는 것은 위 행위유형에 해당되지 아니한다"고 한 사례가 있다.[216]

'거래강제' 중 '끼워팔기'에 대하여는, "자기가 공급하는 상품 또는 용역 중 거래상대방이 구입하고자 하는 상품 또는 용역(이하 '주된 상품'이라 한다)을 상대방에게 공급하는 것과 연계하여 상대방이 구입하고자 하지 않거나 상대적으로 덜 필요로 하는 상품 또는 용역(이하 '종된 상품'이라 한다)

---

214) 대법원 2010. 11. 25. 선고 2009두9543 판결
215) 대법원 2002. 8. 28. 선고 2002두5085 판결
216) 대법원 1998. 3. 24. 선고 96누11280 판결

을 정상적인 거래관행에 비추어 부당한지 여부는 종된 상품을 구입하도록
한 결과가 상대방의 자유로운 선택의 자유를 제한하는 등 가격과 품질을
중심으로 한 공정한 거래질서를 저해할 우려가 있는지 여부에 따라 판단하
여야 할 것"이라고 판시한 바 있다.[217] 또한 "끼워팔기에 해당하기 위하여
는 주된 상품을 공급하는 사업자가 주된 상품을 공급하는 것과 연계하여
거래상대방이 그의 의사에 불구하고 종된 상품을 구입하도록 하는 상황을
만들어낼 정도의 지위를 갖는 것으로 족하고 반드시 시장지배적 사업자일
필요는 없다 할 것"이라는 것이 판례의 태도이다.[218] 판례상 인정된 구체적
사례로는, 한국토지공사가 비인기토지를 매입한 자에 대하여서만 인기토
지 매입우선권을 부여한 사안,[219] 오프라인 강의를 수강하는 학생들에게
온라인 강의를 의무적으로 수강하도록 한 것은 끼워팔기에 해당된다고 본
사례가 있다.[220]

(4) 거래상지위 남용(제4호)

공정거래법 시행령은 거래상지위 남용의 구체적 행위유형을 대통령령
에서 '구입강제', '이익제공강요', '판매목표강제', '불이익제공', '경영간
섭'으로 세분화하고 있다. 제4호에 해당하는 불공정거래행위에 대해서는
구체적 행위에 따라 형법상 업무방해나 강요, 배임수재 등의 별도의 죄가
성립될 수 있을 것이다.[221]

거래당사자의 일방이 우월적 지위에 해당하는지 여부는 당사자가 처
하고 있는 시장의 상황, 당사자간의 전체적 사업능력의 격차, 거래의 대상

---

217) 대법원 2006. 5. 26. 선고 2004두3014 판결
218) 대법원 2006. 5. 26. 선고 2004두3014 판결
219) 대법원 2006. 5. 26. 선고 2004두3014 판결
220) 서울고등법원 2009. 11. 12. 선고 2009누5635 판결
221) 2013년 소위 '남양유업 강매사건'과 관련하여 검찰은 공정거래법상의 거래상지위
　　남용 규정과 형법상 업무방해 규정을 모두 적용하여 기소하였다.

인 상품의 특성 등을 모두 고려하여 최소한 상대방의 거래활동에 상당한 영향을 미칠 수 있는 지위에 있는지에 따라서 판단되어야 할 것이고,[222] 거래상의 지위를 부당하게 이용한 것인 것 여부는 당사자가 처하고 있는 시장 및 거래의 상황, 당사자간의 전체적 사업능력의 격차, 거래의 대상인 상품 또는 용역의 특성, 그리고 당해 행위의 의도, 목적, 효과, 영향 및 구체적인 태양, 해당사업자의 시장에서의 우월한 지위의 정도 및 상대방이 받게 되는 불이익의 내용과 정도 등에 비추어 볼 때 정상적인 거래관행을 벗어난 것으로서 공정한 거래를 저해할 우려가 있는지 여부를 판단하여 결정하여야 할 것이다.[223]

구체적인 사례에 관한 판례를 보면, '구입강제행위'는 상대방이 구입하지 않을 수 없는 객관적인 상황을 만들어 내는 것도 포함되고,[224] '판매목표강제행위'의 경우도 "상대방이 목표를 달성하지 않을 수 없는 객관적인 상황을 만들어 내는 것을 포함하고, 사업자가 일방적으로 상대방에게 목표를 제시하고 이를 달성하도록 강제하는 경우뿐만 아니라 사업자와 상대방의 의사가 합치된 계약의 형식으로 목표가 설정되는 경우도 포함"된다.[225]

'불이익제공행위'에 해당하기 위하여는 그 행위의 내용이 상대방에게 다소 불이익하다는 점만으로는 부족하고, 구입강제, 이익제공강요, 판매목표강제 등과 동일시할 수 있을 정도로 일방 당사자가 자기의 거래상의 지위를 부당하게 이용하여 그 거래조건을 설정 또는 변경하거나 그 이행과정에서 불이익을 준 것으로 인정되고, 그로써 정상적인 거래관행에 비추어 상대방에게 부당하게 불이익을 주어 공정거래를 저해할 우려가 있어야 한다는 것이 판례의 태도이다.[226]

---

222) 대법원 2003. 11. 27. 선고 2003두10299 판결
223) 대법원 2002. 1. 25. 선고 2000두9359 판결
224) 대법원 2011. 5. 13. 선고 2009두24108 판결
225) 대법원 2011. 5. 13. 선고 2009두24108 판결
226) 대법원 2004. 7. 9. 선고 2002두11059 판결

구체적인 사례로는, 대리점 계약관계가 있는 상황에서 필수불가결한 고객전산망을 일방적으로 단절시킨 행위,[227] 정당한 이유 없이 대리점 지위 양도승인 등을 거부한 행위,[228] 추가 보완요청이 가능함에도 불구하고 일방적으로 계약을 해제하는 행위[229] 등이 이에 해당한다.

(5) 부당지원행위(제7호)

공정거래법 시행령은 부당지원행위의 구체적 유형을 대통령령에서 규정한 '부당 자금지원', '부당 자산·상품지원', '부당 인력지원', '부당한 거래단계 추가'로 세분하고 있다. 법문상 지원객체는 반드시 특수관계인일 것을 요하지 않으며 판례 역시 "부당지원행위 금지제도의 입법취지 등에 비추어 보면, 부당지원행위의 객체인 '다른 회사'는 반드시 대규모기업집단의 계열회사에 한정되는 것은 아니다"라고 판시하고 있기는 하나,[230] 실무적으로는 지원객체가 계열회사 내지는 그에 준하는 특별한 관계에 있는 경우가 대부분 문제가 된다. 또한 "모회사가 주식의 대부분을 소유하고 있는 자회사라 하더라도 양자는 법률적으로 별개의 독립된 거래주체라 할 것이고, 부당지원행위의 객체를 정하고 있는 공정거래법 제23조 제1항 제7호의 '특수관계인 또는 다른 회사'의 개념에서 자회사를 지원객체에서 배제하는 명문의 규정이 없으므로, 모회사의 자회사 사이의 지원행위도 제23조 제1항 제7호 규율대상이 된다"[231]는 것이 판례의 태도이다.

'지원행위'의 성격에 관하여, 판례는 "공정거래법 제23조 제1항이 '사업자는 다음 각 호의 1에 해당하는 행위로서 공정한 거래를 저해할 우려가

---

227) 대법원 2002. 10. 25. 선고 2001두1444 판결
228) 대법원 2000. 6. 9. 선고 97누19427 판결
229) 대법원 1997. 8. 26. 선고 96누20 판결
230) 대법원 2004. 10. 14. 선고 2001두2881 판결
231) 대법원 2011. 9. 8. 선고 2009두11911 판결

있는 행위를 하거나, 계열회사 또는 다른 사업자로 하여금 이를 행하도록
하여서는 아니된다'라고 규정하고 있으므로, 공정거래법 소정의 '지원행
위'가 성립하기 위하여 반드시 '지원주체'가 지원객체에게 경제상 이익을
제공할 필요는 없다"고 판시하고,[232] 구체적으로는 신주인수행위,[233] 담보
제공행위[234]도 부당지원행위에 해당한다고 한 사례가 있다.

부당지원행위에 있어서 '부당성'의 판단은 지원주체와 지원객체와의
관계, 지원행위의 목적과 의도, 지원객체가 속한 시장의 구조와 특성, 지원
성 거래규모와 지원행위로 인한 경제상 이익 및 지원기간, 지원행위로 인하
여 지원객체가 속한 시장에서의 경쟁제한이나 경제력집중의 효과 등은 물
론 중소기업 및 여타 경쟁사업자의 경쟁능력과 경쟁여건의 변화 정도, 지원
행위 전후의 지원객체의 시장점유율의 추이, 시장개방의 정도 등을 종합적
으로 고려하여 당해 지원행위로 인하여 지원객체의 관련시장에서 경쟁이
저해되거나 경제력 집중이 야기되는 등으로 공정한 거래가 저해될 우려가
있는지 여부를 기준으로 판단하여야 한다.[235]

다만, 공익적 요청 등에 의하여 이루어진 것으로 그 지원행위의 부당성
이 인정되기 어렵다고 본 판례도 있다.[236]

---

232) 서울고등법원 2009. 8. 19. 선고 2007누30903 판결
233) 대법원 2005. 4. 29. 선고 2004두3281 판결
234) 대법원 2006. 10. 27. 선고 2004두3274 판결
235) 대법원 2004. 3. 12. 선고 2001두7220 판결
236) 대법원 2006. 6. 2. 선고 2004두558 판결. 한국도로공사가, 적자운영으로 운영권
이 반납되거나 신설된 휴게시설 등 민간업체에게 임대하기 곤란한 고속도로 휴게
시설을 자회사로 하여금 잠정적으로 운영하게 하기 위하여 수의계약으로 임대하고
그 임대료를 면제해 준 경우, 고속도로 휴게시설의 공익적 성격상 그 운영을 중단할
수 없는 실정이어서 신설 또는 적자 휴게시설을 자회사에게 운영하게 함에 따라
자회사의 적자발생이 불가피했고, 검찰청은 위 임대료 면제가 자회사의 적자보전
책을 마련하라는 감사원의 지적과 적자인 휴게시설에 대하여는 임대료 조정 및
구조조정 후 민영화라는 기획예산처의 지시 등에 따른 정당한 것으로, 만약 반납
받은 운영권을 임대료를 감면하는 조건으로 다른 민간업체에 임대한다면 불공정거
래행위 및 특혜가 될 수 있다는 점을 들어 무혐의처분하였으며, 휴게시설에 대한

불공정거래행위에 해당하는 행위가 형법상 다른 범죄를 구성하는 경우가 종종 있을 수 있는데, 대표적인 사례가 부당지원행위에 해당하는 행위가 지원주체의 입장에서 업무상배임죄를 구성하는 경우이다.[237] 즉, 지원주체에 해당하는 기업의 사무를 처리하는 자가 부당하게 지원객체를 지원함으로써 재산상 이익을 제공하고 지원주체에게는 그에 상응하는 손해를 가하는 경우, 행위주체인 개인에 대하여는 형법에서 규정한 배임행위의 죄책도 적용될 수 있다. 이러한 경우 부당지원행위로 인한 공정거래법위반죄와 업무상배임죄는 실체적경합의 관계에 있다고 봄이 상당할 것이다. 특히, 배임죄가 성립할 경우 공정거래위원회의 전속고발 대상이 아닐 뿐만 아니라, 배임행위로 인한 이득액(부당지원행위에서 지원금액 상당)이 5억원 이상인 경우에는 '특정경제범죄 가중처벌 등에 관한 법률'에 해당하여 법정형이 대폭 상향될 수 있다.

라. 불공정거래행위에 대한 제재

(1) 시정조치

공정거래위원회는 불공정거래행위가 있을 때에는 당해사업자에 대하여 당해 불공정거래행위 또는 재발방지를 위한 조치, 계약조항의 삭제, 법 위반행위로 인하여 공정거래위원회로부터 시정명령을 받은 사실의 공표, 기타 시정을 위하여 필요한 조치를 명할 수 있다(공정거래법 제24조).

임대계약을 수의계약으로 체결한 것 자체는 휴게시설을 원활하게 운영하고 궁극적으로는 민영화시키기 위한 것으로서 공익적 요청에 따른 것인 사정 등에 비추어, '부당한 자산지원'에 해당하지 않는다고 한 사례

237) 2012년 신세계그룹 부당지원 사건과 관련하여 검찰은 공정거래법의 부당지원 행위 규정과 형법상 업무상배임 규정을 모두 적용하여 기소하였다.

(2) 과징금

공정거래위원회는 불공정거래행위가 있을 때에는 당해사업자에 대하여 위반사업자가 위반기간 동안 일정한 거래분야에서 판매한 관련 상품이나 용역의 매출액 또는 이에 준하는 금액, 즉 관련 매출액에 100분의 2를 곱한 금액[238]을 초과하지 아니하는 범위 안에서 과징금을 부과할 수 있다. 다만 매출액이 없는 경우 등에는 5억원을 초과하지 아니하는 범위 안에서 과징금을 부과할 수 있다(공정거래법 제24조의2, 시행령 제9조 제1항).

(3) 형 벌

위반자는 2년 이하의 징역 또는 1억 5천만원 이하의 벌금에 처한다(공정거래법 제67조 제2호).

6. 기타 공정거래관련법 위반사건

가. 하도급거래 공정화에 관한 법률 위반사건

(1) 형사처벌 관련 조항

하도급거래 공정화에 관한 법률(이하 '하도급법'이라 한다)에서는 원사업자의 서면교부 및 보존 의무(제3조) 등 원사업자의 의무사항과 부당한 하도급대금 결정금지(제4조) 등 원사업자의 금지사항을 위반한 경우에 하도급대

---

238) 다만 부당한 지원행위의 경우에는 불공정거래행위의 한 유형으로 규정되어 있으나 과징금의 상한액이 해당 사업자의 직전 3개연도의 평균 매출액의 100분의 5를 초과하지 않는 범위로 정해져 있다(공정거래법 제24조의2, 시행령 제9조 제2항).

금의 2배에 상당하는 금액 이하의 벌금에 처하도록 규정(제30조 제1항)하고, 공정거래위원회의 시정명령에 따르지 않거나 보복조치 또는 탈법행위금지를 위반한 자에 대해서는 1억 5천만원 이하의 벌금에 처하도록 규정(제30조 제2항)하고 있다. 형사처벌을 위해서는 공정거래위원회의 고발이 필요하다.

하도급법은 사실상 민사상 채무불이행에 해당하는 행위에 대하여도 형사처벌이 가능하도록 규정하고 있으며, 처벌대상이 되는 행위 또한 광범위하여 형사벌의 과잉금지원칙에 반하는 것이 아닌가 하는 의문이 제기될 수 있다.[239] 다만, 하도급법은 그 적용에 있어 '원사업자'와 '수급사업자'의 조건을 규정(제2조 제2항, 제3항)하고, 적용대상이 되는 하도급거래를 제조위탁, 수리위탁, 건설위탁, 용역위탁에 한정(제2조 제1항)하고 있다. 하도급법의 규율 대상을 요약하면 다음 표와 같다.

▪▪ 하도급 거래 공정화에 관한 법률 개요 ▪▪

법목적 및 적용대상		○ 목적: 공정한 하도급거래질서 확립 ○ 적용업종: 제조, 수리, 건설, 용역 ○ 적용대상: 대기업과 중소기업간 거래 및 중소기업과 중소기업간 거래 ○ 적용기간: 거래종료일로부터 3년 이내	
하도급 거래의 규제내용	원사업자의 의무사항	○ 서면발급, 서류보존의무 ○ 선급금 지급의무 ○ 내국신용장 개설의무 ○ 검사 및 검사결과 통지의무 ○ 하도급대금 지급의무	○ 하도급대금지급보증의무 ○ 관세등 환급액 지급의무 ○ 설계변경에 따른 하도급 대금 조정의무 ○ 납품단가 조정협의 의무

---

239) 실제로 공정거래위원회가 2013년도에 고발조치한 61건의 사건 중에서 하도급법 위반은 30건에 이르며, 81년부터 2013년까지 공정거래위원회의 총 고발사건 634건 중에서 하도급법 위반 사건이 313건에 이르러, 공정거래법을 포함한 공정거래 관련 법령 전체를 통틀어 법위반 행위에 대한 고발이 가장 많이 이루어진 분야가 하도급법이다(공정거래위원회 통계연감(2013)).

	원사업자의 금지사항	○ 부당한 하도급대금 결정 금지 ○ 물품구매대금등의 부당 결제청구 금지 ○ 물품등의 구매강제 금지 ○ 경제적 이익의 부당요구 금지 ○ 부당한 발주취소 및 수령 거부금지 ○ 부당한 대물변제행위 금지 ○ 부당반품금지 ○ 부당한 경영간섭 금지 ○ 하도급대금 부당감액 금지 ○ 보복조치 금지 ○ 탈법행위 금지
	발주자의 의무사항	○ 하도급대금의 직접지급의무
	수급사업자의 의무·준수 사항	○ 서류보존의무 ○ 신의칙 준수 ○ 원사업자의 위법행위 협조거부
법위반에 대한 주요 제재내용	행정적 제재	○ 시정조치(시정명령, 시정권고 등) ○ 공표명령 ○ 과징금 부과: 하도급대금의 2배 이하 ○ 상습 법위반자 조치(입찰제한, 영업정지 요청) ○ 과태료 부과: 3천만원 이하
	사법적 제재(공정거래위원회의 전속고발)	〈하도급대금 2배상당금액 이하의 벌금〉 ○ 원사업자의 의무사항 및 금지사항 위반행위 〈1억 5천만원 이하의 벌금〉 ○ 공정거래위원회의 시정명령에 따르지 아니한 자 ○ 보복조치, 탈법행위금지 위반자 ※ 양벌규정: 행위자 및 법인 처벌

(2) 관련 판례

형사사건에 관한 판례는 아니지만 하도급법의 해석과 관련하여 참고할 만한 판례를 소개한다.

부당한 하도급대금의 결정 금지에 관한 하도급법 제4조와 관련하여 하도급법 제4조 제2항 제1호에서 '일률적인 비율로 단가를 인하'한다고 함은, 둘 이상의 수급사업자나 품목에 관하여 수급사업자의 경영상황, 시장상황, 목적물 등의 종류·거래규모·규격·품질·용도·원재료·제조공법·공정 등 개별적인 사정에 차이가 있는데도 동일한 비율 또는 위와 같은 차이를 반영하지 아니한 일정한 구분에 따른 비율로 단가를 인하하는 것을 의미한다는 것이 판례의 태도이다.[240]

한편, 하도급법 제4조 제2항 제7호가 정하는 부당한 하도급대금 결정행위의 해당성을 조각하기 위한 '정당한 사유'란 공사현장 여건, 원사업자의 책임으로 돌릴 수 없는 사유 또는 수급사업자의 귀책사유 등 최저가로 입찰한 금액보다 낮은 금액으로 하도급대금을 결정하는 것을 정당화할 객관적·합리적 사유를 말하는 것으로, 원사업자가 이를 주장·입증하여야 하고, 공정한 하도급거래질서 확립이라는 관점에서 사안에 따라 개별적, 구체적으로 판단하여야 한다.[241]

하도급법 제11조 제1항의 부당감액행위는 원사업자가 수급사업자에게 책임을 돌릴 사유가 없음에도 불구하고 제조 등의 위탁을 할 때 정한 하도급대금을 부당하게 감액하는 경우에 성립하며, 부당성 여부는 하도급계약의 내용, 계약이행의 특성, 감액의 경위, 감액된 하도급대금의 정도, 감액방법과 수단 등 여러 사정을 종합적으로 고려하여 그것이 수급사업자에게 부당하게 불리한 감액인지 여부에 따라 판단하여야 하며, 그에 관한 입증책임은 공정거래위원회에 있다.[242]

경제적 이익의 부당요구 금지를 규정한 하도급법 제12조의2와 관련하여, "원고가 많은 자금을 투자하여 건설한 아파트가 제대로 분양되지 않자

---

240) 대법원 2011. 3. 10. 선고 2009두1990 판결
241) 대법원 2012. 2. 23. 선고 2011두23337 판결
242) 대법원 2012. 1. 27. 선고 2010두24050 판결

이 사건 20개 수급사업자와 사이에 그와 같이 미분양된 아파트를 분양받는 것을 조건으로 하여 하도급계약을 체결한 것은 자신의 매출을 늘리고 자금 운용을 원활하게 할 수 있는 경제적 이익의 요구행위에 해당"한다고 판시한 사례가 있다.[243]

나. 표시 · 광고의 공정화에 관한 법률 위반사건

(1) 형사처벌 관련 조항

표시 · 광고의 공정화에 관한 법률(이하 '표시 · 광고법'이라 한다)은 부당한 표시 · 광고 행위를 한 경우와 공정거래위원회의 시정조치 등에 따르지 않은 경우 2년 이하의 징역 또는 1억 5천만원 이하의 벌금에 처하도록 규정하고 있다(제17조). 형사처벌을 위해서는 공정거래위원회의 고발이 필요하다.

형사처벌의 대상이 되는 부당한 표시 · 광고는, 공정한 거래질서를 해칠 우려가 있는 ① 거짓 · 과장의 표시 · 광고, ② 기만적인 표시 · 광고, ③ 부당하게 비교하는 표시 · 광고, ④ 비방적인 표시 · 광고를 말하는데(제3조), 판례는 부당광고에 해당하는 여부를 판단함에 있어서는 광고의 문리적인 의미는 물론 그 밖에 광고물을 전체적으로 고려하여 소비자가 받게 되는 광고물의 전반적인 인상에 기초하여 판단하여야 할 것이므로 광고내용이 설사 부분적으로는 사실(half truth)이지만 광고물 전체의 맥락에 있어서 소비자를 오인시킬 우려가 있는 경우는 기망성이 있는 광고가 되고 그와 같은 오인성, 즉 소비자를 속이거나 소비자로 하여금 잘못 알게 할 우려가 있는지 여부는 보통의 주의력을 가진 일반 소비자가 광고에 부여하는 인식의 기준을 기초로 판단되어야 한다고 판시하고 있다.[244]

---

243) 대법원 2010. 4. 29. 선고 2008두22822 판결
244) 서울고등법원 2000. 12. 14. 선고 2000누4219 판결

　　형사판례는 아니지만, 표시·광고법 위반의 주체와 관련하여, 분양대행사 직원에 의해 광고가 이뤄진 경우에도 분양회사가 직·간접적으로 관여하거나 묵인한 경우 분양회사에게 책임이 있다고 본 사례가 있는 반면,[245] 사이버몰 운영자가 입점업체의 광고행위에 대하여 광고행위의 주체로서 표시·광고법상 행정적 책임을 진다고 볼 수 없다고 판단한 사례도 있다.[246]

(2) 관련 판례

　　행정사건 판례에서 표시·광고의 부당성이 인정된 사례와 부정된 사례 몇 가지를 소개하면 다음과 같다.

　　"수천억원을 투자한 세계 수준의 첨단 시설과 시스템이 있기에 멜라민을 비롯한 유해원료는 100% 원천봉쇄 됩니다. 다른 회사제품은 확인할 수 없지만 ○○유업 유아식의 원료와 제품의 품질은 100% 안전합니다"라고 한 광고에 대하여, 법원은 "일반 소비자로서는 원고가 수천억원을 투자하여 유해원료가 혼입될 가능성이 전혀 없고, 따라서 원고가 생산한 유아식은 유해원료가 전혀 들어 있지 않는, 절대적으로 안전한 제품이라는 의미로 인식할 우려가 있다. 그런데 실제로 그러한 생산 공정이 불가능한 점은 원고도 다투지 아니하므로 이 부분 광고도 사실과 다르게 표시하거나 사실을 지나치게 부풀려 광고한 것으로 허위·과장의 광고에 해당한다"고 한 사례가 있다.[247]

　　다만, 광고표현이 다소 과장되었다고 하더라도 사회적으로 용인될 수 있는 정도라면 허위·과장 광고에 해당하지 않는다는 전제하에, '최적의

---

245) 대법원 2007. 2. 22. 선고 2006두16861 판결
246) 대법원 2005. 12. 22. 선고 2003두8296 판결
247) 서울고등법원 2011. 6. 15. 선고 2010누34691 판결

전원요지' 등이 다소 과장되었다 하더라도 이는 사회적으로 용인될 수 있는 정도라고 보이므로 허위·과장광고라고 보기 어렵다고 한 사례가 있고,[248] '친환경'이라는 광고표현이 공정거래위원회의 환경관련 표시·광고 심사지침에 반한다고 하더라도 각종 법령상 의미와 용례 및 일반소비자의 인식에 부합하는 것이라면 허위·과장광고로 볼 수 없다고 한 사례도 있다.[249]

판례상 표시·광고법 제3조 제1항 제3호 소정의 '부당하게 비교하는 광고'라 함은 비교대상 및 기준을 명시하지 않거나 객관적인 근거 없이 자기 또는 자기의 상품이나 용역을 다른 사업자 또는 다른 사업자의 상품과 비교하여 우량 또는 유리하다고 광고하는 것이고,[250] 제4호 소정의 '비방광고'란 다른 사업자 또는 다른 사업자의 상품 등에 관하여 객관적인 근거가 없는 내용으로 광고하여 비방하거나 불리한 사실만을 광고하여 비방하는 것이라고 할 수 있다.[251]

다. 방문판매 등에 관한 법률 위반사건

(1) 형사처벌 관련 조항

방문판매 등에 관한 법률(이하 '방문판매법'이라 한다)상 미등록 또는 부정한 방법으로 등록하여 다단계판매조직을 개설·관리·운영한 자 등은 7년 이하의 징역 또는 2억원 이하의 벌금에 처하고(제58조), 다단계판매원에게 일정 수의 하위판매원에게 일정 수의 하위판매원 모집을 강제한 자, 허위·과장된 사실을 알리거나 기만적인 방법으로 소비자를 유인하여 거

---

248) 대법원 2003. 9. 26. 선고 2001두11229 판결
249) 대법원 2009. 12. 10. 선고 2009두15920 판결
250) 대법원 2005. 3. 10. 선고 2004두9654 판결
251) 대법원 2004. 3. 12. 선고 2003두14482 판결

래한 다단계 판매자, 재화 등의 거래 없이 사실상 금전거래만을 행한 자 등은 5년 이하의 징역 또는 1억 5천만원 이하의 벌금에 처한다(제59조). 또한 다단계판매업자의 변경사항을 허위로 신고한 자, 다단계판매원에게 후원수당을 과다 지급한 다단계판매업자, 시정조치에 응하지 아니한 자 등은 3년 이하의 징역 또는 1억원 이하의 벌금에(제60조), 허위·과장된 사실을 알리거나 기만적인 방법으로 소비자를 유인하여 거래한 방문판매자, 계속거래업자 등은 2년 이하의 징역 또는 5천만원 이하의 벌금에 처한다(제61조).

방문판매법 위반사건은 공정거래위원회의 전속고발의 대상이 아니므로 일반 사법경찰관에 의해 송치되는 사건도 많고, 검찰에서의 처분 또한 공정거래사건 전담 여부와 관련 없이 배당·처리되고 있다.

(2) 관련 판례

방문판매법상 다단계판매의 요건은 ① 일정한 모집방식, ② 3단계 이상의 가입단계, ③ 후원수당의 지급(제2조 제5호)이라 할 수 있는데, 이에 관하여 판례는 "다단계판매조직에서 하위판매원으로 인정되기 위해서는 기존 판매원이 신규판매원을 조직·관리 또는 교육, 훈련시키거나 신규판매원의 판매 실적에 따라 기존 판매원에게 경제적 이익이 귀속되는 등 기존 판매원과 사이에 법적, 경제적, 조직적 관계가 있어야 한다"고 하면서,[252] "판매조직의 후원수당 지급방식이 당해 판매원의 직근 하위판매원의 판매실적에만 좌우되고, 직근 하위판매원이 아닌 다른 하위판매원의 판매실적에는 영향을 받지 않는 것으로 정해진 경우에도 다단계판매 조직에 해당한다"고 판시하고 있다.[253]

252) 대법원 2012. 11. 15. 선고 2012두16602 판결
253) 대법원 2005. 11. 25. 선고 2005도977 판결

2012. 2. 17. 방문판매법 개정 전에는 위 ③의 요건에 관해, '후원수당'(다단계판매업자가 다단계판매원에게 지급하는 수당)뿐만 아니라 '소매이익'(다단계판매원이 소비자에게 재화 등을 판매하여 얻는 이익)의 지급이 요건으로 규정되어 있어, 판례는 "방문판매법 소정의 다단계판매원이 되기 위하여서는 소매이익과 후원수당을 모두 권유받아야 할 것인데, 만일 방문판매법 제2조 제7호 소정의 후원수당 중에서 자신의 재화 등의 판매실적에 따른 후원수당만 받을 수 있고, 하위판매원을 모집하여 후원활동을 하는데 대한 후원수당이나 하위판매원들의 재화 등의 판매실적에 따른 후원수당을 받지 못한다면, 이러한 사람은 방문판매법상 소정의 다단계판매원이라고 할 수 없다"고 한 사례가 있었다.[254] 그러나 방문판매법의 개정으로 '소매이익'의 요건을 삭제하여 이제는 후원수당의 지급만으로도 다단계판매의 요건은 충족하게 되었다.

한편, 방문판매법상 등록의무는 다단계판매업자인 법인의 대표이사 등이 부담하고, 다단계판매 조직의 지역 센터 운영자는 같은 법에 의한 등록의무가 있다고 할 수 없어 지역 센터장 등을 무등록 영업행위로는 처벌할 수 없다는 취지의 대법원 판결이 최근 선고되었다.[255]

---

254) 대법원 2007. 1. 25. 선고 2006도7470 판결
255) 대법원 2013. 1. 24. 선고 2012도13260 판결

공정거래와 형사법

Ⅳ 공정거래법 위반행위와 형사적 제재의 관계

1. 개 요

　서론에서 각 국가별로 공정거래법 위반행위에 대하여 형사적 제재 현황을 간단히 살펴본 바와 같이 형사적 제재에 관해서는 각국의 입법례나 실무관행이 다른 입장을 보이고 있다. 즉 미국의 경우 공정거래법 위반행위에 대해 형사적 제재를 적극적으로 활용하는 반면, EU 및 그 회원국들의 경우 이를 제한적으로 활용하고 있다. 그런데 우리나라는 사실상 거의 모든 유형의 공정거래법 위반행위에 대하여 형사처벌규정을 마련하고 있지만, 이러한 규범체계에도 불구하고 법규정에 기한 형사적 제재 자체는 소극적으로 운용되어 왔다.

　기존에 공정거래법 위반행위에 대한 형사적 제재가 드물었던 이유는 기본적으로 공정거래위원회가 공정거래법 위반행위에 대한 전속고발권을 가지고 있음에도 그 행사에 소극적이었기 때문이다. 공정거래위원회가 고발권 행사에 소극적이었던 이유는 공정거래 관련법의 경우 위반행위의 구성요건인 경쟁제한성, 공정거래저해성 등의 개념이 추상적인 불확정개념이기 때문에, 엄격한 증명을 요하는 형사법적 접근이 적절하지 않을 수 있고, 행정적 제재 외에 형사적 제재를 병과함으로써 과잉제재 논란이 있을 뿐만 아니라 이로 인한 기업활동 위축의 우려가 있다고 보았기 때문이다.

그러나 종래 공정거래위원회의 소극적인 고발권행사로 인해 사안이 중대하고 명백하며 사회적 파장이 큰 공정거래법 위반행위에 대해서도 형사처벌이 제대로 이루어지지 않고 그로 인해 공정거래법 위반행위가 계속적으로 재발하고 있다는 비난이 있어 왔다.

그렇기 때문에 종래 공정거래법 위반행위와 형사적 제재의 관계에 관한 논의는 공정거래위원회의 전속고발권 행사가 적절한지, 이를 어떻게 제한, 통제하는 것이 바람직한지에 집중되었다고 할 수 있다. 공정거래위원회의 고발은 범죄수사의 단서에 불과한 일반적인 고발과 달리 형사소추의 요건으로서, 공정거래위원회의 고발 없이 제기된 공소는 기각된다. 그 입법 취지는 공정거래법 위반행위에 대한 고소, 고발의 남용 및 기업활동에 대한 수사기관의 과도한 개입을 방지하고 형사처벌의 필요성 여부에 관하여 공정거래법 집행기관인 공정거래위원회의 전문적 판단을 존중하겠다는 취지이다.

공정거래위원회는 2011년부터 점차 고발에 적극적인 모습을 보이면서 그 고발건수가 증가하고 있으며, 특히 부당한 공동행위에 대해서는 형사처벌을 위한 고발을 적극적으로 검토해 왔다. 그러나 여전히 공정거래위원회의 고발권 행사가 소극적이라는 지적이 계속되었고, 특히 부당한 공동행위 외에 시장지배적지위 남용이나 불공정거래행위에 대해서 좀더 적극적인 고발이 이루어져야 한다는 비판이 제기되었다. 이러한 상황에서 2013년 공정거래법 개정을 통해 전속고발권을 완화하여 감사원장, 조달청장, 중소기업청장 등에게 고발요청권이 인정되게 되었다. 따라서 향후에는 공정거래위원회의 고발이 더욱 증가할 것으로 예상된다.

이와 같이 변화된 규제환경에서 전속고발권에 대한 종래의 논의에 더하여 과연 공정거래위원회의 고발은 어느 위반행위를 중심으로 이루어질 것인지를 예측하고, 공정거래위원회의 고발권 남용의 우려를 완화시키기 위해 어떠한 조건에서 고발권이 행사되어야 바람직한가에 대한 논의가 필요하다고 본다. 무조건적인 고발이나 면책성 고발 등으로 고발권이 남용된다면, 경제활동의 위축과 함께 많은 부작용을 발생시킬 수 있기 때문이다. 공정거래정책 및 형사정책 상 공정거래위원회 고발 대상의 합리적인 범위를 획정하기 위한 노력이 반드시 필요한 이유가 여기에 있다.

　이러한 점을 고려하여 이 장에서는 먼저 종래 전개된 전속고발권의 당부 및 그 범위에 관한 논의에 대해 살펴본 후, 공정거래법 위반행위에 대한 형사적 제재의 합리적 범위에 관해 논하고자 한다.

2. 전속고발권

가. 전속고발권의 당부

(1) 폐지론

　폐지론은 공정거래위원회가 고발권한을 과도하게 제한적으로 행사하는 경우 피해 당사자의 재판을 받을 권리 또는 재판절차상 진술권을 침해할 수 있다는 점을 가장 중요한 논거로 하고 있다. 즉, 전속고발권이 검사의 공소권 행사를 제한함으로써 공정거래법상 형벌권 행사에 장애가 되고 공정거래법 위반행위의 피해자를 일반범죄 피해자와 차별대우하는 것으로 평등의 원칙이나 소추기관인 검찰의 기능을 침해하는 권력분립의 원칙에도 반하는 결과를 초래할 수 있다는 입장이다.[256] 그 외 현실적으로 공정거래위원회의 고발기준이 불분명하다는 점, 종래 공정거래위원회가 지나치게 소극적으로 고발권을 행사해 왔다는 점, 일본을 제외한 모든 국가에서

---

256) 선종수, 공정거래위원회의 전속고발권과 검사의 공소제기, 형사법의 신동향(제36호), 대검찰청(2012. 9), 233면

전속고발권을 인정하지 않고 있다는 점도 지적한다.

폐지론 중에는 절충적 입장에서 공정거래법 위반사건 중 위법성이 명백하고 경제적 분석이 크게 필요 없으며 국민경제와 소비자에게 미치는 영향이 크다고 인정되는 경성카르텔 사건이나 시장지배적지위 남용 사건에 관하여 전속고발제도를 폐지하여 누구나 고발할 수 있도록 하자는 주장도 있다.[257]

(2) 존치론

이에 반하여 존치론은 공정거래법 위반행위에 대한 형사처벌 필요성 판단은 시장분석 등 전문적인 심사가 필요하기 때문에 공정거래법 전문가 집단인 공정거래위원회가 담당해야 한다는 것을 주된 논거로 하고 있다. 전속고발권이 폐지될 경우 과도한 고발로 인하여 기업 활동이 위축될 수 있고, 형사소송법상 고발은 누구든지 가능하도록 규정되어 있으므로 고발이 오·남용될 가능성을 내포하고 있다는 것이다. 또한 과도한 고발은 공정거래위원회에 비하여 공정거래법 관련 전문적 지식이 부족한 검찰과 사법부에게 과도한 업무 부담으로 작용하여 공정거래법 위반행위를 처리함에 있어서 공정성, 신속성을 담보할 수 없다고 한다. 현실적으로 경쟁제한성 판단은 공정거래위원회의 협력이 절대적으로 필요하며 전문성을 어느 정도 갖춘다고 하더라도 성질상 상당한 시일을 요하는 많은 사건들을 감당할 수 있을지에 대해서도 의문을 제기한다.

결국 전속고발권의 문제는 경제분야의 불공정거래사건에 있어서 공정거래위원회가 기술적 전문인력을 통해 조사활동을 벌이는 만큼 일반 형사사건의 형사소추를 다루는 검찰을 대신하여 공정거래위원회에 독자적 전

---

257) 김두진, 공정거래법 집행의 이원화를 통한 효율성 강화방안, 법조(제57권 11호), 법조협회(2008. 11), 150면

속고발권을 인정하여야 한다는 주장이다.[258]

(3) 헌법재판소의 견해[259]

공정거래위원회의 고발권 불행사에 대한 헌법소원 사건에서 헌법재판소는 특히 공정거래위원회의 전속고발권한의 취지와 그에 관한 재량의 한계에 관하여 중요한 사항을 판시하였다. 먼저, 구법 제71조가 공정거래위원회의 전속고발권한을 규정한 것은 기업활동에 대한 무분별한 형벌권 행사는 기업활동을 위축시킬 수 있으므로 공정거래법 위반행위에 대한 형벌은 가능한 한 위법성이 명백하고 국민경제와 소비자 일반에 미치는 영향이 특히 크다고 인정되는 경우에 제한적으로 활용되지 아니하면 안 되는 측면을 고려하여, 독립적으로 구성된 공정거래위원회로 하여금 거래행위 당사자가 아닌 제3자의 지위에 있는 법집행기관으로서 상세한 시장분석을 통하여 위반행위의 경중을 판단하고 그때그때의 시장경제상황의 실상에 따라 행정조치만으로 이를 규제함이 상당할 것인지 아니면 나아가 형벌까지 적용하여야 할 것인지 여부를 결정하도록 하는데 그 취지가 있다고 하면서, 구법 제71조의 해석상 공정거래위원회는 고발 여부를 결정할 재량권을 갖지만 이는 자의가 허용되는 무제한의 재량이 아니라 스스로 내재적 한계를 가지는 합목적적 재량으로 이해해야 하고, 특히 독점규제의 목적에 비추어 행위의 위법성과 가벌성이 중대하고 피해의 정도가 현저하여 형벌을 적용하지 않으면 법 목적의 실현이 불가능하다고 봄이 객관적으로 상당한 사안에 있어서는 공정거래위원회로서는 당연히 고발을 해야 할 의무가 있음에도 이러한 의무를 위반한 고발권의 불행사는 명백히 자의적인 것으로서 당해 위반행위로 인한 피해자의 평등권과 재판절차진술권을 침해하는

---

258) 선종수, 전게논문, 235면
259) 헌법재판소 1995. 7. 21. 선고 94헌마136 결정

것으로 보아야 한다고 판시하였다. 헌법재판소 결정의 취지는 그 권한이 남용되지만 않는다면 공정거래위원회에게 전속고발권을 부여할 필요성은 인정된다는 것으로서 존치론의 입장이라고 할 수 있다.

(4) 소 결

전세계적으로 우리나라와 같이 거의 모든 공정거래법 위반행위에 대해 형사처벌이 가능하도록 규정하고 있는 나라는 없는 점, 대부분의 공정거래범죄의 구성요건에 포함되어 있는 경쟁제한성, 공정거래저해성 등은 사전적으로 금지행위의 확정이 명확하지 않아 형사처벌이 적절하지 않거나 불가능한 경우가 많은 바, 이러한 경우에도 무분별하게 고발이 이루어져 수사가 진행된다면 기업의 경제활동에 심각한 위축을 가져 올 우려가 높다는 점, 우리나라와 법체계가 가장 유사한 일본의 경우에도 공정거래위원회에게 전속고발권이 인정된다는 점 등을 고려할 때 형사처벌의 필요성 여부에 관하여 공정거래법 집행기관인 공정거래위원회의 전문적 판단이 존중되어야 한다는 면에서 전속고발권은 필요하다고 본다.

한편 경제적 분석이 크게 필요 없는 경성카르텔 사건이나 시장지배적지위 남용 사건에 한하여 공정거래위원회의 전속고발권을 폐지하자는 주장에 대해서 살펴보면, 우선 뒤에서 자세히 논하는 바와 같이 비록 경성카르텔이라고 하더라도 언제나 경쟁질서를 현저히 저해하는 것은 아니라는 점, 둘째 앞서 기술한 바와 같이 형사소송에 있어서는 시장지배적지위 인정에 관한 추정규정이 적용될 수 없는 상황에서 실무상 사전적으로 시장지배적지위 여부를 판단하는 것은 매우 어렵다는 점 등을 고려할 때 경성카르텔이나 시장지배적지위 남용이라고 하여 일률적으로 전속고발권을 폐지하자는 견해에는 찬성하기 어렵다.

나. 전속고발권의 범위(고소불가분의 원칙 적용여부)

공정거래위원회의 전속고발권에 대해 친고죄에 있어서 '고소불가분의 원칙'을 규정하고 있는 형사소송법 제233조를 유추적용할 수 있는가의 문제가 있을 수 있다. 왜냐하면 일본 형사소송법에는 '고소불가분의 원칙은 소송조건인 고발 또는 그 취소에 준용한다'(제238조 제2항)고 명문의 규정이 있지만 우리나라 형사소송법에는 그러한 규정이 없기 때문이다.

이에 관하여 범죄사실 자체보다 고발의 특별한 요건의 구비 여부를 범인 개개인에 대하여 개별적으로 따져야 할 필요가 있는 조세범, 관세범 등은 소추조건인 고발이 있는지 여부는 개인에 따라 개별적으로 판단함이 상당하지만, 공정거래사범의 경우는 객관적인 범법행위 그 자체가 고발대상이 되므로 고소불가분의 원칙이 적용되어야 한다는 견해가 있다.[260]

그러나 대법원은 합성수지제조사들의 부당한 공동행위 사건[261]에서 "공정거래법 제71조 제1항은, 법 제66조 제1항 제9호 소정의 부당한 공동행위를 한 죄는 공정거래위원회의 고발이 있어야 공소를 제기할 수 있다고 규정함으로써 그 소추조건을 명시하고 있는 반면 고발의 주관적 불가분의 원칙의 적용 여부에 관하여는 명시적으로 규정하고 있지 아니하고, 형사소송법도 제233조에서 친고죄에 관한 고소의 주관적 불가분의 원칙을 규정하고 있을 뿐, 고발에 대하여 그 주관적 불가분의 원칙에 관한 규정을 두고 있지 않고 준용규정도 규정하고 있지 아니한 바, 소추요건이라는 성질상

---

260) 박봉희, 공정거래법상 부당한 공동행위 관련 쟁점, 형사법의 신동향 제13호, 대검찰청 (2008. 4), 174~175면

261) 9개 합성수지제조사들이 공동으로 가격을 결정하였다고 인정하여 공정거래위원회가 시정조치명령 및 과징금 납부명령을 내리면서, 그 중 3개 사업자를 검찰에 고발하였다. 그러나 고발을 접수한 검찰은 '고소불가분의 원칙'을 고발의 경우에도 준용하여 공정거래위원회가 고발대상에서 제외한 사업자 중 2개의 사업자 및 그 임원 2인에 대해서도 함께 공소를 제기하였다.

공통점 외에 고소·고발의 주체와 제도적 취지 등이 상이함에도 불구하고 친고죄에 관한 고소의 주관적 불가분의 원칙을 규정하고 있는 형사소송법 제233조가 공정거래위원회의 고발에도 유추적용된다고 한다면, 이는 공정거래위원회의 고발이 없는 행위자에 대해서까지 형사처벌의 범위를 확장하는 것으로서 결국 피고인에게 불리하게 형벌법규의 문언을 유추해석한 경우에 해당하므로 죄형법정주의에 반하여 허용될 수 없다"고 판시하였다.[262]

명문의 규정도 없는 상태에서 고소에 관한 '고소불가분의 원칙'을 그 주체와 제도적 취지가 다른 고발의 경우에 준용하는 것은 법해석상 무리라고 생각되고 실무적으로도 위 대법원 판결 이후 이에 관한 논란이 제기된 적은 없다.

3. 공정거래법 위반행위에 대한 형사적 제재의 합리적 범위

공정거래법 위반행위에 대한 형사적 제재의 합리적 범위를 획정하기 위한 논의는 아직 본격적으로 이루어지지 않았지만, 이에 대하여 여러 논의가 가능하고 그 전개방식 또한 다양하게 이루어질 수 있을 것이다. 그러나 형사사법의 실체적, 절차적 특수성을 고려하고 수범자의 예측가능성을 제고할 필요가 있다는 점에서 최소한 형사적 제재의 합리적 범위를 획정하는 기준이나 원칙이 미리 마련될 필요가 있다. 그렇다면 그 기준으로 어떤 원칙들을 제시할 수 있을 것인가? 아직까지 이에 관한 본격적인 논의가 없지만, 다음과 같은 점에 대해서는 공감대가 이루어지리라 생각한다.

첫째, 공정거래법 집행의 주목적은 범죄의 처벌이 아니라 공정하고

---

262) 대법원 2010. 9. 30. 선고 2008도4762 판결

자유로운 경쟁질서의 확립에 있으므로, 이를 담당하는 행정기관으로 하여금 전문적인 판단에 따라 주도적으로 법 집행이 이루어지게 하는 것이 바람직하다. 지나치게 형사처벌에 의존할 경우 기업의 경제활동에 큰 장애를 가져올 수 있고 이는 '창의적인 기업활동 조장'과 '국민경제의 균형 있는 발전 도모'라는 공정거래법의 목적에도 부합하지 않는다.[263] 또한 비단 위와 같은 경제적 부작용 및 법목적과의 불일치 이외에도 '형법은 사회에서 인간의 공동생활을 보장하기 위해 불가결한 침해에 제한되어야 한다. 즉 국가는 형법을 중요하고도 본질적인 사회가치를 보호하기 위한 수단으로만 사용하여야 한다'는 적정성의 원칙[264]에도 부합하지 않는다.[265] 따라서 공정거래법 위반행위에 대한 형사처벌은 법익침해가 중대(중대성)하여 단순한 행정적 제재만을 가지고는 명백히 정의관념에 부합하지 않거나 재발방지의 효과를 거두기 어려울 경우(보충성)에 이루어져야 할 것이다.

둘째, 죄형법정주의의 '명확성 원칙'과 관련하여 공정거래법상 그 금지행위가 사전적으로 명확한 경우(명확성)에 형사처벌이 이루어져야 한다는 점이다. 그런데 이미 살핀 바와 같이 공정거래법상 형사처벌대상이 되는 행위의 구성요건에는 '부당성', '경쟁제한성' 등 사전적으로는 명확히 판단하기 어려운 추상적 개념이 많이 포함되어 있다. 사전적으로는 불명확하였지만 사후적으로 부당성, 경쟁제한성 등이 인정된다고 하여 형사처벌이 가해진다면 이는 죄형법정주의에도 반할 뿐만 아니라 경제활동에서 기업의 창의적 활동을 심각하게 위축시킬 수 있다. 따라서 공정거래법 위반행위

---

263) 공정거래법 제1조는 "동 법률의 목적을 사업자의 시장지배적지위의 남용과 과도한 경제력의 집중을 방지하고, 부당한 공동행위 및 불공정거래행위를 규제하여 공정하고 자유로운 경쟁을 촉진함으로써 창의적인 기업활동을 조장하고 소비자를 보호함과 아울러 국민경제의 균형이 있는 발전을 도모함을 목적으로 한다"라고 기술하고 있다.
264) 적정성 원칙은 '법률주의', '소급효금지의 원칙', '명확성의 원칙', '유추해석금지의 원칙'과 함께 형법의 기본원리인 죄형법정주의를 이루는 중요원칙이다.
265) 적정성 원칙에 비추어 우리나라 공정거래법이 각국의 입법례에 비교해 볼 때 가장 폭넓게 형사처벌규정을 두고 있는 것은 문제의 소지가 있다고 생각한다.

에 대한 형사처벌은 구성요건상 이러한 추상적 개념에도 불구하고 사전적으로 금지행위를 명확히 인식할 수 있는 경우에 한하여 이루어져야 할 것이다.

공정거래법 제71조 제2항은 '공정거래위원회는 제66조 및 제67조의 죄 중 그 위반의 정도가 객관적으로 명백하고 중대하여 경쟁질서를 현저히 저해한다고 인정되는 경우에는 검찰총장에게 고발하여야 한다'고 규정하고 있고, 공정거래위원회의 고발에 관한 지침은 '법 위반점수가 일정 기준 점수 이상일 경우, 시정조치나 금지명령에 응하지 않은 경우, 법 위반의 정도가 중대하거나 동기가 고의적인 경우' 고발함을 원칙으로 규정하고 있으며, 일본 공정거래위원회의 고발지침 또한 '위반행위가 국민생활에 광범위한 영향을 미친다고 생각되는 악질 혹은 중대한 사안, 행정처분에 의해서는 공정거래법의 목적이 달성될 수 없다고 생각되는 사안'에 대하여 고발하도록 규정하고 있는바, 그 내용을 분석, 종합해 보면 결국 중대성, 명확성 및 보충성이 인정되는 경우에 형사처벌이 이루어져야 한다는 것으로 해석될 수 있을 것이다.

헌법재판소도 공정거래법이 추구하는 법 목적에 비추어 행위의 위법성과 가벌성이 중대하고 피해의 정도가 현저(중대성)하여 형벌을 적용하지 아니하면 법 목적의 실현이 불가능(보충성)하다고 봄이 객관적으로 상당한 사안(명확성)에 있어서는 공정거래위원회에게 고발의무가 있다고 판시한 바 있다.

나아가, 이 중대성의 원칙, 명확성의 원칙 및 보충성의 원칙은 형법의 정당화 원칙[266])들로서의 법익보호 원칙, 비례성의 원칙, 명확성의 원칙과도

---

266) 이상돈, 공정거래형법(2010), 법문사, 42~43면. 관련된 내용을 좀 더 소개하면 다음과 같다. 형법은 1) 인격적 법익을 보호하는 데 적합하고(법익보호의 원칙), 2) 법 위반자에게 최소 침해를 가져오는 수단이면서 그 위반행위와 균형을 이루는 제재로서(비례성의 원칙), 3) 그 제재의 요건과 절차 및 효과가 모두 예측·사후심사·교정이 가능한 경우(명확성의 원칙)에 비로소 정당화될 수 있다. 특히, 죄와

궤를 같이 한다고 할 수 있다. 이러한 점들을 종합하여 볼 때 이 중대성, 명확성, 보충성의 원칙은 공정거래법 위반행위에 대한 형사적 제재의 합리적 범위를 획정하기 위한 일응의 기준이 될 것이다.

그런데 이 중대성, 명확성, 보충성의 원칙에 비추어 어떤 행위가 위 범위에 속할 것인가, 즉 어떤 조항 위반의 행위가 위 범위에 속할 것인지 또는 어떤 유형의 행위가 위 범위에 속할 것인지 사전에 미리 획일적으로 확정하기는 불가능하다. 어떤 공정거래법 위반행위가 위 범위에 속하는지 여부는 개별적, 구체적으로 결정되어야 할 것이다. 예를 들어 일반적인 경우에 있어 시장지배적지위를 확정하는 것은 매우 어려운 문제라고 하더라도, 사안에 따라서는 시장점유율이 너무도 월등하고 진입장벽이 명백히 높아 시장지배적지위 인정에 어려움이 없는 경우도 얼마든지 있을 수 있다.

다만, 위 원칙들과 관련해서 공정거래법 위반행위의 유형별로 형사적 제재를 위한 결정을 하기 전에 합리적 범위에 속하는지를 판단하기 위해 반드시 점검해야 할 사항에 관해 살펴보는 것은 가능하다고 본다. 이하에서는 공정거래범죄 일반론의 장에서 살핀 공정거래범죄의 유형별로 중대성, 명확성, 보충성의 원칙과 관련하여 검토되어야 할 사항을 살펴보기로 한다.

가. 시장지배적지위 남용행위

시장지배적지위 남용행위에 형사적 제재를 가함에 있어서는 다음과 같은 세 가지 사항이 고려되어야 한다고 본다. 첫째와 둘째 사항은 명확성의 원칙과 관련된 것이고, 셋째 사항은 보충성의 원칙과 관련된 것이라고

형벌의 균형성은 책임을 요구한다. 형법에서 책임이란 위반자가 자신의 행위가 가져올 타인에 대한 침해의 결과를 내다보고, 그의 고통을 이해할 수 있는 가능성이 그 위반자의 개인적 능력에 비추어 가능한 경우에만 인정된다. 이러한 형법원칙들은 형법이 사회적 통합의 기초가 되는 핵심규범으로 작동하기 위한 전제조건이라 할 수 있다.

할 수 있다.

첫째, 시장지배력 유무를 판정하기가 대단히 어렵다는 점이다. 시장지배적지위 남용행위에 대해 형사처벌을 가하려면 그 선결요건으로서, 행위자가 시장지배적 사업자인지 여부를 판단하여야 한다. 이와 관련하여 공정거래법 제2조 제7호 제2문은 시장지배적 사업자를 판단함에 있어서는 시장 점유율, 진입장벽의 존재 및 정도, 경쟁사업자의 상대적 규모 등을 종합적으로 고려해야 한다고 규정하고 있고, 공정거래법 제4조는 해당 사업자의 시장점유율 또는 시장참여자의 시장점유율이 일정 기준에 해당하면 시장지배적 사업자로 추정할 수 있도록 규정하고 있다. 그런데 문제는 시장점유율을 산정하기 위해서는 먼저 관련시장을 획정해야 하는데, 관련시장 획정 자체가 대단히 어려운 작업으로서 격렬한 법적 분쟁의 대상이 되는 경우가 다수 발생하였을 뿐만 아니라 위에서 기술한 바와 같이 형사재판에서는 시장 점유율에 따른 위 추정규정을 적용할 수 없다. 관련시장의 획정뿐만 아니라 진입장벽의 정도 등 기타 요소를 평가하는 것도 결코 쉬운 작업이 아니다. 실제로 그 동안 공정거래위원회가 사업자를 시장지배적 사업자로 의율한 사건 중 공정거래법 제4조의 추정 요건에 해당하지 않은 사업자를 시장지배적 사업자로 판단한 경우는 단 한 건만 있었다.[267]

둘째, 공정거래법 제3조의2 제1항 각호는 시장지배적지위 남용행위의 유형을 열거하면서 당해 행위들을 '부당하게' 행할 것을 요건으로 하고 있다. 그런데 시장지배적지위 남용행위의 부당성에 대해 판례[268]는 부당성이 인정되기 위해서는 첫째, 주관적 요건으로서 시장에서의 독점을 유지,

---

267) (주)BC카드 등의 시장지배적지위 남용행위 사건
268) 대법원 2007. 11. 22. 선고 2002두8626 판결. 이 판례는 시장지배적지위 남용행위 중 제3호 사업활동 방해에서도 거래거절행위의 부당성 판단기준으로 설시된 것이나 이후 제3호 사업활동 방해행위는 물론 제5호 전단의 경쟁사업자 배제행위에서도 동일한 판단기준이 적용되는 등 (이호영, 전게서, 69면) 그 대상 범위가 확대되고 있는 점을 고려하여 시장지배적 남용행위 전반에 적용될 수 있는 것으로 기술하였다.

강화할 의도나 목적이 인정되어야 하고, 둘째, 객관적으로 문제가 된 행위가 경쟁제한의 효과가 생길 만한 우려가 있는 행위이어야 하는데, 이를 입증하는 방법으로 우선 실제로 상품의 가격상승, 산출량 감소, 혁신의 저해, 유력한 경쟁사업자 수의 감소, 다양성의 감소 등과 같은 경쟁제한의 효과가 나타났음이 입증된 경우에는 주관적 요건인 의도나 목적이 사실상 추정되지만, 그렇지 않은 경우에는 당해 남용행위를 둘러싼 제반 상황, 즉 당해 행위의 경위 및 동기, 태양, 관련시장의 특성, 당해 행위로 인하여 거래상대방이 입은 불이익의 정도, 관련시장에서의 가격 및 산출량의 변화 여부, 혁신 저해 및 다양성 감소 여부 등을 모두 고려하여 경쟁제한 효과가 생길만한 우려가 있는 행위로서 그에 대한 의도나 목적이 있었는지를 판단하여야 한다고 판시하고 있다. 그런데 실제에 있어서 남용행위 이후 경쟁제한효과가 발생한 경우에도 사전적으로 경쟁제한효과 발생을 명확히 인식(최소한 미필적 고의가 인정될 정도의 인식)하였는지를 판단하는 것은 쉬운 문제가 아니다. 예를 들어 시장지배적지위를 가진 사업자가 그 상대방과의 거래를 거절하였다고 하여 바로 관련시장에서 상품이나 용역의 가격 변동까지 인식했다고 인정하기 어려운 경우가 많을 것이기 때문이다. 하물며 남용행위 이후 경쟁제한 효과가 발생하지 않은 경우에는 더욱 어렵다고 할 것이다.

셋째, 공정거래법 제3조 제1항은 금지되는 남용행위로서 (1) 상품이나 용역의 가격의 부당한 결정, 유지 또는 변경, (2) 상품의 판매나 용역의 제공의 부당한 조절, (3) 다른 사업자의 사업활동에 대한 부당한 방해, (4) 새로운 경쟁사업자의 진입에 대한 부당한 방해, (5) 경쟁사업자의 부당한 배제 또는 소비자의 이익을 현저히 저해할 우려가 있는 행위 등 다섯 가지를 열거하고 있다. 강학상 시장지배적지위 남용행위는 착취적 남용(exploitative abuse)과 배제적 남용(exclusionary abuse)으로 분류되는데, 전자는 시장지배적 사업자가 그 지위를 이용하여 독점이윤을 획득하기 위해 직접 거래상대방이나 소비자의 이익을 침해하는 행위이고, 후자는 시장지배적 사업자가 반드시 직접적으로 소비자의 이익을 침해하는 것은 아니지만 시장에서 실재적, 잠재적 경쟁자를 배제하여 시장의 경쟁상황을 악화시켜서 간접적으로 소비자의 이익을 침해하는 것을 말한다. 위 제3조의2 제1항 제1호의 부당한 가격책정, 제2호의 부당한 출고조절 및 제5호 후단의 현저한 소비자이익 저해는 전자에 해당하고, 제3호의 부당한 사업활동 방해, 제4호의 부당한 신규진입방해 및 제5호 전단의 부당한 경쟁사업자 배제는 후자에 해당한다고 할 수 있다. 그런데 독일, EU 및 우리나라의 경우는 배제적 남용뿐만 아니라 착취적 남용까지 금지하고 있는 반면, 미국 및 일본의 경우에는 착취적 남용을 금지하지 않는다. 미국을 비롯하여 착취적 남용을 금지하지 않는 입법례의 정책적 근거는 우선, 가격은 시장이 작동하지 않아서 의회가 규제기관을 통해 규제하는 경우를 제외하고는 자유로운 시장기능에 의해 결정되어야 한다는 점이고, 둘째, 독점이윤은 기술개발 및 혁신활동 등 활발한 경쟁을 유발하는 유인으로서 기능할 수 있고, 셋째, 기업이 경쟁상 장점을 근거로 독점적 지위를 획득하여 독점가격을 책정하면 그 자체가 신규진입을 유도하여 경쟁을 촉진하고 결국 시장의 힘이 점차 독점력을 잠식해 버린다는 것이다.[269]

결국, 착취적 남용행위 금지의 당위 여부에 관한 이론적 논의는 접어두고라도 착취적 남용행위에 대해 형사처벌을 규정하고 있는 나라는 전세계적으로 우리나라밖에 없다는 결론에 이르게 되는데, 착취적 남용행위에 대해 형사처벌 여부를 결정함에 있어 우리나라에 있어서만 유독 착취적 남용행위까지 형사처벌을 가할 합리적인 이유가 있는지에 대해 숙고할 필요가 있다고 본다.

---

269) 이호영, 공정거래법상 시장지배적사업자 규제의 쟁점과 과제, 저스티스 통권 104호 (2008. 6), 91~92면

나. 경쟁제한적 기업결합

경쟁제한적 기업결합에 대해 형사적 제재를 가함에 있어서는 다음과 같은 두 가지 사항이 고려되어야 한다고 본다. 첫째 사항은 명확성의 원칙과 관련된 것이고, 둘째 사항은 보충성의 원칙과 관련된 것이라고 할 수 있다.

첫째, 기업결합의 경쟁제한성과 관련하여 당해 기업결합에 참여하는 당사회사들의 점유율 합계가 일정한 요건을 충족하는 경우와 대규모회사가 주로 중소기업이 활동하는 시장에서 기업결합을 통하여 일정 수준 이상의 시장점유율을 가지게 되는 경우에는 실질적 경쟁제한성이 추정된다(공정거래법 제7조 제4항). 그렇지만 위에서도 살펴본 바와 같이 경쟁제한적 기업결합에 대해 형사처벌을 가함에 있어서는 위와 같은 추정규정이 적용될 수 없다. 기업결합의 경쟁제한성 여부를 판단하기 위해서도 시장지배적지위 여부 판단에 있어서와 마찬가지로 그 전제로서 일정한 거래분야, 즉 관련시장을 획정하여야 하는데 이미 기술한 바와 같이 이는 대단히 어려운 작업이다. 또한 관련시장을 획정하였다고 하더라도 추정규정을 적용할 수 없기 때문에 가격인상, 신규진입 가능성, 해외 경쟁 도입 가능성, 인접시장의 경쟁압력, 소비자의 제품선택의 폭 감소 등 모든 관련사항을 종합적으로 고려하여 관련시장 내에서의 경쟁제한성이 인정되어야 할 것이다.

둘째, 경쟁제한적 기업결합에 대해 형사처벌을 가하는 입법례는 매우 드물고, 전 세계적으로 공정거래법 위반행위에 대해 가장 적극적으로 형사적 제재를 활용하고 있는 미국의 경우조차도 경쟁제한적 기업결합을 규정하고 있는 클레이튼법 제7조가 형벌을 규정하고 있지 않다는 점이다.

아울러 공정거래법이 경쟁제한적 기업결합을 전면적으로 무효화하는 대신, 다양한 시정조치를 부과하면서 이를 허용하고 있다는 점이다.[270] 이

---

270) 이호영, 전게서, 134면

는 기업결합이 당사회사의 기업구조에 변경을 가하여 생산 또는 경영상
상당한 정도의 효율성 증대효과를 낳을 수 있기 때문이다. 따라서 경쟁제한
적 기업결합에 대해 형사처벌을 가함에 있어서는 보다 신중할 필요가 있다
고 생각한다. 경쟁제한적 기업결합에 대한 행정조치, 즉 시정명령이나 이행
강제금 부과가 그 효력을 발휘하지 못하는 경우 등 예외적인 상황에서
형사처벌이 고려되어야 할 것으로 본다.

다. 경제력 집중

경제력 집중의 억제제도는 오직 일본의 공정거래법에서 유사한 입법
례를 찾아볼 수 있을 뿐이고 다른 나라의 공정거래법에서는 그 사례를
찾아 볼 수 없는 독특한 입법이다. 그렇지만 소위 '재벌'이란 용어로 상징되
는 경제력 집중현상은 일본과 우리나라에 특유한 것으로서 시장의 독과점
화, 과도한 차입경영, 계열사 간 순환출자를 통한 무분별한 계열확장 및
선단식 경영에 따른 재무구조 악화, 그리고 중복과잉투자로 인한 국민경제
전체의 비효율 초래 등 그 폐해가 적지 않기 때문에 경제력 집중행위가
이를 규제하는 입법례가 매우 드물다고 하여 결코 중대하지 않다고 할
수 없고, 시장지배적지위 남용 등 다른 유형의 행위들의 경우와 달리 그
구성요건에 부당성, 경쟁제한성 등 추상적 개념이 포함되어 있지 않아 명확
성의 원칙 측면에서도 특별히 문제가 되지 않는다.

그러나 경제력 집중에 관한 행위양태를 살펴보면 일정한 정도 이상의
부채액을 보유하는 행위, 주식 취득 또는 소유 행위, 주식을 일정 정도
초과 또는 미만으로 소유하는 행위, 채무보증 미해소 행위, 채무보증 행위,
의결권 행사 행위, 회사설립 또는 전환의 미신고 또는 허위신고 행위 등인
바, 과연 이러한 행위들을 형사 처벌하는 것이 '국가는 형법을 중요하고도
본질적인 사회가치를 보호하기 위한 수단으로만 사용하여야 한다'는 적정

성의 원칙에 부합하는지, 나아가 시정조치 등 행정조치로 충분히 억제할
수 있는 행위가 아닌지 의문이다.[271] 경제력 집중행위는 형벌이 아니라
상속, 증권거래 및 회계감사제도의 개선과 공정거래위원회의 행정규제로
효과적으로 규제될 수 있다고 본다.[272]

라. 부당한 공동행위

셔먼법이 부당한 공동행위를 10년 이하의 징역에 처할 수 있는 중범죄
(felony)로 규정하고 있을 뿐만 아니라 미국에서 이루어지는 대부분의 형사
처벌이 부당한 공동행위에 대한 것이고, 우리나라에 있어서도 공정거래법
위반행위와 관련된 고발은 부당한 공동행위에 집중되었다.[273] 향후에도 공
정거래위원회의 고발은 부당한 공동행위를 주로 하여 이루어질 것으로 예
상된다.[274] 따라서 공정거래법 위반행위 유형 중 가장 형사처벌에 친한
행위가 부당한 공동행위라고 할 수 있다. 특히, 가격협정(price fixing), 입찰
담합(bid rigging) 및 시장분할협정(market allocation) 등 소위 경성카르텔
(hardcore cartel)의 경우, 종래 미국에 있어서 당연위법(*per se* illegal rule)의
원리가 적용되어 경쟁제한 효과에 대한 구체적 분석 없이 부당한 공동행위
로 인정되어 왔고[275] 우리나라 공정거래위원회의 공동행위 심사기준도

---

271) 이와 관련하여 공정거래법이 보호하는 보호법익 침해와 관련하여 경제력집중행위
는 단지 간접적으로만 그것도 인과적이라고 단정지을 수 없는 영향만을 미친다는
견해를 주목할 필요가 있다고 본다. 이상돈, 전게서, 22면
272) 이상돈, 전게서, 46~47면
273) 2008년부터 2013년 상반기까지 고발된 공정거래법 위반사건 52건 중 부당한 공동
행위 사건이 27건으로 50%를 넘는 바, 17건의 사업자단체금지행위 위반사건 중
상당수가 부당한 공동행위에 관련된 것임을 고려할 때 그 비중은 더욱 높다고 할
수 있다(공정거래위원회 통계연감(2013)).
274) 개설에서 살핀 바와 같이, 2014년에 이루어진 고발 11건 중 10건이 부당한 공동행
위에 관한 것이다.
275) 단, 미국의 경우에도 경성카르텔에 대해 당연위법의 법리를 적용한 사례가 주류를

2012년 개정 전까지는 마찬가지 입장이었다.[276] 경성카르텔의 경우는 경쟁제한성에 대한 특별한 분석 없이 일반 형법범에 준하는 법익침해성이 인정되므로 공정거래위원회의 전속고발의 대상에서 제외시켜 일반 형법범과 같이 취급하여야 한다는 주장도 이러한 입장에 근거하고 있다. 그러나 공정거래법 제19조 제1항은 부당한 공동행위의 성립요건으로 경성카르텔인지 연성카르텔인지를 구별하지 않고 모든 공동행위에 대해 '부당하게 경쟁을 제한하는 것'을 규정하고 있다.

이와 관련하여 위 제19조 제1항의 해석에 있어 우리나라의 판례는 소위 경성카르텔과 연성카르텔을 구별하지 않고 어떤 행위가 경쟁제한성을 가지는지 여부는 "당해 상품의 특성, 소비자의 제품선택 기준, 당해 행위가 시장 및 사업자들의 경쟁에 미치는 영향 등 여러 가지 사정을 고려하여 당해 행위로 인하여 일정한 거래분야에서 경쟁이 감소하여 특정 사업자 또는 사업자단체의 의사에 따라 어느 정도 자유로이 가격, 수량, 품질, 기타 거래 조건 등 결정에 영향을 미치거나 미칠 우려가 있는지를 개별적으로 판단해야 한다"는 입장을 견지하여 왔다.[277]

나아가 대법원은 수입차 딜러들의 부당한 공동행위 사건에서 가격인

이루었지만 항상 당연위법의 법리가 적용된 것은 아니고 CBS의 방송사에 대한 음악작품 포괄라이센스 가격담합사건이나, NCAA와 방송사 간 방송계약 관련 가격담합사건에서 합리(rule of reason)의 법리를 적용하였다. Broadcast Music Inc. v. CBS Inc., 441 U.S. 1(1979) 및 National Collegiate Athletic Ass'n v. University of Oklahoma, 468 U.S. 85 (1984)

276) 공동행위 심사기준은 종전에는 미국 및 EU 등의 예에 따라 공동행위를 그 성격에 따라 '경성 공동행위'와 '연성 공동행위'로 구분하고, 전자의 경우에는 통상 구체적인 시장상황에 대한 심사 없이 부당한 공동행위로 인정하고, 후자의 경우 비로소 관련시장을 획정하고 참여사업자들의 시장점유율 등의 요소를 고려하여 경쟁제한성 여부를 판단하도록 규정하였으나, 개정 이후에는 '경성 공동행위'와 '연성 공동행위'의 명시적 구분을 포기하고 '성격상 경쟁제한 효과만 생기는 것이 명백한 경우'에도 시장상황에 대한 개략적인 분석을 하도록 규정하고 있다.

277) 대법원 2002. 3. 15. 선고 99두6514판결, 2002. 5. 28. 선고 2000두1386판결

상의 효과를 초래한 가격고정 협의와 같은 '경성카르텔'의 경우에도 그 경쟁제한성 여부를 판단하기 위해서는 사실상 기업결합을 심사하는 경우와 마찬가지로 관련시장을 엄밀하게 획정하고 당해 시장에서의 경쟁제한성을 평가하여야 한다는 취지로 판결하였다.[278]

이러한 판결이 미국 및 EU 등 국제적으로 통용되는 공정거래법 이론이나 주요 국가의 법집행사례 및 판례에 비추어 부당한지 여부는 별론으로하고 이와 같은 대법원 판례의 입장은 부당한 공동행위에 대한 형사처벌을 결정함에 있어 반드시 고려해야 할 사항일 것이다.

이에 더하여 우리나라 대법원은 부당성과 경쟁제한성의 관계와 관련하여 경쟁제한성이 인정되면 곧 부당성이 인정되는 것이라고 보지 않고 부당성을 경쟁제한성과 구별되는 별도의 독자적 요소(즉, 소비자를 아울러 국민경제의 균형 있는 발전을 도모한다는 법의 궁극적 목적에 실질적으로 반하는지 여부)로 보고 있다는 점도 고려되어야 한다. 경쟁제한성이 인정되는 공동행위의 경우라도 소비자의 효용을 현저히 증대시키는 경우에는 그 부당성이 부정될 수 있기 때문이다.

즉, 대법원은 사업자단체에 의한 가격결정행위와 관련하여 "구 공정거래법(2004. 12. 31. 법률 제7315호로 개정되기 전의 것) 제19조 제1항은 부당하게 경쟁을 제한하는 가격을 결정유지 또는 변경하는 행위 등을 부당한 공동행위로서 금지하고, 제2항은 제1항의 부당한 공동행위에 해당하더라도 일정한 목적을 위하여 행하여지는 경우로서 공정거래위원회의 인가를 받은 경우에는 제1항의 적용을 배제하고 있는 점, 같은 법 제19조 제1항에서 부당한 공동행위를 금지하는 입법 취지는 직접적으로는 공정하고 자유로운 경쟁을 촉진하고, 궁극적으로는 소비자를 보호함과 아울러 국민경제의 균형 있는 발전을 도모하고자 함에 있는 점 등에 비추어 보면, 사업자단체에

---

278) 대법원 2012. 4. 26. 선고 2010두18703 판결

의한 가격결정행위가 일정한 거래분야의 경쟁이 감소하여 사업자단체의
의사에 따라 어느 정도 자유로이 가격의 결정에 영향을 미치거나 미칠 우려
가 있는 상태를 초래하는 행위에 해당하는 이상, 이로 인하여 경쟁이 제한되
는 정도에 비하여 같은 법 제19조 제2항 각 호에 정해진 목적 등에 이바지하
는 효과가 상당히 커서 소비자를 아울러 국민경제의 균형 있는 발전을 도모
한다는 법의 궁극적인 목적에 실질적으로 반하지 않는다고 인정되는 예외
적인 경우에 해당한다면, 부당한 가격제한행위라고 할 수 없다"라고 판
시[279]하였고, 이러한 법리를 부당한 공동행위에도 적용하고 있다.[280]

아울러 공정거래법 제19조 제5호가 규정하고 있는 '합의의 추정'과
관련하여, 시장지배적지위 남용이나 경쟁제한적 기업결합의 경우와 마찬
가지로 추정규정의 경우 법관으로 하여금 합리적 의심을 할 여지가 없을
정도로 엄격한 증명을 요하는 형사소송에 있어서는 적용될 수 없다는 점도
고려되어야 할 것이다.[281] 특히 합의의 추정의 경우는 위에서 이미 기술한
바와 같이, 비록 2007년 공정거래법 개정 이전의 구법에 관한 것이지만
형사소송에 있어서 합의추정 규정은 적용될 수 없다고 판시한 판결이 있
다.[282]

---

279) 대법원 2005. 9. 9. 선고 2003두11841 판결
280) 대법원 2008. 12. 24. 선고 2007두19584 판결
281) 다만 2007년 공정거래법 개정 이후 공정거래법 제19조 제5항에 따라 합의를 추정하
    기 위해서는 다양한 제반 사정에 비추어 사업자들이 그 행위를 공동으로 한 것으로
    볼 수 있는 개연성이 있어야 하는데 이는 사실상의 추정과 동일한 것으로서 이러한
    추정은 법률의 규정이 없어도 가능하므로 민사소송이나 행정소송에서는 위 제19조
    제5항은 사실상 특별한 의미를 가지지 않게 되었다고 볼 수도 있다. 그러나 개연성
    만으로 사실인정이 안 되고 합리적 의심이 배제될 정도의 증명을 요하는 형사소송에
    서는 여전히 위 조항의 적용여부가 중요시될 수 있다. 즉 위 조항에 의해서 형사소송
    에 있어서도 개연성만으로 사실관계를 인정할 수 있는가가 문제될 수 있는 것이다.
282) 대법원 2008. 5. 29. 선고 2006도6625 판결(형사소송에서 합의의 추정규정이 적용
    되지 않음을 명시적으로 판시한 수원지법 2006. 8. 30. 선고 2005노4635 판결에
    대한 상고를 기각한 판결임)

마. 불공정거래행위

불공정거래행위에 대해 형사적 제재를 가함에 있어서는 명확성 원칙과 관련하여 우선 다음과 같은 사항이 고려되어야 한다고 본다.

불공정거래행위 금지에 관한 공정거래법 제23조 제1항은 각호의 행위들에 대해 공통적으로 '부당성'을 요구하고 있다.[283] 그런데 공정거래법상 불공정거래행위 조항은 그 규제근거가 상이한 다양한 유형의 행위들을 포함하고 있어서 모든 유형의 불공정거래행위의 부당성을 판단하는 단일한 기준을 마련할 수는 없고, 대신 구체적인 사안에 있어서 불공정거래행위의 유형별로 그 부당성을 판단하는 개별적 기준이 정립되어야 하는데, 개별적 사안에서 현출된 판결 내용을 살펴보면 다음과 같다.

거래거절의 부당성 판단과 관련하여서는 특정 사업자의 거래기회를 배제하여 그 사업활동을 곤란하게 할 우려가 있거나 오로지 특정 사업자의 사업활동을 곤란하게 할 의도를 가진 유력 사업자에 의하여 그 지위 남용행위로서 행하여지거나 혹은 법이 금지하고 있는 거래강제 등의 목적달성을 위하여 그 실효성을 확보하기 위한 수단으로 부당하게 행하여진 경우 부당성이 인정된다고 판시한 판결[284]과 당해 행위의 의도와 목적, 효과와 영향 등과 같은 구체적인 태양은 물론 법에서 거래거절을 규제하는 목적에 비추어 거래거절의 결과 거래상대방이 입게 되는 영업상의 이익의 침해 또는 자유로운 영업활동의 제약의 내용과 정도, 상대방의 선택가능성 등과 같은 제반 사정을 두루 고려하여 그 행위가 정상적인 거래관행을 벗어난 것으로서 공정하고 자유로운 거래를 저해할 우려가 있는지 여부를 판단하여 결정

---

283) 물론 제23조 제1항 제8호의 경우에는 '공정거래를 저해할 우려가 있는 행위'라고 규정하여 '부당하게'라는 문구가 빠져 있지만 공정거래저해성과 부당성은 같은 의미로 이해하여도 무방할 것이다.

284) 대법원 2001. 1. 5. 선고 98두17869 판결

할 것이며, 만일 거래거절 행위에도 불구하고 거래상대방이 더 유리한 조건
으로 다른 거래처와 거래할 수 있다면 그와 같은 경우는 거래거절이 있었다
고 하여도 이를 법에서 규제하는 거래거절에 해당한다고 할 수 없다고
판시한 판결이 있다.[285]

가격차별의 부당성 판단과 관련하여서는 (1) 거래지역이나 거래상대
방에 따라 현저한 가격의 차이가 존재하고, (2) 그러한 가격의 차이가 부당
하여 시장에서의 공정한 거래를 저해할 우려가 있는 경우에 성립한다고
판시하고, 가격차별이 부당한지 여부를 판단함에 있어서는 가격차별의 정
도, 가격차별이 경쟁사업자나 거래상대방의 사업활동 및 시장에 미치는
경쟁제한의 정도, 가격차별에 이른 경영정책상의 필요성, 가격차별의 경위
등을 종합적으로 고려하여야 한다고 판시한 판결이 있다.[286]

경쟁사업자 배제의 부당성 판단과 관련하여서는 염매행위의 의도, 목
적, 염가의 정도, 행위자의 사업규모 및 시장에서의 지위, 염매의 영향을
받는 사업자의 상황 등을 종합적으로 살펴서 개별적으로 판단해야 한다고
판시한 판결이 있다.[287]

거래상의 지위 남용 중 불이익 제공의 부당성 판단과 관련하여서는
당해 행위의 의도와 목적, 효과와 영향 등과 같은 구체적인 태양과 상품의
특성, 거래의 상황, 해당 사업자의 시장에서의 우월적 지위의 정도 및 상대
방이 받게 되는 불이익의 내용과 정도 등에 비추어 볼 때 정상적인 거래
관행을 벗어난 것으로 공정한 거래를 저해할 우려가 있는지 여부를 판단하
여 결정하여야 한다고 판시한 판결이 있다.[288]

부당한 지원행위의 부당성 판단과 관련하여서는 지원행위의 부당성

---

285) 서울고등법원 2001. 1. 30. 선고 2000누1494 판결
286) 대법원 2006. 12. 7. 선고 2004두4703 판결
287) 대법원 2001. 6. 12. 선고 99두4686 판결
288) 대법원 2000. 6. 9. 선고 97두19427 판결

여부는 오로지 공정한 거래질서라는 관점에서 평가되어야 하는 것이고, 공익적 목적, 소비자 이익, 사업경영상 또는 거래상의 필요성 내지 합리성 등도 공정한 거래와 관계없는 것이 아닌 이상 부당성 여부를 판단함에 있어 고려되어야 하는 요인의 하나라고 할 것이나, 지원행위에 단순한 사업경영상의 필요 또는 거래의 합리성 내지 필요성이 있다는 사유만으로는 부당지원행위의 성립요건으로서의 부당성 및 공정거래저해성이 부정된다고 할 수는 없다고 판시한 판결이 있다.[289]

특수관계인에 대한 지원행위의 부당성에 관하여는 부(富)의 세대간 이전이 가능해지고 특수관계인들을 중심으로 경제력이 집중될 기반이나 여건이 조성될 여지가 있다는 것만으로는 부당성을 인정하기에 부족하고, 지원받은 자산을 계열회사에 투자하는 등으로 관련시장에서의 공정거래를 저해할 우려가 있다는 사실이 입증되어야 한다고 판시한 판결이 있다.[290]

이상의 내용을 살펴보면 불공정거래행위의 부당성을 판단하기 위해서 고려해야 할 요소가 매우 다양하며 불공정거래행위의 유형마다 달라지는 것을 알 수 있다. 그렇기 때문에 과연 어떤 행위가 부당한지 판단하기 매우 어렵다. 실제 공정거래법 전문기관인 공정거래위원회의 판단과 법원의 판단이 일치하지 않은 경우가 다수 발생하고 있는 것도 바로 이러한 이유 때문이라고 본다.

불공정거래행위에 대해 형사처벌을 가함에 있어 또한 고려해야 할 점은 보충성 원칙과 관련하여 불공정거래행위는 당사자 사이의 민사분쟁적 성격을 가지고 있다는 점이다. 이러한 성격으로 인해 전세계에서 공정거래법 위반행위에 대해 형사적 제재를 가장 적극적으로 가하는 미국의 경우에도 불공정한 경쟁방법 등을 금지하는 연방거래위원회법 제5조에 형벌을 규정하지 않고 있고,[291] 우리나라와 마찬가지로 공정거래법 위반행위와 관

---

289) 대법원 2004. 4. 9. 선고 2001두6197 판결
290) 대법원 2004. 9. 24. 선고 2001두6364 판결
291) 다만, 가격차별행위에 대해 클레이튼법 제2(a)조를 수정한 로빈슨 패트만 가격차별

련하여 널리 형벌규정을 두고 있는 일본의 경우에도 우리나라의 불공정거래행위에 해당하는 불공정한 거래방법에 대해서는 형벌규정을 두고 있지 않다.

개별적, 구체적인 불공정거래행위 유형 중에는 그 외연과 실질이 일반 형법범과 상당히 중복되는 경우가 있는 바[292] 위와 같은 불공정거래행위의 민사분쟁적 성격을 고려할 때 독자적으로 형사법적 가벌성을 논하기 보다는 당해 행위에 대해 일반 형법범이 성립하는 경우 이를 보충하는 차원에서 형사법적 가벌성을 논하는 것도 하나의 방법이라고 생각한다.

바. 소 결

이상에서 기술한 내용은 모두 공정거래법 위반행위에 대한 형사적 제재에 너무 소극적인 입장이라는 인상을 줄 수 있다고 생각한다. 그러나 여러 번에 걸쳐 강조하는 바와 같이 공정거래법 위반에 대한 지나친 형사처벌은 소극적 형사처벌보다 훨씬 큰 경제적 폐해를 가져 올 수 있기 때문에 매우 신중해야 한다. 또한 실제에 있어서는 위에서 언급한 내용을 충분히 고려하더라도 형사처벌의 필요성과 적절성이 인정될 사안들이 얼마든지 있을 수 있다. 공정거래법 집행의 주목적은 범죄의 처벌이 아니라 경쟁질서의 확립에 있는 만큼, 이러한 사안들에 대해서 만이라도 충실히 국민의 정의감정에 부합하는 형사처벌이 이루어진다면 공정거래법 위반행위에 형사처벌을 규정한 입법목적을 충분히 달성할 수 있으리라 본다.

금지법(Robinson-Patman Act)에서 형벌규정을 두고 있으나, 경범죄(misdemeanor)에 해당하며 집행은 거의 이루어지지 않아왔다.

292) 실제 2013년 N유업 강매사건과 관련하여서 형법상 업무방해, 공갈 등의 혐의와 함께 공정거래법 위반혐의가 적용되었고, 2012년 S그룹 부당지원 사건에서도 업무상 배임혐의와 함께 공정거래법 위반혐의가 적용되었다.

V 마무리 말

　이상에서는 공정거래범죄의 처리과정 및 절차법적 쟁점, 공정거래범죄에 대한 일반적 설명과 실체법적 쟁점, 공정거래법 위반행위와 형사적 제재와의 관계에 대해 살펴보았다. 여기서는 본 책자를 마무리하면서 공정거래위원회의 조사과정에서 취득한 증거를 형사절차에서 활용함에 있어 발생할 수 있는 문제를 어떻게 해결할 것인지에 대해 나름의 견해를 밝히고자 한다.

　공정거래범죄의 절차법적 쟁점을 다루는 과정에서 기술한 바와 같이, 공정거래위원회 조사과정에서 취득한 증거를 형사절차에 활용하는데 장애가 발생하는 이유는 기본적으로 공정거래위원회 조사의 법적 성격이 임의조사이기 때문에 당사자의 의사에 반하여 자료를 취득할 필요성이 있는 경우에도 강제처분이 인정되지 않는다는 점에 있다고 본다. 강제처분이 인정되기 위해서는 헌법의 영장주의 원칙상 법원이 발부한 영장이 필요한데, 공정거래위원회 조사과정에서는 이러한 영장을 발부받는 시스템이 갖추어져 있지 않기 때문이다. 그런데 공정거래위원회의 조사는 권력적 행정조사작용으로서 실제에 있어 대상자에게 상당한 부담을 주는 경우가 많다. 더욱이 조사를 거부하거나 방해한 경우 형사처벌까지 받도록 되어 있으므로 과연 공정거래위원회의 조사가 대상자의 '진의에 의한 임의성'에 기초한 것인지가 문제되는 경우가 있을 수 있다. 또한 조사활동의 결과가 형사적 책임을 물을 수 있는 근거가 될 수 있는 만큼 헌법상 자기부죄거부특권을 침해하는 것이 아닌가에 대해서도 의문이 제기될 수 있다. 이러한 경우 공정거래위원회 조사과정에서 취득된 자료에 대해 형사절차에 있어 증거능력이 문제될 수 있는 것이다. 공정거래법 위반행위에 대한 형사처벌이 매우 드물게 이루어졌던 과거에는 크게 문제되지 않았지만 공정거래법 위반행위에 대한 형사처벌이 증가할 경우 이 문제는 형사절차상 핵심적 문제로 대두될 수 있다.

미국과 같이 조사 초기 단계부터 행정절차와 형사절차를 구별함으로써 규범적 혼란을 근본적으로 해결할 필요가 있다는 견해[293]가 있지만, 이를 현실적으로 실행하기는 매우 어렵고, 공정거래법 위반행위와 관련된 형사절차에 있어 공정거래법을 전문적으로 담당하는 행정기관의 관여를 완전히 배제하는 것은 바람직하지 않을 수 있다.

다만 2005년에 이루어진 일본 공정거래법 개정을 주목할 필요가 있다. 위 개정에 의하여 형벌의 부과를 위한 고발과 관련하여 범칙절차에 관한 특별한 절차가 마련되었다. 그 결과 일본 공정거래위원회의 심사는 두 개의 범주에서 진행되는데, 위반행위에 대한 배제 조치명령과 과징금 납부명령을 최종적인 조치로 하는 행정조사와 형사고발을 목표로 진행되는 범칙조사로 나뉘게 되었다.

범칙조사는 일본 공정거래위원회가 형사고발에 상당하는 사안이라고 판단한 범칙사건을 대상으로 행하여지는 조사유형으로서, 그 핵심은 행정조사와 달리 강제조사가 가능하다는 점에 있다. 즉 일본 공정거래법 제102조 제1항은 범칙조사를 담당하는 직원이 범칙사건을 조사하기 위하여 필요가 있는 때에는 일본 공정거래위원회 소재지를 관할하는 지방재판소 또는 간이재판소의 재판관이 사전에 발부하는 허가장에 따라 임검, 수색 또는

---

293) 강수진, 전게논문, 34면

압류를 할 수 있는 것으로 규정하고 있다.

이렇게 일본 공정거래법에 범칙절차가 마련된 이유는 종래 일본 공정거래위원회의 공정거래법 위반행위에 대한 조사와 관련하여, 이러한 조사활동이 결과적으로 형사적인 책임을 물을 수 있는 근거가 되는 것인 만큼 헌법상 보장되는 영장주의나 자기부죄거부특권을 침탈하는 것은 아닌가 하는 의문이 있었으며, 공정거래법 위반행위가 형사적으로 다루어질 경우에 일본 공정거래위원회의 행정조사절차와 형사절차 사이에 계속성이 보장될 필요가 있었다는 것[294]으로 우리가 지금 여기서 우리나라 공정거래위원회의 조사와 관련하여 가지고 있는 문제의식과 동일한 것이라 할 수 있다.

이러한 점을 고려하여 우리나라 공정거래법에 있어서도 차제에 공정거래위원회 조사와 관련된 임의성 논란을 원천적으로 봉쇄한다는 차원에서 공정거래위원회 조사를 이원화하고, 형사처벌을 목표로 하는 조사의 경우에는 강제처분을 위한 영장제도를 도입할 필요가 있다.[295] 아울러 헌법상 자기부죄거부특권을 보장하기 위해 그 조사과정에서 진술거부권도 고지되도록 할 필요도 있을 것이다.

공정거래법 위반행위에 대한 형사집행이 적법하면서도 적정하고 효율적으로 이루어지기 위해서는 앞으로 많은 노력이 필요할 것이다.

---

294) 홍명수, 일본의 독점금지법 위반 사건처리절차, 경쟁법연구(2008), 110면
295) 우리나라는 일본과 수사체계가 다르고, 헌법상 영장은 검사가 청구하도록 되어 있기 때문에(헌법 제12조 제3항) 일본과 같이 공정거래위원회 직원이 직접 법원에 영장을 청구하는 것은 어렵겠지만, 조세범처벌절차법 제9조와 제10조의 예처럼 검사에게 영장을 신청하여 검사의 청구에 의해 법원으로부터 영장을 발부 받는 방법은 가능하다고 본다.

VI 부 록

1. 미국 공정거래법 위반행위에 대한 규제의 근거법 및 형사 처벌 집행기관

　　미국의 공정거래법으로는 셔먼법(Sherman Act), 연방거래위원회법 (Federal Trade Commission Act) 및 클레이튼법(Clayton Act)이 있다. 셔먼법은 거래를 제한하는 담합(제1조) 및 독점행위(제2조)를 금지하는 내용을 그 골자로 한다. 연방거래위원회법은 제5조에서 영업상 또는 영업에 영향을 미치는 불공정한 경쟁 및 소비자에게 유해한 영향을 미치는 각종 행위에 대해 행정조치가 가능하도록 규정하고 있다. 클레이튼법은 독점 가능성을 사전에 방지하기 위해 제정된 법률로 경쟁을 저해하는 가격차별(제2조) 및 기업결합(제7조) 등에 대해 규정하고 있다.

　　세 법률 중 셔먼법이 사실상 유일하게 형사처벌을 규정하고 있다.[296)] 담합에 대한 형사처벌을 규정하고 있는 셔먼법 제1조는 가격담합, 시장분할, 입찰담합, 공동의 거래거절 및 각종 수직적 거래제한행위에 가담한 자(법인 및 자연인)에 대해 벌금형 및 징역형의 선고가 가능하도록 되어 있다. 이 중에서도 거래를 제한하고자 하는 사업자의 의도 및 악의가 명확하여

---

296) 다만, 가격차별행위에 대해 클레이튼법 제2(a)조를 수정한 로빈슨 패트만 가격차별 금지법(Robinson-Patman Act)에서 형벌규정을 두고 있으나 경범죄(misdemeanor) 에 해당하며 집행은 거의 이루어지지 않아왔다.

사업자의 정당성 항변이 인정되지 않는 이른바 '당연 위법(*per se* illegal rule)' 법리가 적용되는 명백한 수평적 거래제한이나 경성담합에 대해 형사소추가 집중적으로 이루어지고 있다.

미국의 공정거래법 집행은 연방법무부(U.S. Department of Justice)와 연방거래위원회(Federal Trade Commission)로 이원화되어 있는데, 형사처벌 조항이 있는 셔먼법은 연방법무부의 독자적인 소관인 바, 형사사건 역시 연방법무부가 단독으로 그 소추권한을 가진다.

2. 미국 연방법무부의 형사사건 처리 절차[297]

가. 미국 연방법무부의 사건 처리 절차 개관

연방법무부 차원에서 이루어지는 조사의 대부분은 민사조사의 형태로 이루어지나, 가격담합, 입찰담합, 시장분할 등의 당연위법행위에 대해서는 조사착수 단계에서 형사사건으로 취급하여 조사를 진행할지에 대한 심사가 이루어진다. 단, 당연위법에 해당하는 행위라 하더라도 (1) 해당 행위에 대한 판례가 확립되지 않았거나, (2) 완전히 새로운 사실관계 또는 법적 쟁점을 다루거나, (3) 과거 형사판결과 관련된 합리적인 차원의 혼란 (confusion)이 아직 해소되지 않았거나, (4) 사업자가 해당 행위의 중대성 (consequences)을 감지하지 못했다는 명백한 증거(clear evidence)가 존재하는 경우에는 당연위법사건이라고 하더라도 민사사건으로 처리하는 것이 최근의 방침이다.

---

297) 이 부분은 미국 연방법무부 독점금지국 업무 매뉴얼(Antitrust Division Manual, U.S. Department of Justice Antitrust Division, fifth edition, last updated March 2014)에 근거하여 작성되었다.

형사사건으로 조사가 확정되면 [대배심심리(grand jury investigation) →
사전교섭 절차 → 기소 → 재판]의 절차를 거친다.

연방법무부는 특정행위에 대해 형사적 집행을 하는 것이 타당한지의
여부를 결정할 때 다음 두 가지를 고려한 후 형사사건으로 수사를 개시한
다. 먼저, 문제가 되고 있는 형사법 위반행위에 대한 주장 및 혐의가 충분히
믿을 만하거나 실현 가능한지를 검토한다. 두 번째로 관련 사안이 중요하거
나 의미가 있는 사건인지를 검토한다. 이때, 검사는 관련 사안이 중요한지
의 여부를 결정하는 과정에서 관련 행위가 거래(commerce)에 미치는 영향,
해당 행위의 성격, 관련 행위가 영향을 미치는 지리적인 범위, 형사 수사
및 고발의 억지적 기능 및 가시성 등을 고려하여 결정을 한다.

나. 대배심심리 절차(Grand Jury Investigation)

(1) 대배심 개시 요청 및 구성

법원에 대배심심리를 요청하기 위해서는 연방법무부 담당 검사가 내
부적으로 요청 근거를 설명한 대배심심리 개시 건의서를 작성하여 상부의
사전승인을 받아야 한다. 대배심심리 요청 근거는 주로 예비조사 혹은 민사
조사요청(Civil Investigative Demand)을 통해 진행된 민사조사(civil inves-
tigation)에서 획득한 정보가 사용되나, 제보자 혹은 신고인이 제공한 정보
만으로도 특별한 예비조사 없이 대배심심리를 요청하는 경우도 있다.[298]

---

298) 대배심심리 개시 건의서에는 가능한 한도 내에서 다음과 같은 사항을 기재해야
　　한다. (1) 피조사자 업체, 관련 상품 및 용역; (2) 관련된 연간 거래량; (3) 관련
　　지역 및 조사를 진행할 법정구역; (4) 위반혐의 및 확보된 증거; (5) 반독점법 집행
　　관점에서 볼 때 위반행위의 중요성; (6) 특이한 쟁점이나 기소 시 난제가 될 가능성
　　이 있는 점; (7) 수사를 진행할 검사진; (8) 수사 경위; (9) 수사 계획; 그리고 (10)
　　대배심심리 요청의 대상이 되는 상품 혹은 용역에 대해 독점금지국이 과거에 수사

대배심심리 개시 요청이 승인되면 담당 검사에게 권한서(letter of authority)
가 발부된다.

대배심심리는 위반행위가 발생한 재판관할(venue)의 대배심이 진행한
다. 대배심심리를 진행할 재판관할을 선정하는데 있어서는 (1) 선택한 재판
관할과 위반행위의 연계성, (2) 연방법무부와 증인의 편의성, (3) 시간 상
대배심의 심리 가능 여부(공정거래법 안건을 전담하는 대배심의 존재 여부, 심리
횟수, 대배심의 잔여 임기 등), (4) 해당 재판관할에서 대배심심리를 진행할
경우 문제점, (5) 해당 재판관할에서 향후 형사기소가 가능한 지의 여부
등을 종합적으로 고려해야 한다.

대배심 구성과 관련하여 가장 중요한 고려 사항 중 하나는 기존 대배심
을 활용할지, 아니면 새로운 대배심의 구성을 요청할지 여부이다. 대배심은
일단 구성되면 18개월간 유효하며, 법원의 명령에 따라 6개월 연장이 가능
하다. 해당 사건 처리에 여러 차례의 대배심심리의 진행이 필요하여 상당기
간 소요가 예상되는 경우라면 전담 대배심 구성을 요청할 수 있으나, 재판
관할에 따라 법원이 이를 승인하지 않는 경우도 있다. 이 경우에는 기존
대배심 중 유효기간이 가장 많이 남은 대배심을 선택하도록 한다.

(2) 대배심 소환장(Grand Jury Subpoena)

대배심은 기소결정에 필요한 정보 및 증거 수집을 위해서 연방법무부
검사의 요청에 따라 대배심 소환장(grand jury subpoena)의 발부 여부를 결
정한다. 대배심 소환장에는 서류제출을 명하는 서류제출 소환장(grand jury
subpoena duces tecum)과 대배심 심리에서 증언을 명령하는 구두진술 소환
장(grand jury subpoena ad testificandum)이 있다. 서류제출 소환장은 주로 연
방 수정헌법 제5조 상의 자신에게 불리한 증거 제출을 거부할 권리 및

를 진행한 적이 있는지 여부

불이익 진술 거부권(Fifth Amendment privilege against self-incrimination)의 보호를 받지 않는 비자연인(즉 기업, 법인, 사업자단체 등)에게 발부된다. 서류제출 소환장을 받은 자(recipient)는 연방법무부 검사와 협의를 통해서 제출대상서류의 범위 등을 합의하는 것이 일반적이다.

형사조사는 민사조사와 요구자료의 성격과 범위 등에서 차이를 보인다. 예를 들면, 민사조사인 합병심사의 경우 합병이 경쟁상태에 미칠 영향 분석 등을 위해 사업계획서, 최근의 판매실적 및 판매계획 등 경제분석 관련 자료에 초점을 두나, 형사조사의 경우는 당연위법행위를 대상으로 이루어지기 때문에 경제 분석을 필요로 하지 않으며, 합의 과정에서의 의도성(intention)을 증명하는 데 필요한 자료 위주로 조사가 진행되기 때문이다.[299] 또한 민사조사 시에는 관련서류의 사본 제출을 허용하는 것이 일반적이지만, 형사조사의 경우는 모든 서류의 원본을 요청한다. 그 이유는 원본의 경우 피조사자가 수정을 하거나 일부 항목을 삭제할 경우 확인이 가능하기 때문이다.

연방법무부는 구두진술 소환장을 발부하여, 핵심 정보를 소유하고 있다고 생각되는 사람을 증인으로 채택하여 대배심심리에서 증언하도록 할 수 있다. 대배심심리는 배심원이 위반 혐의에 대한 공평하고 객관적인 판단을 할 수 있도록 비공개로 진행되며, 피조사자의 변호인은 입회하지 못한다.

구두진술 소환장을 발부할 경우 연방법무부는 피조사자의 담당 직원

---

299) 형사조사의 경우 연방법무부가 요청하는 자료는 피조사자의 전화사용청구서, 임원 및 고위직원의 출장기록 및 출장비용지급 명세서, 임직원의 하루하루 일정표, 임직원의 전화번호부, 피조사자의 사업자단체 참여 및 활동사항, 피조사자의 임직원이 참가한 사업자단체 회의 및 회의 기록서, 피조사자와 경쟁사간의 서신교류 기록 및 서신, 피조사자의 은행계좌기록 등 재정서류 등이다. 최근에는 전자우편의 기록도 예외 없이 요청한다. 컴퓨터에 보관된 기록은 혹 작성자나 수령인이 삭제를 했다고 생각하는 경우에는 회사내부의 서버 컴퓨터나 혹은 오래된 기록을 보관한 테이프 등에 기록이 보관되어 있을 가능성이 높다.

에서 시작해서 충분한 증거를 확보한 후 점차 고위 직원을 소환하는 방법을 사용하며, 대개의 경우 소환장 발부에 앞서 자발적 인터뷰를 요청한다. 인터뷰는 비공식으로 진행하며 변호인 또는 연방법무부 사무실에서 실행한다.

(3) 수색영장(Search Warrants)

형사조사를 위해 소환장 발부 시점이나 그 이전에 수색영장을 발부 받는 것을 고려해 볼 수 있다. 수색영장은 자료 인멸의 가능성을 줄이고 자료 누락의 가능성을 줄이며 피조사자의 자진신고(leniency)를 유도하는데 효과적인 방법이 될 수 있다. 수색영장을 발부 받기 위해서는 (1) 범죄행위가 있었으며, (2) 수색 대상 장소에 범죄행위를 입증하는 증거가 있을 거라는 상당한 근거(probable cause)가 있어야 한다. 그러나, 수색영장을 통한 압수가 실시되지 않으면 중요한 자료가 인멸될 가능성이 있거나 누락될 것이라는 근거까지 제시할 필요는 없다. 수색영장은 수색대상이 위치한 법정구역을 관장하는 법원의 영장판사(magistrate)가 발부한다.

수색영장에 의거한 수색을 통해서 연방법무부는 피조사자가 서류요청 소환장에 따라 제출했었어야 하는 서류를 제출하지 않은 사실을 알아낼 수 있으며, 기타 유죄를 입증하는 서류를 확보할 수 있다. 수색은 전담요원(Federal Bureau of Investigation Agent)에 의해 이루어지며, 담당 검사의 입회를 필요로 하지 않는다. 수색 종료 후, 담당 요원은 피조사자에게 사전에 발부된 서류제출 소환장을 전달하며 수색영장의 범위에 포함된 서류와 기타 대배심이 필요로 하는 서류를 제출하도록 명한다.

다. 기소권고(Indictment Recommendation)

형사사건이 대배심을 통해서 진행되고 있으면, 연방법무부는 용의자 (target)를 지명해야 한다. 여기서 '용의자(target)'는 검사나 대배심이 해당 수사 대상과 범죄행위가 연루되었다는 상당한 증거를 확보하고 있으며, 검사가 형사 소송상 '추정피고(putative defendant)'로 판단한 자를 의미한 다. 반면, '수사대상(subject)'은 대배심의 조사범위에 속하는 행위를 한 자 로 정의된다.

연방법무부는 일정한 상황에서 용의자에게 그가 용의자로 지목되었음 을 통보하도록 되어 있다. 일반적으로 수사진은 변호인에게 연방법무부가 심각하게 기소권고를 고려하고 있음을 통보한다. 민사사건의 경우와 동일 하게, 이 경우 수사진은 변호인에게 변호인의 고객을 기소하기로 결정했다 는 유형의 언급을 삼간다. 다만, 수사진은 연방법무부가 대배심에게 기소권 고를 하는 방안을 심각하게 고려 중이라고만 전달한다. 변호인 면담 후 기소권고가 적합하다고 판단될 경우, 수사진은 즉시 기소권고의 내용이 포함된 사건 건의보고서를 작성하여 상부에 보고한다. 사건 건의보고서는 소송준비 서류 일체, 보도자료, 그리고 면담을 신청한 모든 변호인의 명단 을 포함해야 한다. 연방법무부에 의하여 기소권고가 승인되면 실무진은 즉시 형사소송을 제기하거나 대배심에게 최종건의를 제시한다. 현실적으 로 대배심은 검사가 기소를 권고하면 특별한 하자가 없을 경우 이를 따라서 기소를 결정하는 것이 일반적이다.

라. 양형거래(Plea Agreement)

형사사건 수사 중 연방법무부와 피의자(proposed defendant)는 양형거 래(plea agreement)에 대한 협상을 할 수 있다. 실제로 최근 연방법무부가 시정조치를 확보하는 사건들 중 대다수가 양형거래를 통해 종결되고 있다. 공정거래법 위반사실을 인정하지 않음에도 불구하고 사건의 조속하고 경제적인 종결을 위해서 일정 조치를 취하기로 약정하는 민사상의 합의(settlement)와는 달리 형사사건에서 양형거래가 성사되려면 피의자가 자신의 범죄 행위를 인정(plea of guilty)해야 한다.

연방법무부는 양형거래를 먼저 제의하지 않는 것을 방침으로 하고 있으며, 피의자가 양형거래를 제의해 올 경우 관련 정황에 따라 양형거래에 임할지 여부를 결정한다. 양형거래 회담 결과 피의자가 위반 혐의를 시인하고 일정한 벌금을 납부하기로 합의하는 경우, 연방법무부는 양형거래안을 법원에 제출해서 승인을 요청한다. 법원의 역할은 합의 내용의 승인 또는 기각으로 한정되며 양형거래에 직접 관여하지 않는다.

양형거래의 종류는 다음과 같다: (1) 정부가 추가 기소를 하지 않거나 특정 기소를 기각할 것에 합의한다는 내용의 양형거래, (2) 법적 구속력이 없는 형벌제안(recommendation){B형 합의(Type-B agreement)}, (3) 법적 구속력이 있는 형벌합의{C형 합의(Type-C agreement)}. B형 합의의 경우, 당사자들은 자신들이 합의한 형량을 법원에 제안하거나 혹은 연방법무부는 피의자의 일정 형량 요청을 반대하지 않겠다는 내용에 합의할 수 있는데 이때 법원은 당사자들의 이러한 제안에 꼭 따를 필요는 없으며, 법원이 당사자들의 이러한 제안을 기각하더라도 피의자는 자신의 유죄인정을 번복할 수 없다. C형 합의의 경우, 당사자들은 특정 형량에 대해 합의를 하고 법원은 이를 승인하거나 기각할 수는 있으나 이를 변경할 수는 없다. 이 경우에는 B형 합의와는 달리, 법원이 당사자들이 합의한 형벌을 기각하면 피의자는 자신의 유죄인정을 취소할 수 있다.[300]

---

300) ABA Sections of Antitrust Law, Antitrust Law Developments (7th ed. 2012) Volume II, Chapter 10, D. Criminal Litigation 2. Pleas and Plea Bargaining a. Due Process Protections in Plea Bargains

비록 법원은 양형거래에 직접 개입할 수는 없지만, 법원은 양형거래에 사용된 절차와 합의내용을 세심하게 검토한다. 그 이유는, 검사의 강압이나 추가기소 협박 등에 의해서 피의자가 타의에 의해 양형거래 내용에 동의했는가를 점검하고, 또한 양형거래가 성사될 경우, 피의자가 피의자에게 약속된 대가를 확보할 수 있도록 하기 위해서다.[301]

마. 기소(Indictment)

연방법무부는 중범죄 기소(felony indictment) 후 연방형사절차법(Federal Rules of Criminal Procedure) 제4조에 의거해서 구속영장을 발부하거나, 대안으로 소환장을 발부할 수 있다. 대부분의 경우, 피고인의 변호인에게 기소사실을 통보하며 구속영장 대신 소환장을 발부하는 경우에는 피고인의 출석 협조를 요청한다. 기업피고인은 변호인을 통해 참석할 수 있으나, 자연인인 피고인은 직접 출석해야 한다. 이후 재판 전 회담, 증거수집(discovery), 재판에 관한 절차는 민사소송의 경우와 유사한 점이 많으나 형사사건의 경우 재판 전 요청(pretrial motions), 증거채택, 헌법이 보장하는 증인의 묵비권, 면책특권 등의 절차적 보장(due process)이 더 엄격하게 이루어진다.

바. 형량선고(Sentencing)

셔먼법 위반은 중범죄(felony)에 해당하며, 유죄판결을 받은 자연인은 위반행위 한 건당 10년 이하의 징역형이나 일백만 USD 이하의 형사벌금

---

301) ABA Sections of Antitrust Law, Antitrust Law Developments (7th ed. 2012) Volume II, Chapter 10, D. Criminal Litigation 2. Pleas and Plea Bargaining a. Due Process Protections in Plea Bargains

등을 부과받을 수 있다. 기업피고인의 경우는 일천만 USD 이하의 벌금형을 받을 수 있다. 최근 연방법무부는 가격 카르텔 사건에서, 굴지의 다국적 기업을 대상으로 천문학적인 규모의 벌금을 징수하기도 했다.[302] 2012년에 연방법무부는 형사벌금으로 역대 최고인 12억 USD를, 2013년에는 약 10억 USD를 징수하였으며 2014년에는 2013년의 벌금을 초과할 것으로 예상하고 있다.

　　징역형의 형량 및 집행과 관련하여, 1984년에 제정된 형량선고개선법(Sentencing Reform Act of 1984)에 의해 채택 및 공표된 형량지침서(United States Sentencing Commission Guidelines Manual)에서는 공정거래법 분야와 관련하여 입찰담합, 가격담합, 그리고 시장분할행위에 대해서 일련의 기본 형량을 권고하고 있다. 가장 낮은 단계의 위반에 대한 최소 징역형으로 약 10~16개월의 실형이 권고되고 있다. 낮은 단계의 형사범에 대해서 피고인은 일반적으로 형의 일부를 공동체구금(community confinement)이나 가택구금(home detention)으로 대체 복역할 수 있으나 형량지침서는 공정거래법 위반자들이 징역형을 면하기 위한 대체 방안으로 공동체구금을 이용해서는 안 된다고 규정하고 있다. 연방법무부는 자연인인 위반자에게 공정거래법 위반행위에 대한 책임을 지도록 하는 것이 카르텔 행위를 억지 및 제재하는 가장 효과적인 방법이라는 입장을 밝혔다. 2014년, 연안 선박 조사와 관련하여 관련 자연인 위반자에게 5년 징역형이 선고되었는데, 이는 공정거래법 위반과 관련하여 자연인에게 부과한 가장 높은 징역형이다.[303] 한편, 연방법무부는 미국의 공정거래법을 위반한 외국인 피고인에

---

302) The United States Department of Justice website, The Evolution of Criminal Antitrust Enforcement Over the Last Two Decades, February 25, 2010, http://www.justice.gov/atr/public/speeches/255515.htm; The United States Department of Justice website, Antitrust Division Sherman Act Violations Yielding a Corporate Fine of $10 Million or More, July 9, 2014, http://www.justice.gov/atr/public/criminal/sherman10.html

303) The United States Department of Justice website, Division Update Spring 2014,

대해서도 지속적으로 징역형을 선고를 할 것이며 모든 수단과 방법을 동원
하여 외국으로 도주한 범인(international fugitive)을 검거 및 송환할 계획이
라고 밝힌 바 있다.[304] 그 일환으로 2013년에는 10명의 외국인들이 공정거
래법 위반으로 평균 15개월의 징역형을 선고 받았다.[305]

http://www.justice.gov/atr/public/division-update/2014/criminal-program.html
304) The United States Department of Justice website, Division Update Spring 2014,
http://www.justice.gov/atr/public/division-update/2014/criminal-program.html
305) The United States Department of Justice website, Division Update Spring 2014,
http://www.justice.gov/atr/public/division-update/2014/criminal-program.html

[저자학력]

　　2001 : 미국 펜실베니아 대학교 법학대학원 방문학자(Antitrust)
　　1994 : 서울대학교 법과대학 법과대학원 수료(공정거래법)
　　1991 : 서울대학교 법과대학 졸업

[저자경력]

　　2014~ 현재 : 법무법인(유) 율촌
　　2013~2014 : 대검찰청 미래기획단장 및 국제협력단장
　　2012~2013 : 서울중앙지검 형사6부장
　　2011~2012 : 법무부 국제형사과장
　　2010~2011 : 대검찰청 공판송무과장
　　2009~2010 : 대구지검 의성지청장
　　2007~2009 : 대검찰청 검찰연구관
　　2006~2007 : 서울중앙지검 검사
　　2004~2006 : 법무부 법무심의관실 검사
　　1995 : 사법연수원 제24기 수료
　　1992 : 제34회 사법시험 합격

공정거래와 형사법

초판인쇄	2014년 10월 10일
초판발행	2014년 10월 20일
지은이	박은재
펴낸이	안종만
편 집	김선민·배우리
기획/마케팅	조성호
표지디자인	최은정
제 작	우인도·고철민
펴낸곳	(주) **박영사**
	서울특별시 종로구 새문안로3길 36, 1601
	등록 1959. 3. 11. 제300-1959-1호(倫)
전 화	02)733-6771
f a x	02)736-4818
e-mail	pys@pybook.co.kr
homepage	www.pybook.co.kr
ISBN	979-11-303-2658-0 93360

copyright©박은재, 2014, Printed in Korea

정 가   25,000원